# L'AFRIQUE OCCIDENTALE

---

## NOUVELLES AVENTURES

### DE

# CHASSE ET DE VOYAGE

## CHEZ LES SAUVAGES

PAUL DU CHAILLU

# L'AFRIQUE OCCIDENTALE

## NOUVELLES AVENTURES

DE

# CHASSE ET DE VOYAGE

## CHEZ LES SAUVAGES

PAR

## PAUL DU CHAILLU

MEMBRE CORRESPONDANT DE LA SOCIÉTÉ GÉOGRAPHIQUE DE NEW-YORK
DE LA SOCIÉTÉ D'HISTOIRE NATURELLE DE BOSTON
ET DE LA SOCIÉTÉ ETHNOGRAPHIQUE AMÉRICAINE

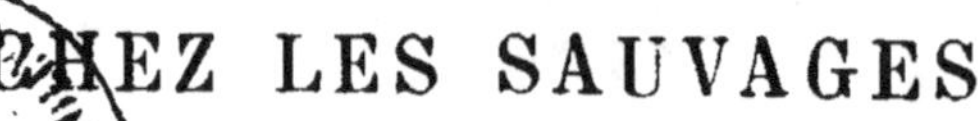

**ÉDITION ILLUSTRÉE DE 69 VIGNETTES**

DONT HUIT GRAVURES HORS TEXTE, ET LE PORTRAIT DE L'AUTEUR

## PARIS

### MICHEL LÉVY FRÈRES, ÉDITEURS

RUE AUBER, 3, PLACE DE L'OPÉRA

LIBRAIRIE NOUVELLE

BOULEVARD DES ITALIENS, 15, AU COIN DE LA RUE DE GRAMMONT

**1875**

## À MES JEUNES LECTEURS

J'avais passé quelques années sur la côte d'Afrique avant d'entreprendre les explorations dont j'ai rendu compte dans mou premier ouvrage. J'ai employé ce temps à chasser, à trafiquer avec les indigènes, et à faire des collections d'histoire naturelle.

Dans un pays sauvage comme l'Afrique, on ne va pas loin sans rencontrer des aventures. Le voyageur y marche de surprise en surprise ; car tout ce qu'il voit, on peut le dire, est aussi curieux qu'intéressant.

J'ai voulu, dans cet ouvrage, mettre sous les yeux de mes jeunes lecteurs les principales scènes de la vie africaine. Sans m'asservir à l'ordre chronologique des faits, j'ai choisi çà et là

les aventures et les incidents qui m'ont paru les plus propres à
les instruire en les amusant.

J'ai toujours remarqué que les enfants les plus intelligents
aiment à étudier les mœurs des animaux sauvages, ainsi que les
coutumes et le genre de vie des peuples barbares. Or, ce sont
précisément là les sujets que j'ai traités dans ce livre. J'y ai fait
entrer bien plus de détails de mœurs que dans mes précédents
ouvrages. J'y dépeins les habitudes des indigènes, le mode de
construction de leurs maisons, leurs passe-temps, la chasse, la
pêche ; j'explique comment ils se nourrissent, comment ils
voyagent, enfin comment ils vivent.

Partout où je vais, les enfants de la maison m'interrogent
sur l'Afrique et me demandent des récits de mes voyages. J'aime
les enfants, et c'est exprès pour eux que j'ai écrit ce livre, espérant intéresser, par une narration claire, tous ceux qui sont encore trop jeunes pour lire mes grands ouvrages.

# CHAPITRE PREMIER

Arrivée à la côte. — Un roi du pays et son palais. — Danses et idolâtrie.

Vers l'année 1850, un navire à trois mâts m'emporta vers un pays sauvage, sur la côte occidentale de l'Afrique, dans le voisinage de l'équateur.

Oui, c'était un pays bien sauvage.

Dès que nous fûmes en vue de la terre, qui se montrait de loin couverte de forêts, plusieurs canots se détachèrent du rivage pour venir à notre rencontre ; à mesure que nous avancions, nous pouvions distinguer sur la plage une foule d'habitants attirés par la merveilleuse apparition d'un bâtiment de grande dimension.

Les canots s'approchèrent de nous en grand nombre ; quelques-uns étaient si petits qu'ils nous faisaient l'effet de coquilles de noix. Il y avait à leur bord des hommes qui se servaient de leurs pieds en guise de rames ; à terre, nous en vîmes un autre qui portait son canot sur son épaule.

A la fin, les naturels nous abordèrent. Les drôles de gens ! Je ne pouvais les distinguer les uns des autres ; ils me semblaient tous pareils.

Et quelle singulière façon de s'habiller ! Vous auriez ri de les voir, les uns n'ayant sur eux qu'un vieil habit, les autres qu'une vieille paire de culottes, défroque empruntée à quelque matelot, ceux-ci ne portant ni habit ni chemise, ceux-là ne laissant voir qu'une chemise en lambeaux ; quelques-uns enfin parés pour tout costume d'un vieux chapeau. Inutile de dire que personne n'avait de chaussure.

Quels cris, quelles vociférations, quand ils entourèrent notre bâtiment ! Ils pouvaient bien se comprendre entre eux, mais personne à bord ne les comprenait. Ils faisaient tant de vacarme que je crus un instant que j'en deviendrais sourd.

Un de ces hommes avait une poule à nous vendre ; un autre apportait un œuf ou deux ; un autre enfin, un bouquet (ou ré-gime) de bananes.

Notre capitaine connaissait la côte, pour avoir fait longtemps du commerce avec les Africains ; mais il n'était jamais venu dans l'endroit même où nous nous trouvions.

Le navire jeta l'ancre à peu de distance de la rivière appelée Benito.

Je quittai le bâtiment avec quelques autres passagers. A peine débarqué, je me vis entouré par des groupes d'indigènes d'une mine si farouche et si sauvage, que je me figurai d'abord qu'ils allaient me tuer.

Il m'emmenèrent dans un village situé à quelque distance de la mer, et caché derrière un rideau de grands arbres ; une prairie s'étendait de l'autre côté.

Je me rappellerai toujours ce village ; c'est le premier que j'ai vu en Afrique ; il ne ressemblait pas à ceux que l'on construit dans l'Afrique orientale.

Et d'abord, n'allez pas croire qu'il s'agisse de bâtiments en pierre ou en bois. Non ; ces peuples grossiers habitent dans de singulières petites cabanes, dont les murs faits d'écorces d'arbres n'ont guère plus de quatre ou cinq pieds de haut. Le sommet du toit s'élève tout au plus à sept ou huit pieds du sol. Ces huttes peuvent avoir dix ou douze pieds de long sur sept ou huit de large. Point de fenêtres; les portes sont basses et étroites. Les indigènes me conduisirent à l'une de ces maisons, et me dirent qu'ils me la donnaient; ils entendaient par là que ce serait ma demeure aussi longtemps que je resterais parmi eux. Cette maison appartenait au fils du roi.

J'y entrai donc; mais où aurais-je pu m'asseoir?

Je ne voyais pas un siége.

« Patience, me dis-je; ces gens-là n'ont probablement jamais vu de chaise dans leur vie. » Il faisait si obscur que d'abord je ne pus rien distinguer. Peu à peu je finis par apercevoir le mobilier qui garnissait les lieux; c'était çà et là quelques calebasses pour mettre de l'eau, et deux ou trois ustensiles de cuisine; il y avait aussi quelques méchantes piques, une hache et de grands coutelas de sinistre apparence qui auraient pu, d'un seul coup, trancher la tête d'un homme. Je cherchai un lit; mais je n'ai pas besoin de vous dire qu'il n'y en avait pas. Ce qui en tenait lieu, c'était une rangée de petits bâtons. L'aspect de ce logis me fit frissonner; l'idée me vint des serpents, des scorpions et des mille-pattes, dont ce réduit sombre semblait être le séjour naturel. Je fus interrompu dans mes pensées par l'arrivée du fils du roi. Si je m'en souviens bien, il se nommait *Andèké*. Il me dit que le roi son père était prêt à me recevoir.

Une audience royale !

C'était là une grande nouvelle : il fallait m'habiller.

Mais comment ?

Pas une cuvette d'eau pour me débarbouiller ! D'ailleurs j'avais oublié mon savon.

Par bonheur je n'avais pas encore de barbe ; comment aurais-je fait pour me raser ?

Bref, je pris mon parti, et j'allai résolûment me présenter à Sa Majesté, tel que j'étais.

Comme le soleil était très-ardent, j'emportai mon ombrelle ; la population ébahie m'escorta jusqu'à la place du palais.

Que supposez-vous que soit un palais dans le royaume de Benito ? Cet édifice était bâti tout simplement avec les mêmes matériaux (l'écorce d'arbre) que les autres maisons dont je vous ai fait la description ; seulement elle était presque deux fois plus grande.

En entrant, je m'avançai directement vers le roi, qui était assis sur un escabeau : un autre escabeau vide était à côté de lui.

Je dois dire que *Apourou* (c'était son nom) ne répondait guère à l'idée que je m'étais faite d'un monarque : je lui aurais ri au nez si je l'avais osé.

Son costume se composait d'un habit d'uniforme rouge, par-dessous lequel on voyait une petite ceinture de calicot. C'était tout : pas de chemise, bien entendu.

C'était un nègre grand et mince, à cheveux gris. Sa figure était traversée par de larges balafres, et son corps tout couvert de tatouages ; il portait de grosses boucles d'oreilles, et fumait une grande vilaine pipe.

Nous nous regardâmes tous les deux.

La salle était pleine de monde, et le roi avait autour de lui plusieurs de ses femmes, au milieu desquelles était la reine, car, le croiriez-vous ? dans ce pays-là, un homme épouse autant de femmes qu'il lui plaît.

Le roi me considéra longtemps sans dire un mot. A la fin, il ouvrit la bouche, frappa ses deux mains l'une contre l'autre (signe de gaieté), et me dit que j'avais l'air d'un drôle de corps.

Il ajouta qu'il était content de me voir, qu'il aurait bien soin de ma personne. Il promena ensuite sa main sur mes cheveux et me pria de lui en donner. Il voulait, dit-il, me garder toujours

Réception à la cour d'un roi nègre.

auprès de lui. Là-dessus le peuple s'écria : « Il faut que le *nlangani* reste avec nous ! »

Que pensez-vous qu'il fit ensuite?

Il me proposa tout tranquillement de me marier avec une négresse du pays, à choisir dans le nombre. Cette offre séduisante fut appuyée par les clameurs enthousiastes de tout le peuple jaloux de prouver qu'il partageait les dispositions bienveillantes de Sa Majesté. Ils s'écrièrent tout d'une voix : « Qu'il épouse celle qui lui plaira ! »

Je répondis que j'étais trop jeune pour me marier. J'aurais

pu ajouter que je ne voulais, à aucun prix, épouser une de ces moricaudes.

Il commençait à faire trop chaud dans la cabane royale; aussi l'odeur indigène devenait-elle de plus en plus suffocante; car la foule était pressée là comme des harengs dans un baril, et je vous ai dit, je crois, qu'il n'y avait pas de fenêtres.

Quand je fis mine de me retirer, le roi me donna une poule, deux œufs et un régime de bananes; puis il remarqua que je devrais bien lui faire cadeau de mon ombrelle. Mais je feignis de ne l'avoir pas entendu, car il me semblait exorbitant qu'un roi demandât à un étranger le sacrifice d'une partie de son confortable. C'est alors que je commençai à comprendre ce que c'étaient que les rois d'Afrique.

Les habitants du village me suivaient partout. J'aurais bien voulu comprendre leur langue. Il n'y avait parmi eux qu'un seul homme qui se vantât de savoir la mienne; et Dieu sait comment il la parlait! il fut obligé d'employer la pantomime pour me demander si j'avais faim. Je fis un signe affirmatif, et, au bout d'un instant, il me fit apporter des bananes cuites et un peu de poisson. Je ne me souciais guère des bananes; ce fut la première fois que j'y goûtai.

Après ce repas, j'allai me promener dans la rue du village, et j'arrivai près d'une maison au fond de laquelle se dressait une énorme idole. Jamais de ma vie je n'avais vu un objet si hideux. C'était la grossière image d'une créature humaine, de grandeur naturelle, et taillée en bois. Elle avait de gros yeux de cuivre, et une langue de fer qui lui sortait de la bouche en manière de dard. Ses lèvres étaient peintes en rouge. Elle portait de grosses boucles d'oreilles de cuivre. Sur sa tête flottait un panache dont les plumes, rouges pour la plupart, provenaient de la queue d'un perroquet gris.

Le visage et le corps étaient bariolés de blanc, de rouge et de jaune. L'idole était habillée avec des peaux d'animaux sauvages. Autour d'elle, le sol était parsemé de peaux de tigres et de serpents, de carcasses et de crânes de bêtes féroces. On avait aussi placé à ses côtés quelques aliments, afin qu'elle pût manger, si le cœur lui en disait.

Le soleil se couchait et la nuit commençait à descendre sur le village. Pour la première fois de ma vie, je me trouvais seul dans ces ténèbres, entouré de sauvages et n'ayant près de moi aucun ami, aucun compagnon de race blanche. Pas la moindre lumière dans la rue, si ce n'est la réverbération de quelques feux éloignés. Quelle horrible situation !

Je jetai un coup d'œil sur mes pistolets et mon fusil, et je fus bien aise de les trouver en bon état.

Bientôt les habitants se mirent à sortir de leurs cabanes. Ils allumèrent des torches et se dirigèrent vers le *mbuiti* (c'est ainsi qu'ils appellent l'idole) pour les déposer à ses pieds.

On apporta aussi là de grands tambours, ou tam-tams; puis les hommes et les femmes s'attroupèrent tout autour. Les tam-tams battirent bruyamment et la foule se mit à chanter. Je m'approchai pour savoir ce que cela voulait dire.

Quel spectacle s'offrit à moi !

Les hommes avaient le corps bariolé de différentes couleurs. Quelques-uns montraient une joue rouge et l'autre blanche ou jaune. Sur la poitrine et le long des bras s'étendait une large bande jaune ou blanche. D'autres avaient le corps tout tacheté. Dieu ! qu'ils étaient laids ! Les femmes portaient plusieurs anneaux de fer ou de cuivre à leurs poignets et à leurs chevilles.

Après les chants, les danses, et quelles danses! rien de plus disgracieux au monde. Les tambours, les tam-tams battaient de toute leur force. A mesure que les danseurs s'échauffaient à cet exercice, leurs corps reluisaient comme des veaux marins, tant leur peau était huileuse.

J'ouvrais de grands yeux, tout étourdi par le bruit. Pendant que les femmes dansaient, leurs anneaux de fer et de cuivre s'entre-choquaient et battaient la mesure avec la musique et les tambours.

Mais pourquoi ces danses et ces hurlements autour de l'idole? Je vais vous le dire.

Ces nègres allaient partir pour une grande chasse, et ils venaient prier l'idole de porter bonheur à leur expédition.

Quand on m'eut expliqué l'affaire, il me prit envie d'accompagner ces sauvages à la chasse, quoique je ne fusse guère alors qu'un garçon de douze ans.

Je revins à ma cabane, plein d'ardeur et d'impatience, et décidé à me signaler par de grands exploits.

Si vous aviez été à ma place, enfants, n'auriez-vous pas eu les mêmes tentations? Seriez-vous restés tranquilles? Auriez-vous laissé là les gorilles? Je suis sûr que vous vous écriez tous : Non, non! Auriez-vous laissé les éléphants se promener tranquillement dans la forêt? Non, certes. J'entends d'ici votre réponse.

Et les chimpanzés? et les gros léopards qui emportent les hommes pour les dévorer au fond des bois? et les énormes buffles? et les cochons sauvages? et les antilopes? et les gazelles? les laisseriez-vous tranquilles?

Laisseriez-vous les serpents?

Pour ceux-ci cependant vous diriez peut-être : oui, et, ma foi, vous auriez raison ; car la plupart de ces vilaines bêtes sont venimeuses, et abondent dans les grandes forêts ; or, il faut vous dire que le pays dont je vais vous parler n'est qu'une jungle immense. Lorsqu'un homme est mordu par un de ces serpents, la mort survient parfois en quelques minutes. On trouve surtout dans les bois un python gigantesque, ou boa, qui avale des antilopes, des gazelles, et beaucoup d'autres gros animaux. Je n'aurai que trop d'occasions de vous en parler. J'étais déterminé, d'un autre côté, à visiter toutes ces tribus indigènes, à tâcher de voir les cannibales de l'intérieur et certaines peuplades de nains dont on m'avait parlé.

Je suis sûr que, si l'un de vous s'était trouvé avec moi sur cette côte, il m'aurait dit : « Du Chaillu, allons ensemble voir toutes ces merveilles, et nous reviendrons ensuite au pays, raconter à nos petits amis ce que nous aurons vu. »

Oui, n'est-ce pas? chacun de vous aurait pensé, aurait fait comme moi? Eh bien, marchons.

# CHAPITRE II



Maintenant, mes jeunes amis, transportez-vous en idée au milieu d'une forêt épaisse et obscure, où les arbres ne perdent jamais leur feuillage, où il n'y a pas d'autre nourriture à espérer que celle qu'on trouve au bout de son fusil, où les bêtes féroces rôdent autour de vous, la nuit, pendant votre sommeil.

Voilà l'endroit où je vous mène avec moi.

Dès que nous eûmes pénétré dans ces sombres retraites, notre premier soin fut de construire un *olako* (ou hangar), pour nous mettre à l'abri de la pluie.

Il faut vous dire que ce Benito est un singulier pays. Il est situé, comme vous avez pu le voir sur la carte, à proximité de l'équateur. Vous savez probablement ce que c'est que l'équateur? C'est le lieu où le soleil, à une certaine époque de l'année, darde ses rayons d'aplomb et verticalement, à l'heure de midi ; par conséquent, c'est la partie de la terre où la chaleur est la plus forte. Les jours et les nuits y sont d'égale longueur. Le soleil se lève à six heures du matin, et se couche à six heures du soir, sauf une légère variation de quelques minutes, répartie sur tout le cours de l'année. Il n'y a pas de crépuscule. Une demi-heure avant le lever du soleil, une demi-heure après son coucher, c'est la nuit. On n'y voit jamais de neige, excepté sur la cime des montagnes les plus élevées. Il n'y a pas d'hiver; deux saisons seulement : la saison pluvieuse et la saison sèche. Nos mois d'hiver sont les mois de la saison pluvieuse dans l'Afrique équatoriale, et c'est aussi l'époque la plus chaude de l'année. Il pleut là plus fort et plus abondamment que dans tout autre pays. Les pluies d'Europe ou des États-Unis d'Amérique ne sauraient donner une idée de celles-là. Et le tonnerre! et les éclairs! Vous n'avez rien vu ni entendu de pareil. Il y a de quoi vous faire dresser les cheveux sur la tête. C'est là que se déchatnent les *tornados*, effroyables ouragans qui, en un instant, balayent de leur souffle les grands arbres sur leur passage. Quelle fureur dans les éléments! Quel désordre dans le ciel! Les nuages fuient, emportés dans l'espace avec une effrayante rapidité.

Ne soyez donc pas étonnés de l'empressement que nous mîmes à nous élever un abri, car nous étions, si je m'en souviens bien, au mois de février. Nous prîmes soin de choisir un lieu qui ne fût pas entouré de gros arbres, de peur que, renversés sur nous par un tornado, ils ne nous écrasassent de leur poids. Nous résolûmes donc de bâtir notre olako sur le bord d'un joli petit ruisseau, qui pouvait nous fournir toute l'eau dont nous avions besoin. Nous nous mîmes sur-le-champ à abattre des arbres au moyen des haches que nous avions apportées; car la hache est un instrument indispensable dans les forêts. Le feuillage de ces arbres abattus nous mettait à couvert de la pluie.

Pendant que les hommes étaient occupés à construire l'olako, les femmes allaient recueillir du bois mort pour faire du feu et nous apprêter à souper; car nous nous étions munis de vivres avant de sortir du village.

Il était temps. Un formidable tornado fondit sur nous. La pluie tombait à torrents, les éclats du tonnerre nous assourdissaient, et les éclairs se succédaient si vivement que nous en étions presque aveuglés.

Nos chiens se tenaient cois; tous les animaux, tous les oiseaux de la forêt étaient saisis de terreur. Que j'étais heureux de me sentir abrité contre une si terrible tempête! Nous avions amassé une bonne provision de combustible, et nos feux jetaient un vif éclat.

Nous formions des groupes pittoresques; assis en cercle autour du feu, tous, hommes et femmes, fumaient leurs pipes en racontant des histoires. Il y avait plusieurs bivacs séparés. Leur clarté, projetée sur les ténèbres de la forêt, la peuplait d'ombres mouvantes et fantastiques. Malgré la fatigue, tout le monde semblait de bonne humeur. Nous étions pleins d'espoir pour le lendemain. Chacun parlait de l'animal qu'il voulait tuer et de son gibier de prédilection. Les uns jetaient leurs visées sur l'antilope, les autres sur l'éléphant, sur le cochon sauvage ou sur le buffle. J'avoue que, pour ma part, j'inclinais vers le cochon sauvage, et je crois que presque tous les chasseurs étaient, au fond, de mon avis; car cet animal, quand il est gras, est excellent à manger. Aussi commençait-on à s'en régaler en idée; on s'imaginait avoir devant soi quelque bon morceau de la bête, et l'eau nous en venait à la bouche. Rien d'étonnant que nos aventuriers fussent friands d'un pareil mets; ils goûtaient si rarement de la viande! Qui de nous dans l'occasion ne savoure pas un bon dîner? Je voudrais bien le savoir.

Peu à peu chacun redevint silencieux, et nous nous endor-

mîmes les uns après les autres, à l'exception de deux ou trois
veilleurs chargés d'entretenir les feux, pour écarter les léopards
qui rôdaient dans les bois environnants, et dont personne de
nous ne se souciait de devenir la proie. En effet, avant de nous
endormir, nous avions entendu plusieurs de ces animaux hurler
dans le lointain. Il en vint un, pendant la nuit, tout près de
notre campement. Il tournait et retournait autour de nous, et
nul doute que, si quelque imprudent se fût hasardé hors du cer-

Dans la forêt.

cle lumineux, la bête n'eût sauté sur lui. Je n'ai pas besoin de
vous dire que personne ne s'avisa de lui en fournir l'occasion,
et vous pouvez croire que l'on eut grand soin d'entretenir le feu.
Bref, nous tirâmes quelques coups de fusil et le léopard s'enfuit.

Ce sont de terribles animaux; ils dévorent chaque année un
grand nombre d'indigènes. Farouches par nature, ils s'enhar-
dissent dès qu'ils ont une fois goûté de la chair humaine, dont
ils deviennent très-friands; si bien que les malheureux nègres

disparaissent les uns après les autres, emportés par les léopards, et que les villages, dépeuplés ainsi en partie, sont abandonnés par les survivants.

Le lendemain, nous nous mîmes en chasse. Je m'étais à peine aventuré dans l'épaisseur du bois, quand je vis à terre, glissant sous les feuilles sèches, un énorme serpent noir ; je crois encore l'avoir devant les yeux. Il était tout près de moi. Un pas de plus, et je marchais sur lui ; s'il m'eût mordu, je serais mort au bout de quelques minutes, et ma foi, mes petits amis, c'eût été fait de mes causeries sur l'Afrique. Ce serpent était un cobra de la variété noire (*Dendrapspis angusticeps*), reptile très-commun dans cette région, et dont la morsure, comme je l'ai déjà dit, est très-venimeuse.

Dès que le serpent m'aperçut, il se redressa, comme prêt à s'élancer sur moi, et fit entendre un sifflement en dardant sa langue acérée. Je me portai instinctivement en arrière ; j'ajustai l'animal, je fis feu et je le tuai. Le reptile pouvait avoir huit pieds de long. Je lui coupai la tête, et j'examinai ses dents ou crochets mortels. C'était hideux ! On eût dit de grosses arêtes de poisson, effilées par le bout. En les observant avec attention, je vis que l'animal pouvait redresser ou rabattre à volonté ces crochets implantés solidement dans sa mâchoire, sur une espèce de poche ou de petit sac où le venin est contenu. A l'extrémité de la dent, je remarquai un petit orifice qui communiquait avec la poche venimeuse. Quand le serpent ouvre sa gueule pour mordre, il redresse ses dents, il les imprime dans la chair de l'animal mordu, et presse ainsi sur la poche, d'où le venin jaillit par le petit orifice dont j'ai parlé.

J'ouvris le cobra et je trouvai dans son estomac un oiseau assez gros. Andèké empaqueta le reptile et l'oiseau dans des feuilles d'arbre. Ce fut une grande joie pour nos hommes, quand nous revînmes au camp chargés de ces dépouilles ; ils firent le soir une bonne soupe avec le serpent, et se régalèrent du bouilli.

J'avais abattu aussi un charmant petit écureuil rayé, et je le fis cuire pour mon dîner, non sans quelque regret d'avoir donné la mort à une si jolie créature.

Le soir même, comme j'étais assis près du feu, regardant brûler une grosse bûche, je vis un affreux scorpion noir s'échapper des fentes du bois. Je jetai sur son dos un petit bâton que j'avais à la main. Vous l'auriez pu voir alors, redressant sa longue queue, attaquer et percer ce morceau de bois. Je frémis en pensant que cet animal aurait pu tout aussi bien déchirer mes mains ou mes pieds, comme il faisait du bâton. Je le tuai bien vite. Les nègres me dirent que ces scorpions étaient très-communs dans le pays, et qu'il fallait toujours être sur ses gardes quand on maniait des morceaux de bois sec ; car ces êtres venimeux se logent volontiers sous l'écorce ou dans les crevasses.

Joli pays, pensais-je, où l'on tue le même jour un serpent et un scorpion.

Aussi, quand je posai la tête sur mon oreiller, lequel n'était autre chose qu'une bûche, regardai-je bien attentivement s'il n'y avait pas quelques scorpions dessous ou dedans. Je n'en vis pas ; mais, pendant toute la nuit, je ne fis que me réveiller en sursaut. Je croyais sentir des centaines de ces hideuses bêtes grimper après moi, et m'assassiner de leurs piqûres. J'avais le corps tout baigné de sueur ; je regardais avec effroi autour de moi ; mais je ne voyais que des dormeurs et pas le moindre scorpion ; Dieu merci, ce n'était qu'un rêve.

Près de notre campement était une jolie petite prairie. J'y avais vu, pendant mes promenades, quelques traces de buffles sauvages, et je dis à Andèké que nous devrions leur donner la chasse.

Andèké, le fils du roi, était un garçon fort entendu et de plus un excellent tireur; c'était justement l'homme qu'il me fallait.

Nous nous rendîmes donc à la petite prairie, et nous nous mîmes à l'affût chacun de notre côté, sur la lisière du bois qui la bordait. Bientôt j'aperçus un gros buffle, qui ne se doutait guère de ma présence, car le vent venait de son côté; s'il eût soufflé du mien, l'animal aurait flairé l'homme et se serait enfui. Dans l'état des choses, le buffle sans défiance s'avança vers les arbres qui me cachaient. Je l'ajustai et je tirai. Mais ma balle rencontra une plante grimpante et dévia de sa direction, en sorte que je ne fis que blesser l'animal. Furieux, il se retourna, me vit et fondit sur moi tête baissée. Je perdis la tête, chasseur novice, et je lâchai pied, quoique j'eusse un second coup à tirer; mais la fureur de la bête et son œil menaçant m'éblouissaient. En fuyant, mon pied s'embarrassa dans une liane sauvage, et s'y prit comme à un piége. J'étais perdu. Le buffle s'élançait en avant, brisant les broussailles et les ronces. Dans cette extrémité, je me retournai résolûment contre l'ennemi, et je sentis l'énergie me revenir. Je m'arrêtai ferme comme un roc. Si cette fois je manquais le buffle, c'était fait de moi : il allait m'éventrer. Je pris mon temps pour viser, et je le tirai à la tête. Il poussa un beuglement sourd et roula presque à mes pieds. Andèké accourait alors à mon aide.

Je dois dire qu'après cette aventure je me sentis tout aguerri; au fait, à l'âge que j'avais, je pouvais être fier de mon exploit. C'était la première fois que j'affrontais l'attaque d'une bête sau-

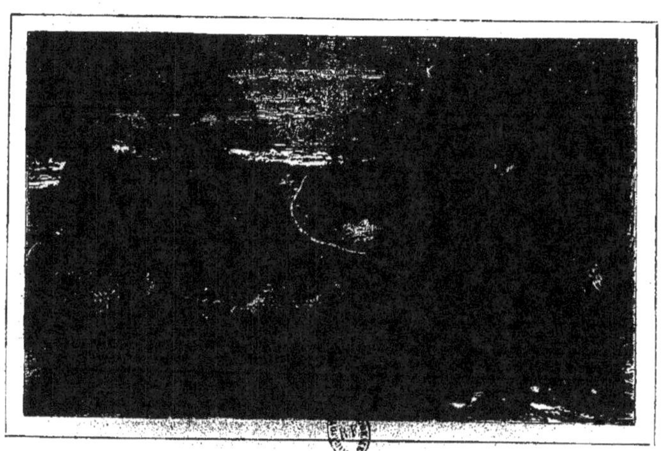

Chasse au Buffle.

vage. Je m'assurai depuis que les buffles sont en général très-dangereux quand ils sont blessés.

Quelques mots maintenant sur cet animal. Le buffle sauvage se rencontre fréquemment dans cette partie de l'Afrique. Il se cache dans la forêt pendant la plus grande partie du jour. Quand on l'a beaucoup chassé, il devient très-défiant. Il marche ordinairement en troupes de dix à vingt-cinq, quoique j'aie vu quelquefois des bandes moins nombreuses.

Cet animal (*Bos brachycheros*) s'appelle *niaré* dans la langue des naturels. Il est de la taille de nos bestiaux. Son pelage mince et rouge est beaucoup plus foncé chez le mâle que chez la femelle. Les sabots sont longs et effilés, les oreilles bordées de beaux crins soyeux; les cornes se recourbent avec grâce en avant. La forme générale du buffle tient à la fois de l'antilope et de la vache commune; et, à une certaine distance, ces fiers animaux sauvages apparaissent comme des troupeaux de notre bétail domestique.

Quelle fut la joie du peuple lorsque Andèké et moi nous leur apprîmes que j'avais tué un buffle! Il y eut de grandes réjouissances à cette occasion. Mais j'étais fatigué, et je restai au camp, pendant qu'ils allaient tous avec des couteaux et des épées dépecer le buffle sur place pour en rapporter la chair.

L'admirable endroit pour chasser! Les animaux paraissaient descendre des montagnes et séjourner volontiers dans le pays plat, sous le couvert des bois, le long du rivage.

Il y avait là bon nombre de cochons sauvages. Vous savez que nous soupirions après cette excellente chasse. Nous convînmes, Andèké et moi, d'aller une nuit nous mettre en embuscade dans la prairie. Pour mieux ressembler à Andèké, je me

barbouillai le visage et les mains avec du charbon, afin qu'on ne
pût, dans l'obscurité, distinguer ma figure de la sienne.

Nous partîmes du camp avant la nuit et nous gagnâmes la
prairie. Je me blottis derrière un monticule formé par une
ruche de fourmis, à peu de distance de l'espace découvert. Je
restai là pendant une heure, deux heures, trois heures, ne voyant
passer ni cochons sauvages ni buffles. Je cherchais Audèké; il
s'était endormi au pied d'une autre fourmilière, tout près de
moi. Tout à coup je vis au loin défiler tout un troupeau de gazelles; mais elles étaient hors de portée. De temps en temps un
grognement sourd ou le bruissement des feuilles m'indiquait
la présence d'un cochon sauvage aux environs, puis tout rede-
venait silencieux, et je finis aussi par m'endormir.

Tout à coup je fus réveillé par un cri de l'autre monde,
par le râle effroyable d'un animal en détresse.

Je frottai mes yeux, tout ahuri. Qu'est-ce que cela pouvait
être ?

Je regardai autour de moi, et je ne vis rien. Le bois cependant
retentissait encore du cri d'angoisse qui m'avait fait tressaillir.
Alors j'entendis un grand craquement de branches, causé par la
fuite précipitée de quelque animal, et je vis sortir de la forêt
un buffle sauvage, à la nuque duquel se tenait cramponné un
énorme léopard. La pauvre bête se redressait, se secouait,
mugissait et beuglait, mais en vain. Les puissantes griffes du
léopard s'imprimaient avec force dans le corps de sa victime,
tandis que de ses dents il entaillait profondément et déchirait le
cou du buffle à l'agonie. Bientôt la bête féroce poussa un rugissement de triomphe à faire trembler la terre. Le groupe terrible disparut dans la forêt; puis les rugissements et les

craquements de branches cessèrent de se faire entendre. Tout était redevenu calme.

J'avais tiré un coup de fusil sur le léopard, mais de trop loin pour avoir pu l'atteindre.

Nous demeurâmes une semaine dans le même endroit; je me plaisais beaucoup au milieu des bois. Je fis des collections d'oiseaux et de papillons, je tuai quelques jolis petits quadrupèdes, et nous regagnâmes ensuite le village du littoral. Mais, à peine de retour, la fièvre me prit et me cloua sur mon lit de douleur. Combien je souffrais, moi qui n'avais jamais eu la fièvre! Pendant plusieurs jours je me sentis la tête ardente comme une fournaise. Lorsque enfin je commençai à aller mieux et que je me regardai dans un miroir, je fus effrayé de moi-même, tant j'eus de peine à me reconnaître. Il ne m'était pas resté une trace de sang sous la peau, et j'étais jaune comme un coing. Cette fièvre n'était que l'avant-coureur de tous les maux qui m'attendaient dans ces régions équatoriales.

# CHAPITRE III



Sur le promontoire appelé cap Saint-Jean, à un degré environ au nord de l'équateur, était situé un village de Mbingas, dont le chef se nommait Imonga. C'était, je pense, en l'année 1852. Le pays d'alentour avait un aspect des plus sauvages. Le village était perché sur le sommet d'une haute montagne qui descendait rapidement jusqu'à la mer, et formait elle-même un petit cap. Les vagues battaient avec violence contre un roc de formation tertiaire. C'était un beau spectacle que ces lames à crête écumeuse qui venaient se briser sur la côte, et dont les assauts toujours répétés usaient et minaient le rocher. Débarquer là n'était pas chose facile. Il n'y avait guère que deux ou trois endroits, entre les récifs, où un canot pût aborder. La population, non moins sauvage que la contrée qu'elle occupait, était de plus très-belliqueuse. Elle se composait de pêcheurs qui passaient presque toutes leurs journées dans leurs petits canots. Comme le gibier était très-rare, il y avait fort peu de chasseurs dans le pays.

Imonga, le chef, avait la figure balafrée par une large et horrible cicatrice qui faisait voir tout de suite que c'était un grand guerrier. Bon nombre de ses sujets étalaient aussi des blessures qu'ils avaient reçues en combattant. Souvent ces combats ou ces rixes avaient lieu sur l'eau, dans les canots, soit contre les habitants des autres villages, soit entre gens du pays même.

Imonga, je ne sais pourquoi, me témoignait beaucoup d'amitié, et je trouvais les mêmes sentiments chez son peuple. Il y avait cependant une chose qui me révoltait. Je remarquai que plusieurs des femmes d'Imonga avaient la phalange du petit doigt coupée. C'était lui qui leur avait infligé cette mutilation, pour leur imposer une crainte salutaire ; car il voulait se faire obéir par ses femmes d'une manière absolue.

Les bois qui entouraient le village recélaient beaucoup de léopards. Ces animaux étaient la terreur des habitants, qui voyaient de temps en temps disparaître un des leurs. Ils venaient la nuit, jusque dans les habitations, rôder en quête de leur proie, quand les hommes étaient endormis. Il n'y avait plus dans le village ni un chien ni une chèvre, et en moins de deux mois trois personnes avaient été dévorées. On reconnaissait tout de suite les cabanes où les léopards s'étaient introduits : ils déchiraient les feuilles de palmier disposées en forme de toit, saisissaient leurs victimes, et, prenant leur élan par le trou qu'ils avaient fait, ils emportaient l'homme à leur gueule, et s'enfuyaient dans la forêt.

Le dernier habitant qu'ils avaient naguère surpris ainsi avait poussé un cri d'angoisse qui avait réveillé tout le village. On s'était levé à la hâte pour lui porter secours, mais trop tard ; on n'avait plus trouvé que des traces de sang ; le léopard s'était enfoncé dans le bois, pour y dévorer à l'aise sa victime. Exaspérés par cette catastrophe, les habitants firent des battues en tous sens à travers la forêt, mais ils ne purent jamais retrouver le léopard.

Parfois ces bêtes féroces, désertant leurs profondes retraites, erraient çà et là le long de la plage; les empreintes de leurs pattes se retrouvaient là nuit, sur le sable, à la marée basse. Passé dix ou onze heures du soir, aucun indigène ne se fût hasardé sur le rivage, sans porter une torche allumée.

Pendant le jour, le léopard se retire dans le creux de quelque arbre gigantesque, comme on en voit beaucoup dans ces forêts, ou sommeille tranquillement sur une grosse branche, en attendant l'approche de la nuit. Il ne se met guère en campagne avant une heure du matin, à moins qu'il ne soit pressé par la faim, et il retourne à son repaire vers quatre heures.

Je m'habituai bientôt à braver le danger. Ma victoire sur le buffle m'avait inspiré une certaine confiance.

La mort d'un léopard devait être mon second exploit.

Je choisis mon poste tout près des sables de la mer, où j'avais remarqué que les léopards descendaient la nuit, à la marée basse. Je pris le temps où la lune se levait à minuit, de peur que l'obscurité ne m'empêchât de bien viser et de juger des suites du coup.

Je commençai par me construire une sorte de blockhaus ou de forteresse, et je puis vous assurer que je mis du cœur à la besogne. Tous les jours j'allais dans la forêt couper des branches d'arbres dont je faisais de fortes palissades. Chaque pieu, d'à peu près six pieds de haut, était planté en terre à un pied de profondeur. Ces pieux étaient attachés ensemble par des lianes solides. Ma petite forteresse avait à peu près cinq pieds carrés. Il n'y fallait pas de découvert, car le léopard aurait pu sauter dedans et me saisir; aussi eus-je bien soin de construire un toit formé de grosses branches fortement liées ensemble. Puis je ménageai de toutes parts des meurtrières pour mes fusils, de manière à pouvoir faire feu sur la bête, de quelque côté qu'elle se présentât.

Je fus fort aise quand ce fut fini, car je me sentais bien fatigué. Ma hache était mal aiguisée, et ce rude travail avait demandé plusieurs jours.

Un soir enfin, je me dirigeai vers mon embuscade. Il était

L'affût au léopard.

neuf heures, et l'obscurité était complète. J'avais emmené une chèvre que j'attachai à quelques pas de là, puis je me repliai sur le blockhaus, et je m'y renfermai.

J'attendis des heures et des heures. La chèvre ne cessait de bêler. La nuit était si sombre que, même si le léopard fût venu, je n'aurais pas pu le distinguer.

Vers une heure, la lune se leva. Elle était dans son dernier quartier, et répandait une lueur fantastique sur les objets environnants. L'ombre des grands arbres se projetait sur le sable blanc du rivage, et les ténèbres de la forêt voisine n'en paraissaient que plus épaisses. La mer roulait paisiblement sur la plage ses vagues phosphorescentes, qui se brisaient en milliers d'étincelles. Un silence de mort régnait partout, interrompu seulement par les bêlements de la chèvre, par le hurlement lointain de quelque bête sauvage, ou par une bouffée de vent soufflant lugubrement à travers les bois.

Sans que je pusse m'en rendre compte, un frisson étrange me parcourait de temps en temps. J'étais tout seul, ou à peu près, car le nègre que j'avais amené avec moi dormait profondément.

Une heure. Point de léopard. En vain je regardais de tous côtés ; je ne voyais rien.

Deux heures. Rien encore.

Soudain, j'aperçus une forme noirâtre à une assez grande distance du rivage, et si loin de moi que je ne pus d'abord la définir. Elle se dirigea lentement de mon côté. A mesure qu'elle s'avançait, je reconnus plus distinctement un gros léopard moucheté. La chèvre, qui l'avait vu, se mit à bêler plus fort. La bête féroce se rapprochait de plus en plus ; elle se ramassa et se tapit contre terre, la face allongée en avant. Comme ses yeux étincelaient ! on eût dit deux charbons enflammés.

Mon cœur battait. La première idée qui me vint fut de me demander si ma maison serait assez solide pour résister aux assauts du léopard, dans le cas où je le blesserais, et s'il ne laisserait pas la chèvre pour m'attaquer.

L'animal rampait toujours à plat ventre en se rapprochant. Je pris mon fusil, et, juste au moment où j'allais faire feu, il fit un énorme bond et s'élança sur la chèvre. Je tirai cependant ;

mais en un clin d'œil la chèvre fut saisie par le léopard, qui disparut avec elle dans l'épaisseur de la forêt. Je tirai de nouveau, mais sans plus de succès que la première fois. Le lendemain je ne retrouvai que les traces du sang de la pauvre chèvre.

Je ne songeais pas à retourner au village avant le matin ni à m'aventurer la nuit en dehors de mes palissades. Aussi, n'ayant plus ma chèvre pour servir d'appeau à d'autres léopards, je pensai que ce que j'avais de mieux à faire, c'était d'allumer du feu pour me réchauffer, et pour chasser les moustiques. J'avais apporté une boîte d'allumettes, et je fis aussitôt un bon feu avec le bois que j'avais ramassé.

Je devais être assez curieux, enfermé ainsi dans ma cage, pendant que mon foyer éclairait tous les alentours.

Enfin, voyant que tout était tranquille, je me couchai pour dormir, en ayant soin de me placer au beau milieu de mon carré, de façon que, si un léopard survenait, il ne pût m'atteindre avec sa patte. Quand je me réveillai, il était déjà grand jour, et je repartis pour le village d'Imonga.

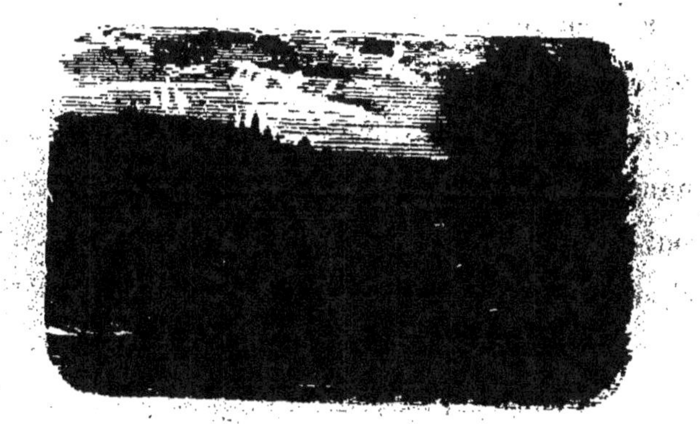

# CHAPITRE IV



Vous m'avez suivi dans le pays de Benito et au cap Saint-Jean. Je vais maintenant vous conduire un peu plus loin sur la côte, jusqu'à la baie de Corisco : là, deux rivières déversent leurs eaux dans la mer, l'une s'appelle le Muni, et l'autre la Monda.

Je laisse de côté le Muni, où nous aurons occasion de revenir, et je ne veux vous parler que de la Monda. Elle traverse un terrain bas et marécageux ; son lit est encombré de vase. Les mangliers croissent en abondance sur ses bords. Chaque branche de ces arbres, chaque rameau submergé, sont couverts d'huîtres ; de telle sorte qu'à la marée basse on découvre au loin, de distance en distance, des bancs immenses de ces mollusques.

Les mangliers, sur lesquels les huîtres se greffent si singulièrement, sont des arbres fort extraordinaires. Outre que leur tronc principal croît à une hauteur énorme, un bois tout entier de mangliers pourrait provenir d'une seule souche ; car les branches ramenées à terre y poussent dans le sol des rejetons, qui, à leur tour, prennent racine et deviennent des arbres ; si bien que toute la forêt est, on peut le dire, une seule et même végétation.

Les habitants du pays situé à l'embouchure de cette rivière portent le nom de Shekianis. C'est une tribu fort belliqueuse ; la plupart sont armés de fusils ; ils les reçoivent des bâtiments de commerce qui viennent de temps en temps leur acheter du bois rouge, de l'ivoire ou de la gomme.

Je parvins à cette embouchure dans un petit canot, manœuvré par quelques Mbingas. Ce canot, creusé dans un tronc d'arbre, avait un mât et une voile. A l'entrée de la rivière, au-

Troupe d'oiseaux sauvages.

dessus des marécages qui entourent ses bords, s'élèvent deux montagnes. Sur le sommet de l'une d'elles est situé un village de grandeur médiocre. Ce fut là que je m'arrêtai.

A la marée basse, les bords marécageux de la rivière restent à découvert. Il s'y presse une multitude d'oiseaux telle que je n'en ai jamais vue nulle part. C'est par milliers de milliers qu'il faudrait les compter. Le rivage, les îles, les bancs de sable et l'eau en sont tellement couverts, que ce spectacle tient du prodige. Des

bandes serrées de pélicans, flottilles vivantes, nageaient majes-
tueusement à une certaine distance de mon canot. Vous me demanderez sans doute quelques explications sur ces pélicans. Je
vais vous les donner : ce sont de grands oiseaux, armés d'un
énorme bec, au-dessous duquel s'enfle une vaste poche, capable
de contenir plusieurs livres de poisson ; ils sont palmipèdes, et
leur plumage est blanc. Je voudrais que vous les vissiez quand ils
guettent leur proie ; avec quelle précaution ils fouillent l'eau
pour la chercher, et avec quelle prestesse ils lancent sur elle
leur redoutable bec ! En un instant le poisson est tué et englouti
dans leur poche ; et c'est seulement lorsqu'elle est pleine, que
maître pélican commence son repas. Cette poche, où le poisson
s'amasse, est un véritable garde-manger.

De temps en temps un rang de flamants se déploie sur le rivage,
éclatant comme une ligne de feu. Qu'ils sont beaux, ces flamants ! et que leur aspect est étrange quand ils se tiennent immobiles sur leurs longues pattes rouges ! ce sont d'ailleurs des oiseaux très-farouches, et dont l'approche est difficile.

Partout où la vase émergeait hors de l'eau, on voyait s'y poser
des hérons, des grues, des mouettes de toute espèce. Partout aussi
le regard rencontrait de jolis oiseaux blancs (*Egretta flavirostris*),
et, quand les arbres du rivage en étaient couverts, on eût dit un
effet de neige.

Naturellement je voulus tuer quelques-uns des bipèdes si
variés de ce rivage. Je pris donc un tout petit canot, que je re-
couvris de branches, pour laisser croire à ces oiseaux défiants
que c'était un tronc d'arbre qui suivait le fil de l'eau, comme on en
voit fréquemment. J'embarquai avec moi un rameur shekiani, je
me munis de deux fusils, et nous nous dirigeâmes vers les péli-

cans. Ils semblèrent se douter de la ruse, et restèrent longtemps sans me fournir une occasion de les approcher. Mais, comme vous le savez, pour réussir en toute chose, il faut surtout de la patience et de la ténacité. Aussi, après une chasse assez longue, je parvins à m'approcher d'un pélican. L'oiseau pêcheur était précisément en train d'avaler un gros poisson, lorsque — pan ! — je fis feu, et je le blessai, de façon à l'empêcher de s'enfuir. Je lui avais brisé l'aile. Au bruit de l'explosion, les oiseaux s'envolèrent par milliers. Je m'avançai plein d'ardeur vers maître pélican, qui se débattait pour m'échapper ; il s'agissait maintenant de m'emparer de lui. Son aile était bien fracassée, il est vrai, mais avec son gros bec il pouvait me couper le doigt tout net ; d'un autre côté, en tirant sur lui une seconde fois, je craignais de gâter ses plumes. Cependant il perdait peu à peu ses forces ; je lui assénai sur la tête un terrible coup de rame, dont il resta tout étourdi. Un autre coup l'acheva, et nous le portâmes dans le canot.

Je l'avais à peine jeté au fond de l'embarcation, que je vis voler de mon côté une bande d'à peu près deux cents flammants. J'apprêtai sur-le-champ mon fusil. Viendraient-ils assez près de moi pour me mettre à même de les tirer? Je suivais leur vol avec anxiété. — Oui, — les voilà. — Pan ! pan ! — J'envoyai deux balles dans le gros de la bande, et deux superbes flammants tombèrent à l'eau. Vite, nous fîmes force de rames de leur côté. Ils étaient morts : tous les deux avaient été frappés à la tête.

Nous gouvernâmes vers le rivage. Quand j'ouvris la poche du pélican, j'y trouvai une douzaine de gros poissons. Ils étaient tout frais ; il n'y avait pas une heure, j'en suis sûr, qu'ils avaient été pêchés : je résolus de m'en régaler. Vous conviendrez avec moi que le pélican, lorsqu'il s'en mêle, est un excellent pourvoyeur.

Le soir, je me sentis tellement fatigué, que j'allai bien vite me coucher ; et je dormis d'un si bon somme, que, si les Shekianis l'eussent voulu, ils auraient bien pu me tuer sans que j'eusse seulement ouvert les yeux.

Le village où j'étais avait un nouveau roi. Je fus surpris de voir que la transmission de la royauté se fît là dans les mêmes formes que chez les Mpongwés, tribu de nègres au milieu de laquelle j'avais demeuré ; vous allez voir ce que c'était que ce roi.

Le vieux roi Glass était mort. Il avait souffert longtemps, semblant se cramponner à la vie avec obstination. C'était un vieux païen fort désagréable, qui était devenu, dans ses derniers jours, très-dévot — à sa manière. Son idole était toujours fraîchement peinte et brillamment ornée. Son fétiche, ou mondah, était le mieux soigné, le mieux choyé de toute l'Afrique. Chaque jour, on faisait venir pour lui, de l'intérieur du pays, des docteurs célèbres, dont on payait grassement les consultations. Le vieux roi avait grand'peur de la sorcellerie : il croyait que tout le monde cherchait à se débarrasser de lui en l'ensorcelant. Aussi la grande affaire des docteurs était-elle d'écarter les sorciers et d'assurer longue vie à Sa Majesté. Plus ces assurances lui causaient de plaisir, plus il récompensait ceux qui les lui donnaient, et l'on peut croire qu'ils ne s'en faisaient pas faute.

Les sujets, du reste, étaient fatigués de leur roi. Ils le tenaient lui-même pour le plus puissant et le plus habile des sorciers ; et, quoiqu'on ne s'expliquât pas ouvertement sur ce chapitre, il y avait peu d'habitants qui osassent passer pendant la nuit devant sa maison, et personne ne se fût hasardé à y entrer, à moins d'y

être poussé par l'irrésistible tentation d'un verre de rhum. En définitive, si ce n'eût pas été un grand roi, on se serait probablement
défait de lui.

Quand il tomba malade, tout le monde parut très-affligé ; mais
plusieurs de mes amis me dirent en confidence qu'on serait enchanté qu'il mourût. Il leur donna bientôt cette satisfaction. Je
fus réveillé un matin par les gémissements lugubres et les pleurs
qui sont, chez les nègres, l'affectation d'un désespoir simulé plutôt que l'expression d'un chagrin réel. Toutes les femmes du village fondaient en larmes. C'est une chose singulière que cette
facilité des femmes africaines à trouver des larmes abondantes
pour les plus légers motifs et souvent même sans motifs. Elles se
mettent à crier toutes ensemble, à une certaine heure, pour quelque cérémonie funèbre, lorsqu'une minute avant elles éclataient
de rire. Elles n'ont pas besoin d'avoir du chagrin pour pleurer :
on peut dire qu'elles pleurent à volonté.

Le deuil et les larmes, dans cette occasion-ci, durèrent six
jours. Le lendemain de sa mort, le roi fut enterré secrètement par
quelques hommes de confiance, de grand matin, avant que les
autres fussent levés, ou peut-être même pendant la nuit ; c'est ce
que personne ne sut au juste. Cette coutume mystérieuse vient de
l'idée où sont ces gens-là que les tribus voisines voudraient s'emparer de la tête de leur roi, s'ils savaient où elle est enfouie, afin
de fabriquer avec sa cervelle de puissants fétiches qui les ren-
draient invincibles.

Pendant les jours de deuil, les anciens du village s'occupèrent
de choisir un nouveau roi. C'est encore là une opération secrète,
et dont le résultat n'est guère communiqué au peuple que le septième jour.

Il advint que l'un de mes bons amis, Njogoni, fut élu roi. Je ne sais s'il avait été prévenu d'avance de son avénement ; en tout cas, il joua bien l'ignorance.

Le matin du septième jour, comme il se promenait sur le rivage, — où probablement on lui avait conseillé de se rendre, — il fut tout à coup assailli par une foule impatiente de procéder à la cérémonie préliminaire du couronnement ; on se mit donc à l'entourer en le serrant de près et en accumulant sur lui tous les outrages, toutes les avanies que la pire populace est capable d'imaginer. Les uns lui crachaient au visage, d'autres lui assénaient des coups de poing, pas trop forts cependant ; ceux-ci lui donnaient des coups de pied ; ceux-là lui jetaient des ordures à la face ; les gens moins favorisés qui étaient en dehors du cercle, et qui ne pouvaient atteindre le malheureux que par leurs injures, l'accablaient d'invectives et le maudissaient lui, son père, sa mère surtout, aussi bien que ses sœurs, ses frères et ses ancêtres, en remontant jusqu'à la génération la plus reculée. Un étranger n'aurait pas donné un liard de la vie de cet homme que l'on allait couronner.

Au milieu du tumulte et de la mêlée, je distinguai des paroles qui me firent comprendre le sens de cette scène ; car un des assaillants, qui administrait rudement les coups de pied et les coups de poing au pauvre monarque, s'écria à plusieurs reprises : « Vous n'êtes pas encore notre roi. Nous faisons pour l'instant ce que nous voulons avec vous ; bientôt nous ferons ce que vous voudrez. »

Njogoni supporta ces traitements comme un homme, et comme un souverain en expectative, accueillant tant d'ignominies avec le sourire sur les lèvres. Quand cette scène eut duré à peu près une demi-heure, on le mena à la maison du feu roi : on le fit asseoir, et il fut encore pendant quelque temps le jouet et la victime de la populace ameutée.

Tout à coup il se fit un profond silence, et les anciens du village se levèrent : « A présent, dirent-ils solennellement (et le peuple répéta leurs paroles après eux), nous vous choisissons pour notre roi; nous nous obligeons à vous écouter et à vous obéir. »

Il se fit un nouveau silence ; puis on apporta et l'on mit sur la tête de Njogoni le chapeau de soie en forme de tuyau de poêle, qui est l'emblème de la royauté chez les Mpongwés et quelques autres tribus. On le revêtit ensuite d'une robe rouge, et il reçut les plus grands témoignages de respect de la part de ceux mêmes qui venaient de l'insulter si cruellement.

Vinrent ensuite six jours de grande fête, pendant lesquels le pauvre roi, qui avait pris le nom de son prédécesseur, fut obligé d'héberger ses sujets dans sa propre maison, sans pouvoir lui-même en sortir. On passa tout ce temps-là à se gorger de vic-tuailles et à boire du mauvais rhum et du vin de palmier. C'était une scène indescriptible de gloutonnerie bestiale, d'ivrognerie et de vacarme désordonné. Il affluait sans cesse des étrangers de tous les villages des environs. On leur fournissait à boire et à manger à discrétion, et tous les survenants étaient les bienvenus.

Le vieux Glass, pour qui tant de larmes avaient été versées pendant six jours, était maintenant bien oublié, et le nouveau roi Glass, pauvre diable, était malade d'épuisement.

Enfin, tout le rhum et tout le vin étant avalés, et tous les vivres dévorés, les jours consacrés aux réjouissances expirèrent, et chacun rentra chez soi.

# CHAPITRE V



En 1856, je me retrouvai dans les régions équatoriales. J'étais dans une grande forêt, qui conduisait au pays des cannibales ; oui, un pays où les hommes s'entre-dévorent. J'avais encore beaucoup de chemin à faire. Comment traverser cette jungle immense ? Comment m'orienter dans ces interminables forêts africaines ? Telles étaient les pensées qui m'inquiétaient, lorsque j'arrivai au village de Dayoko.

Ce village est situé à peu de distance des rives du Ntambou-nay ; il est entouré par de jolis bois de bananiers.

Dayoko est un des chefs de la tribu Mbousha, peuplade sauvage et barbare s'il en fut. Il m'avait pris en amitié, et il promit de me fournir quelques hommes pour m'accompagner dans une partie de mon voyage.

Ces Mboushas ressemblent beaucoup aux Shekianis, que je vous ai déjà dépeints. Ils sont superstitieux et cruels, et croient à la sorcellerie. Je restai quelques jours parmi eux. Je vais vous dire ce que j'y ai vu.

Dans une cabane, je trouvai un homme très-avancé en âge. Sa chevelure laineuse était blanche comme la neige, sa figure toute ridée, et ses membres contractés par la vieillesse. Il avait les mains liées derrière le dos, et les pieds emprisonnés dans un grossier étau de bois. Plusieurs nègres, armés jusqu'aux dents, montaient la garde autour de lui et de temps en temps l'accablaient d'invectives et de coups. Le malheureux souffrait tout en silence.

Or, quelle était la cause de cet horrible traitement?

Ce vieillard était accusé de sorcellerie!

Quel outrage au bon sens qu'une pareille inculpation!

J'allai trouver Dayoko, le chef, pour tâcher de sauver les

Scène de cannibales.

jours de ce vieillard; mais je vis bien que tous mes efforts seraient inutiles.

Pendant toute la nuit, d'un bout à l'autre du village, j'entendis des chants et un grand tumulte. Il était clair qu'on se préparait pour le sacrifice du lendemain.

Le matin de bonne heure, en effet, toute la population était sur pied. On se rassembla autour du docteur ou homme-fétiche. Les yeux enflammés de ce fanatique brillaient d'un éclat sauvage, tandis qu'il circulait parmi les groupes. Il portait à la main un paquet d'herbes mystiques, avec lesquelles il fit le signe d'asperger trois fois les assistants. En même temps, un homme perché sur le haut d'un arbre, tout près de là, criait par intervalles : « Jocou! jocou! » en secouant l'arbre de toutes ses forces.

*Jocou* chez les Mboushas veut dire diable; cet homme était chargé d'effrayer et de chasser le méchant esprit.

A la fin, tout le monde déclara que l'accusé était le plus puissant de tous les sorciers, qu'il avait fait périr beaucoup de gens par ses sortiléges, et qu'il fallait le tuer à son tour.

Voulez-vous savoir ce que ces Africains entendent par le nom de sorcier ou de magicien? Ils s'imaginent que certaines personnes ont, par elles-mêmes, le pouvoir de faire mourir quiconque leur déplaît. Dans leurs idées, il n'y a pas de mort naturelle, et personne ne tombe malade ni ne meurt, à moins d'avoir été ensorcelé. Peut-on concevoir une plus horrible superstition ? Aussi, tous les condamnés pour crime de sorcellerie sont-ils soumis aux tortures les plus affreuses. On les brûle à petit feu, ou bien on livre leurs corps en pâture aux fourmis bashikouais. Je vous parlerai en temps et lieu de ces fourmis. Tantôt ces malheureux sont mis en pièces; tantôt on leur fait des incisions sur le corps, et l'on y introduit du poivre de Cayenne. Je frissonne rien que d'y penser; car j'ai été témoin de ces abominables supplices, et j'ai vu des cadavres tout mutilés.

Après la cérémonie de la condamnation, le peuple se dispersa, et, moi, je rentrai dans ma cabane; car je ne me sentais pas à mon aise. Au bout de quelque temps, je crus voir un homme passer devant ma porte comme un éclair, et derrière lui une troupe de gens qui se précipitaient du côté de la rivière. Un instant après, j'entendis des cris aigus, comme ceux d'un homme à l'agonie ; puis tout redevint calme comme la mort.

Je sortis, je me dirigeai vers la rivière, et je rencontrai la troupe qui revenait. Chacun était armé, qui d'une hache, qui d'une lance, d'un couteau ou d'un coutelas, et ces armes, aussi bien que les bras et les corps des bourreaux, étaient teintes de sang. Ils avaient haché en morceaux le prétendu sorcier ; puis, lui brisant le crâne, ils avaient jeté sa cervelle dans la rivière. Eh bien, la nuit suivante, ces sanglants exécuteurs avaient l'air doux comme des agneaux, et paraissaient tout aussi gais que s'il ne s'était rien passé. Ne devons-nous pas remercier Dieu d'être nés dans un pays civilisé ?

Il survint bientôt un grand *palabre*[1] au sujet de mon départ. Je réunis Dayoko et tous les anciens villages ; puis je leur déclarai que je voulais aller dans le pays des Fans, qui est habité par des cannibales.

Dayoko s'écria que je serais mis à mort et dévoré par les cannibales, et il essaya de me dissuader de ce voyage.

Mais je répondis que je voulais absolument l'entreprendre.

Il fut donc décidé que je me mettrais en route sous la protection de Dayoko. En conséquence, il me donna deux de ses fils pour m'accompagner, et commanda à plusieurs de ses sujets de porter mes caisses, mes fusils, ma poudre, mon plomb et mes balles.

Ces gens-là devaient me conduire jusque chez un des beaux-pères de Dayoko, un chef Mbondemo, qui demeurait dans les montagnes. Ainsi, je m'éloignais de plus en plus de la mer. Si

_______________

1. *Palabre*, conseil agité, assemblée tumultueuse, débat public, etc.

les sauvages s'avisaient de me laisser là et de se sauver dans les bois, qu'allais-je devenir ?

Nous nous embarquâmes sur des canots pour remonter le Muni, puis nous entrâmes dans une rivière appelée le Ntambounay. (Ne faites pas attention à ces noms baroques; ce n'est pas moi qui les ai choisis. Je suis bien obligé d'appeler les choses par les noms qu'on leur donne dans le pays.)

Après avoir ramé toute la journée, nous étions bien fatigués au coucher du soleil ; car nous avions fait beaucoup de chemin sur la rivière, quand nous arrivâmes à un village. Je fus tout étonné de le trouver habité par des Shekianis.

Je me rappellerai toujours ce village où je faillis être massacré et pillé. A peine y étions-nous débarqués, que les habitants vinrent me déclarer que je n'irais pas plus loin ; car ils étaient maîtres de la route. Il fallait, pour acheter le droit de passer, leur donner six chemises pareilles à celle que je portais, trois redingotes, des perles et bien d'autres objets à leur guise. Cette rançon m'aurait complétement ruiné.

Je ne pus fermer l'œil de la nuit. Une foule animée entourait ma cabane, parlant, criant, chantant avec une grande surexcitation. Je me tenais sur mes gardes. Tous mes fusils et mes révolvers étaient chargés, et j'étais bien déterminé à vendre chèrement ma vie. Si je devais mourir, ce serait du moins en brave. Toute ma petite troupe était avec moi dans ma cabane, excepté les deux fils de Dayoko, qui étaient allés parlementer avec le chef Shekiani. Celui-ci était un ami de Dayoko, et les deux jeunes gens lui dirent que j'étais l'hôte et l'ami de leur père.

A la fin, le tumulte s'apaisa; et, vers le matin, les habitants se tinrent tranquilles ou s'endormirent.

Nous sortîmes avec précaution de la cabane. Tout était calme. Mes hommes m'apprirent que les fils de Dayoko avaient un fétiche très-puissant pour détourner la guerre, et que probablement le danger était passé.

Je fis un présent au chef Shekiani, et nous partîmes sur-le-champ. Nous laissâmes nos grands canots, pour en prendre de plus légers; car nous avions à traverser un très-petit cours d'eau.

Tout en remontant la rivière, nous pouvions découvrir les hautes montagnes de l'intérieur. Une grande quantité d'îles étaient disséminées sur la surface des eaux. Suspendus aux branches des arbres, les singes nous regardaient passer avec étonnement. Quelles curieuses créatures que ces singes, dont les faces noires apparaissent à travers le feuillage, en nous faisant toute sorte de grimaces! Bientôt, nous quittâmes la rivière et nous continuâmes notre voyage le long des criques du rivage ou à travers bois, pour gagner un village de Mbondemos. De temps en temps, nous avancions sans obstacles par de larges clairières que les éléphants avaient pratiquées. Le passage d'une troupe d'éléphants dans une forêt équivaut à un vaste abatage de bois. Nous arrivâmes enfin à un endroit où le sol était jonché d'arbres énormes, couchés dans toute leur longueur. Pendant que je les mesurais du regard, j'entendis à peu de distance un effroyable craquement, suivi d'un fracas prolongé, dont je ne pus d'abord me rendre compte. Je vis ensuite que c'était un arbre qui était tombé et qui, dans sa chute, avait renversé autour de lui une douzaine d'autres arbres, dont chacun, en se brisant, avait apporté son écho à ce retentissement terrible.

Nous frayer passage à travers cet encombrement d'arbres renversés n'était pas chose facile. Je n'ai jamais rien vu de pareil. Tantôt il fallait grimper après un tronc d'arbre et s'y tenir en équilibre; tantôt il fallait en descendre, au risque de s'empêtrer dans ses branchages ou dans ceux d'un arbre voisin. D'autres fois, il fallait ramper par-dessous. J'avais toujours peur que mon fusil n'accrochât sa détente à quelque branche, et ne partît entre mes mains.

A la fin, quand ma patience était à bout, quand mes vêtements étaient en lambeaux, mes jambes écorchées, mes mains et ma figure tout. en sang, nous parvînmes au campement des Mbondemos, établi presque au pied de la montagne.

Ces hauteurs étaient couvertes de forêts immenses, dont les arbres étroitement serrés ne permettaient aucune échappée de vue, n'importe dans quelle direction. Les montagnes s'étendaient bien avant dans l'intérieur; jusqu'à quel point au juste, on n'en savait rien : ce que l'on savait seulement, c'est qu'elles devaient toucher au pays des Fans, une tribu cannibale; que les éléphants y abondaient, et que l'on y rencontrait quelquefois des gorilles.

Ce campement de Mbondemos s'appelait un *olako*. Il ne contenait pas une seule maison, et le point de vue qu'il présentait était des plus pittoresques. De distance en distance, sous les grands arbres et sur la lisière du bois, s'élevaient des hangars couverts de feuilles, dont l'ouverture faisait face à la forêt. C'était les habitations de la peuplade. Les petits bâtons, dont je vous ai déjà parlé, tenaient lieu de couchette. On tâchait de dormir là-dessus, et je fis comme les autres. C'était fort dur, je vous en réponds, et je songeais alors qu'un matelas est une bonne chose. Chaque famille préparait son feu aussi bien que son lit, et le soir, hommes, femmes et enfants se rassemblaient autour de ce foyer.

Le chef du camp de Mbondemos s'appelait Mbéné. Je l'aimais beaucoup. Il était très-bon pour moi, et faisait tout son possible pour me procurer des vivres. Il y avait disette à cette époque-là dans le camp. Il ne se trouvait à proximité aucun champ de bananes ou de manioc, et je dus bien souvent me passer de déjeuner ou de dîner. Le peuple n'avait pour toute nourriture que

Cabane de Mbondemos.

les noix de la forêt, et dans cette saison elles étaient très-rares.

Le pauvre Mbéné me disait que lui et son camarade n'avaient presque rien à manger, mais qu'ils me donneraient tout ce qu'ils pourraient. J'avais apporté quelques biscuits, provisions précieuses, plus précieuses que l'or, et je les réservais pour le cas de maladie ; mais ils disparaissaient un par un. Je les regardais avec chagrin chaque fois que j'en prenais un nouveau ; mais la faim était plus forte que l'économie, et je ne pus m'empêcher de les dévorer tous jusqu'au dernier. Avez-vous connu la faim, la vraie faim avec son impitoyable exigence? c'est, je vous assure, une sensation effroyable.

Pendant toute cette époque de l'année, ces malheureux n'ont à manger que la noix d'une espèce de palmier. Cette noix est si amère, que je pouvais à peine l'avaler. Elle a la forme d'un œuf dont les deux bouts sont arrondis. Pour préparer ce mets, on dépouille la noix de sa coque, et on la laisse tremper dans l'eau pendant vingt-quatre heures, en vue de lui faire perdre une partie de son excessive amertume; après quoi, elle est mangeable, c'est-à-dire mangeable pour un affamé. Quelquefois, la faim pressante vous oblige de manger la noix avec sa coque; j'en suis venu là moi-même quand j'étais perdu dans la forêt. C'est exécrable! De temps en temps, les femmes parvenaient à pêcher dans les ruisseaux quelques petits poissons, et les partageaient avec moi. J'étais résolu d'ailleurs à tout souffrir pour pénétrer dans le pays des cannibales.

Ces Mbondemos déplacent continuellement leurs villages. Mbéné avait déménagé trois fois en peu d'années. Je lui demandai le motif de ces changements perpétuels; il me répondit qu'une première fois il avait émigré, parce qu'un de ses hommes étant venu à mourir, l'emplacement dès lors était considéré comme funeste. Une seconde fois le village avait été forcé de se déplacer, parce qu'on avait abattu tous les palmiers, et qu'on ne pouvait plus se procurer de *membo* (vin de palmier), dont ces peuples sont fort avides. Pour s'en procurer, ils font une incision au palmier, tout en haut de l'arbre; c'est ainsi à peu près que l'on traite l'érable en Amérique. Le vin de palmier est d'une couleur légèrement laiteuse. Si l'on en boit une grande quantité, il enivre. Les palmiers sont très-abondants dans cette région, et les nègres trouvent plus aisé de se transporter ailleurs pour en chercher, que de prendre soin de ceux qui sont à leur portée, et qui leur sont si utiles; car ces arbres leur fournissent non-seulement le vin qu'ils aiment tant, mais aussi la noix dont je vous ai parlé et qui, tout amère qu'elle est, les préserve souvent de la famine. Quand l'arbre est abattu, ils coupent ce qu'on appelle le chou-palme qui est au faîte. Ce chou, lorsqu'il est cuit, est un excellent mets.

Un bois fertile en palmiers, un pays giboyeux et une rivière ou une source poissonneuse, voilà l'eldorado du Mbondemo qui cherche un établissement.

Il y a dans ces forêts une espèce de vigne ou de plante grimpante qui peut s'appeler à bon droit la vigne du voyageur. Si vous avez soif, vous n'avez qu'à la couper; et, en moins d'une minute, il en sort un jet d'eau désaltérante. Cette vigne pend et s'entrecroise de tous côtés dans la forêt, sans que l'on sache où elle prend racine. Quelle précieuse ressource dans un pays où l'eau serait rare! Le liquide qui en jaillit n'a presque aucun goût; c'est de l'eau très-pure et très-limpide.

Incapable de supporter ce jeûne perpétuel, j'allai trouver Mbéné, et je lui dis que, puisque cet endroit ne me fournissait rien à manger, il fallait qu'il me menât dans quelque autre, où je trouverais au moins de quoi vivre, et qui me rapprocherait du pays des Fans. Le bon Mbéné me répondit : « Esprit, je ferai de mon mieux pour vous conduire où vous voulez aller. J'enverrai quelques-uns de mes hommes avec vous. »

En même temps, les sujets de Dayoko retournèrent tous dans leur village. Ces forêts n'avaient pas de gibier. Je passais tout mon temps à battre le bois sans rien découvrir, si ce n'est quelques oiseaux, et encore d'une très-petite espèce. Je suis effrayé quand je pense que, si j'étais parvenu à tuer un serpent, j'aurais été obligé de le manger. tant la faim me pressait. Je ne pouvais pas me faire au régime des noix amères. Aussi fut-il convenu que Mbomo, le frère de Mbéné, avec quelques autres nègres, m'accompagnerait jusqu'à la contrée habitée par la tribu des Fans. J'avais peine à croire à une si heureuse conclusion.

La femme de Mbéné faisait ma cuisine. C'était une excellente vieille femme, et, quand je la quittai, je lui fis présent d'un beau collier de perles, dont elle fut enchantée. C'étaient des perles en porcelaine blanche, de la grosseur d'un œuf de pigeon. Un jour Mbéné réussit à me procurer une poule. Sa femme me l'apprêta. Elle fit une soupe, où elle mit force poivre de Cayenne. J'avais aussi quelques bananes. Quel repas merveilleux ! Je le savourai d'autant mieux que c'était probablement le dernier que je devais faire de longtemps, à moins d'une chance exceptionnelle qui placerait sur ma route, au bout de mon fusil, quelques antilopes ou quelques éléphants.

L'éléphant est une viande détestable, comme vous en conviendriez certainement, s'il vous arrivait d'en goûter. Mais, comme vous n'en aurez pas l'occasion, je le suppose, je vous dirai en temps et lieu quel est le goût particulier de cette espèce de gibier.

Nous fîmes provision pour notre voyage de tous les vivres qu'il nous fut possible de trouver, et bientôt nous fûmes prêts à partir.

# CHAPITRE VI



Avant de nous remettre en route, les indigènes avaient fait tous leurs efforts pour s'approvisionner de vivres ; mais le résultat était mince. En recourant à des villages éloignés, on était parvenu seulement à se procurer quelques régimes de bananes.

Mbomo, frère de Mbéné, revint sur sa promesse. Il n'avait pas envie, me dit-il, d'aller dans le pays des cannibales pour y être mangé. Cependant, Mbéné, qui avait des amis chez ces anthropophages, remplaça son frère par deux de ses fils, Miengai et Makinda, une douzaine de bons chasseurs et six femmes, mariées à quelques hommes de cette troupe. Les femmes portaient les provisions, etc.

Je pris soixante et dix livres de plomb et de balles, dix-neuf livres de poudre et dix livres d'arsenic pour conserver en bon état le corps des oiseaux et des animaux que je pourrais tuer ; car je comptais bien me procurer des spécimens d'espèces nouvelles, précieux à recueillir pour l'histoire naturelle.

Quand tous les préparatifs furent terminés, quand chacun des membres de cette grande expédition eut pris congé de ses amis, quand on se fut renouvelé une douzaine d'adieux, quand on fut revenu nombre de fois sur ses pas pour répéter une recommandation ou réparer un oubli, quand on eut bien crié, quand on se fut bien disputé à qui se chargerait des fardeaux les moins lourds, on se mit enfin en route.

Nous avions laissé derrière nous le camp de Mbéné, depuis environ cinq milles, lorsque nous arrivâmes sur les bords d'une petite rivière, claire et limpide, appelée le Noonday. Je m'étais mis à la tête de la troupe avec Miengai, et j'attendais le reste de mes compagnons pour traverser ce cours d'eau. Pendant que nous étions debout sur la rive, j'aperçus un poisson nageant presque à fleur d'eau. « Quel délicieux régal, pensais-je; si je pouvais tuer ce poisson et le faire bouillir! » Je lui envoyai donc une charge de petit plomb; mais je n'eus pas plutôt lâché mon coup, que j'entendis un fracas épouvantable sur la rive opposée, derrière un épais rideau de verdure. Les arbres brisés craquaient avec force, et les bois résonnaient des cris discordants d'une troupe d'éléphants effarouchés. Le bruit de mon arme avait troublé le sommeil ou la sécurité de ces animaux. Je regrettai bien d'avoir fait feu; sans cela peut-être serais-je parvenu à tuer un éléphant après avoir traversé la rivière. Le pauvre Miengai était cruellement contrarié : « Je suis sûr, disait-il, qu'ils avaient des grosses dents d'ivoires! »

Notre troupe, au bruit du coup de fusil, se pressa de nous rejoindre, en demandant ce qui s'était passé. Quand ils le surent, ils se lamentèrent sur la perte d'un pareil gibier; car nous aurions eu, en tuant un éléphant, assez de viande pour tout notre voyage : « L'éléphant, s'écriaient-ils tout d'une voix, l'éléphant est un si bon manger! »

Cette exclamation m'inspira la curiosité de goûter de la chair d'éléphant dès que l'occasion s'en présenterait.

En avançant un peu, nous nous engageâmes dans des régions montagneuses. Ces hauteurs devenaient de plus en plus abruptes. Je me sentais bien fatigué ; car notre régime de diète dans le camp de Mbéné ne m'avait guère fortifié. Les nègres qui m'ac-

Au bord de la rivière Noonday.

compagnaient avaient un grand avantage sur moi ; les gaillards se servaient de leurs pieds nus presque aussi adroitement que les singes, et savaient trouver des points d'appui où je perdais facilement l'équilibre.

Miengai et moi, nous marchions en avant. Soudain il me fit signe de m'arrêter. Je pensai qu'il avait aperçu une troupe d'éléphants ou découvert les traces d'un léopard. Il arma son fusil, j'armai le mien ; les autres firent de même, et nous restâmes im- mobiles, en silence, pendant au moins cinq minutes. Tout à coup Miengai poussa un hourra qui retentit dans toute la forêt. De nombreuses clameurs y répondirent assez près de nous ; mais les gens qui les poussaient se dérobaient à notre vue derrière des quartiers de roche et des fourrés épais. Miengai répéta le cri sauvage des guerriers mbondémos, et les mêmes échos lui répon- dirent. Persuadé que nous allions avoir une bataille à livrer, j'examinai avec soin ma poire à poudre et mes balles, et je me tins prêt à tout événement.

En avançant un peu, nous nous trouvâmes en vue d'un cam- pement, occupé par une troupe qui se fit reconnaître pour des sujets de Mbéné, comme mes compagnons. Ils revenaient d'une tournée de commerce dans l'intérieur : deux de ces hommes s'offrirent à faire partie de mon expédition. Ils s'appelaient Ngolay et Yeva ; nous acceptâmes leurs services.

Quel rude voyage ! Toujours des bois épais ou des broussailles à traverser, des hauteurs à escalader, des rivières à franchir ! et il pleuvait presque toujours ; j'étais trempé du matin au soir. Que j'étais content lorsqu'à l'approche de la nuit nous avions dressé notre camp et allumé de grands feux ! Pour ma part, j'en avais trois autour de mon lit de feuilles, et, le soir, je suspendais mes vêtements au-dessus de la flamme pour les faire sécher, afin de pouvoir les remettre le lendemain.

Un matin, mes hommes vinrent me dire qu'ils étaient fatigués, et qu'ils ne feraient pas un pas de plus, à moins que je n'aug- mentasse leur salaire, qui consistait en toile de coton.

Ils paraissaient fort animés, et je me demandai si leur inten- tion était de me dépouiller, ou de me laisser tout seul dans ces montagnes. L'abandon, dans ce cas, équivalait à la mort. Mais leur donner ce qu'ils exigeaient, c'était leur laisser voir que j'avais peur d'eux. Or, s'ils savaient que j'avais peur, j'ignorais ce qui pourrait s'ensuivre ; aussi me déterminai-je à faire bonne contenance. Je saisis mes deux revolvers, et je leur dis : « Je ne vous donnerai pas plus de toile qu'il n'a été convenu ; je ne souffrirai pas non plus que vous me quittiez, puisque votre roi et votre père Mbéné vous a ordonné de m'accompagner jusque dans la tribu des Fans. Il faut donc que vous restiez avec moi ; sinon, ajoutai-je en montrant mes pistolets, ce sera la guerre entre nous. Cependant, repris-je en adoucissant le ton, la route est longue et fatigante, j'en conviens, et il est possible qu'à la fin du voyage je vous accorde un supplément de salaire. »

Ils se montrèrent satisfaits de ce langage, et nous nous remîmes en chemin. Nous montions toujours, gravissant avec effort des pentes escarpées entre d'énormes quartiers de roche. Pas un cri d'oiseau ni de monkey ne rompait le silence de cette morne et sombre solitude ; on n'entendait que le battement précipité de nos cœurs pendant cette rude ascension.

A la fin, nous arrivâmes en vue d'un vaste torrent qui se précipitait avec impétuosité du haut de la montagne, blanc d'écume, et heurtant dans son cours d'énormes blocs de granit qui gisaient là, comme les jouets des Titans, à l'origine du monde. Les eaux s'élançaient avec fureur contre ces rochers, comme pour les emporter avec elles, et jetaient leur écume par-dessus leurs masses, jusqu'au niveau de la cime des arbres. Il me semblait, en levant les yeux, que le torrent allait se déverser sur nos têtes.

C'était la source de la rivière Ntambounay, que j'avais remontée en canot, et sur les bords de laquelle j'avais failli être tué,

dans un village shekiani. Quel contraste avec la tranquille rivière !
Ici, un canot eût été brisé en mille pièces contre les rochers.

J'étais si altéré, si fatigué, que j'allai au bord du torrent puiser avec ma main de cette eau pure et fraîche que j'avalai à longs traits.

Après quelques instants de repos, nous continuâmes notre route jusqu'à ce que nous fussions parvenus au sommet d'une haute montagne, d'où l'on découvrait tout le pays environnant. Qu'il me parut sauvage et désolé ! rien que des forêts et des montagnes, aussi loin que la vue pouvait s'étendre.

Je m'étais assis sous un grand arbre, lorsque tout à coup, en levant les yeux, j'aperçus un énorme serpent noir, enroulé autour d'une grosse branche, juste au-dessus de ma tête, et prêt peut-être à sauter sur moi et à m'enlacer dans ses replis. Vous pensez si je fus prompt à me jeter en arrière. Je saisis mon fusil, j'ajustai le reptile, et je l'atteignis à la tête : il perdit son point d'appui, tomba lourdement, se tordit dans les convulsions et expira. Il mesurait quinze pieds de long, et ses crochets hideux témoignaient de sa nature venimeuse.

Mes hommes coupèrent la tête du serpent, et partagèrent son corps en autant de morceaux qu'il y avait de convives. Ils allumèrent un bon feu, le firent rôtir et le mangèrent sur place. Ils m'offrirent ma part ; mais, quoique j'eusse très-faim, je refusai. J'étais le seul, après ce repas, qui eût l'estomac vide, et je ne pus m'empêcher de faire des réflexions sur l'inconvénient d'être né dans un pays civilisé, où les serpents ne passent pas pour un mets des plus appétissants.

Nous nous mîmes bientôt à considérer les ruines d'un village qui avait autrefois existé dans ce lieu. Des cannes à sucre d'une

Rencontre d'un serpent à sonnettes.

espèce dégénérée croissaient sur l'emplacement des anciennes maisons. Je m'empressai d'en arracher une, et de la mâcher pour en exprimer le jus. Pendant que je me livrais à cette agréable occupation, mes hommes aperçurent certains indices qui nous causèrent à tous l'émotion la plus vive. Çà et là, on voyait des cannes abattues ou tordues à la racine, et tout alentour, à terre, des tronçons portant des marques de morsures ; on remarquait aussi sur le sol des empreintes de pieds, assez pareilles à des traces d'êtres humains. D'où cela pouvait-il provenir ? Mes hommes s'entre-regardèrent en silence, puis ils murmurèrent à demi-voix : « Nguyla (gorilles) ! »

C'était la première fois que je trouvais dans les bois l'empreinte des pas de ces bêtes sauvages. Je ne puis décrire ce que je sentis à cette vue. J'étais donc sur le point de rencontrer face à face ce monstre dont la férocité, la vigueur et la ruse m'avaient été tant de fois décrites par les indigènes, et que l'homme blanc n'avait jamais chassé ! Mon cœur battait si fort, que je craignais que ses pulsations ne donnassent l'éveil aux gorilles. Je me figurais déjà les voir. Je pensais à ce que rapporte Hannon, le navigateur carthaginois, des sauvages velus qu'il a rencontrés sur la côte occidentale d'Afrique, il y a plus de deux mille ans.

Par l'inspection des traces, il était aisé de reconnaître qu'il devait y avoir plusieurs gorilles réunis en bande. Nous nous préparâmes à les poursuivre.

Les femmes étaient frappées de terreur ; elles s'imaginaient que leur dernier jour était venu, et que les gorilles allaient fondre sur elles. Aussi, avant de nous hasarder à la recherche du monstre, laissâmes-nous près d'elles deux ou trois hommes chargés de les défendre et de les rassurer. Le reste de la troupe prépara soigneusement ses fusils ; car le gorille ne donne jamais le temps de recharger les armes, et malheur à ceux qu'il attaque à son tour ! Nous étions heureusement armés jusqu'aux dents.

Mes hommes gardaient le plus profond silence, sentant bien que la rencontre où ils s'engageaient présentait des dangers plus qu'ordinaires. Le gorille mâle est, en effet, à proprement parler, le roi des régions équatoriales ; lui et le lion à grande crinière du mont Atlas sont les deux animaux les plus superbes et les plus puissants du continent africain. Quant au lion du sud de l'Afrique, il ne peut être comparé ni à l'un ni à l'autre pour la force et pour le courage.

Au moment où nous quittâmes notre camp, laissant derrière nous les femmes avec leurs gardiens, ceux-ci non moins effrayés que celles-là, nous nous divisâmes en deux roupes : Miengai, Ngolai et Makinda partirent d'un côté ; Yeava et moi, nous nous dirigeâmes de l'autre. Cependant, nous devions nous tenir à portée les uns des autres, pour être prêts, en cas d'urgence, à nous secourir mutuellement ; quant au surplus, le silence et la justesse de nos coups étaient nos plus sûres garanties.

En suivant les traces des gorilles, nous jugeâmes qu'ils devaient être au nombre de quatre ou cinq, dont aucun n'était de bien grande taille. Nous reconnûmes les endroits où ils avaient couru à quatre pattes, ce qui est leur allure la plus ordinaire, et ceux où ils s'étaient assis pour mâcher les cannes à sucre qu'ils avaient arrachées : notre chasse commençait à prendre un vif intérêt.

Nous étions convenus de retourner d'abord vers les femmes et leurs gardiens, et de nous concerter tous ensemble sur le parti à prendre, dès que nous aurions découvert la direction probable

des gorilles. C'est ce que nous fîmes. Pour éviter de donner l'é-
veil à notre gibier, toute la troupe se glissa sans bruit, par un
étroit sentier, jusqu'à des huttes de feuilles, élevées par des
voyageurs de passage pour leur servir d'abri et de refuge. Nous
y laissâmes les femmes, dont les vives terreurs, au sujet des gorilles, prenaient leur source dans une foule d'histoires que se ra-
contaient les tribus sur des créatures de leur sexe emportées au
fond des bois par le formidable animal ; puis nous nous préparâmes de nouveau à poursuivre notre chasse, pleins d'espoir, cette
fois, d'atteindre le but de nos désirs.

Après un nouvel examen de nos armes, nous partîmes résolù-
ment. J'avoue que de ma vie je n'éprouvai une plus vive émotion.
Pendant bien des années, j'avais entendu parler du terrible ru -
gissement du gorille, de sa force indomptable et de sa fureur
aveugle quand il n'est que blessé. Je savais que nous allions nous
mesurer contre un animal que redoute même le terrible léopard
des montagnes, qui fait fuir l'éléphant, et qui peut-être a banni
le lion de ces contrées ; car ce roi des animaux, si répandu partout en Afrique, ne se rencontre pas sur les domaines du gorille.

En descendant d'une montagne, nous traversâmes un cours
d'eau sur un tronc d'arbre renversé, et nous marchâmes dans la
direction de quelques gros blocs de granit. Nous avions vu claire-
ment, en traversant le ruisseau, les indices du passage récent de
ces animaux, car l'eau en était encore toute troublée. Nos yeux
erraient de tous côtés à leur recherche. Le long des rochers de
granit s'étendait un immense tronc d'arbre mort ; les gorilles devaient être cachés par là.

Nous avançâmes avec toute sorte de précautions. J'aurais

voulu que vous pussiez nous voir. Nous étions partagés en deux bandes : Makinda conduisait l'une, et j'étais à la tête de l'autre. Nous voulions entourer le bloc de granit, derrière lequel Makinda supposait que les gorilles étaient cachés. Nos fusils armés, et le doigt sur la détente, nous marchions à travers l'épaisseur du bois, qui répandait même en plein jour une obscurité profonde sur toute cette scène. J'examinais attentivement mes hommes, et je voyais avec plaisir que leur ardeur égalait au moins la mienne.

Nous nous glissions tout doucement à travers le fourré, osant à peine respirer de peur de donner l'alarme aux gorilles. Makinda devait longer le rocher à droite, tandis que je le côtoyais à gauche. Malheureusement, il prit trop de champ pour faire le tour, et les animaux, sur leurs gardes, l'aperçurent ; tout à coup s'éleva un cri étrange, discordant, demi-humain, demi-diabolique, et j'aperçus quatre jeunes gorilles, à moitié de leur croissance, qui s'enfuyaient dans l'épaisseur de la forêt. Pris au dépourvu, nous tirâmes, mais sans les atteindre ; puis nous nous élançâmes à leur poursuite ; mais ils connaissaient le bois mieux que nous. Une fois, j'entrevis encore un de ces animaux ; par malheur, un arbre, interposé entre lui et le point de mire m'empêcha de faire feu. Nous courûmes sur leurs traces jusqu'à ce que nos forces fussent épuisées ; mais enfin ces bêtes agiles nous échappèrent. Nous reprîmes lentement le chemin de notre camp, où les femmes nous attendaient avec anxiété.

Je sentis, je l'avoue, au premier gorille que j'aperçus, ma conscience se soulever comme si j'eusse été armé pour commettre un meurtre. Il courait sur ses jambes de derrière, la tête courbée, le corps incliné en avant, absolument pareil à un homme qui, les cheveux au vent, se sauve pour éviter la mort. Ajoutez à cela ce cri terrible qui, dans sa sauvagerie, a quelque chose d'humain, et vous ne serez pas surpris si les indigènes professent les superstitions les plus étranges au sujet de ces « hommes des bois ».

Pendant notre absence, les femmes avaient allumé de grands feux et préparé le campement; je changeai de vêtements, car j'étais tout mouillé et tout souillé de boue, au sortir des torrents et des marais que nous avions traversés dans notre ardente poursuite. Nous nous assîmes pour souper : mais je remarquai que ma provision de bananes était épuisée. Qu'allions-nous devenir dans cette immense forêt? Je n'avais plus que deux ou trois biscuits en réserve pour le cas de famine ou de maladie.

Comme nous étions étendus autour du feu, le soir, avant de nous endormir, mes chasseurs racontèrent l'aventure du jour aux camarades, qui ne nous avaient pas accompagnés. Bientôt, on en vint, à propos de gorilles, à rapporter sur eux des faits étranges. Moi, j'écoutais sans rien dire.

Un de ces hommes raconta que deux femmes mbondemos se promenaient un jour dans les bois, lorsqu'un énorme gorille s'était présenté tout à coup devant elles, et, saisissant une de ces femmes, l'avait emportée, malgré ses cris et sa résistance. L'autre femme, saisie de frayeur, retourna au village et y répandit cette nouvelle. Naturellement tous les habitants regardèrent sa compagne comme perdue. Quelle fut donc leur surprise, lorsque, peu de jours après, on la vit revenir au logis !

— La chose est claire, dit un des assistants ; le ravisseur était un gorille dans lequel habitait un esprit.

Cette explication fut accueillie par un grognement d'approbation.

Un autre raconta que, quelques années auparavant, on avait trouvé, dans un champ de cannes à sucre, une bande de gorilles occupés à lier les cannes en faisceaux réguliers, afin de les emporter plus facilement. Les naturels les avaient attaqués, mais ils avaient été mis en déroute ; les uns avaient été tués, d'autres emmenés prisonniers par les gorilles. Cependant, peu de jours après, ils étaient revenus chez eux, mais non pas tout à fait sains et saufs, car les ongles des doigts et des pieds leur avaient été arrachés par les vainqueurs.

Puis d'autres narrateurs, prenant à leur tour la parole, nommèrent des individus qui étaient morts, et dont l'esprit, au su de tout le monde, était passé dans des corps de gorilles.

Enfin, vint la fameuse histoire accréditée chez toutes les tribus qui prétendent connaître les habitudes du gorille. Cet animal, disent-ils, se tient caché sur les branches les plus basses des arbres, et de là il guette les gens qui vont et qui viennent. Quand un homme passe à sa portée, l'animal agrippe le malheureux avec son pied formidable, dont il se sert comme un géant de sa main, l'attire dans le fourré, et l'étouffe à son aise.

Cependant, la faim et le jeûne commençaient à nous faire cruellement souffrir. J'avais compté sans cette rencontre avec les gorilles, qui nous avaient pris du temps, et j'avais mangé tout mon biscuit de mer. Nous n'avions plus une miette de nourriture. Aucun village, aucun établissement aux environs. Je me sentis saisi de la peur de mourir d'inanition ; car les baies étaient rares, et les noix presque introuvables. La forêt paraissait toute dépeuplée ; pas même un petit oiseau à tuer, et, pour comble de malheur, nous nous étions égarés. Nous nous voyions perdus ; oui, perdus dans l'immense forêt! et nous ne savions de quel côté trouver le village que nous aurions déjà dû atteindre!

Le voyageur qui a l'estomac vide est trop épuisé pour supporter longtemps la fatigue. Au bout de trois jours, je me sentais bien faible, en me réveillant, quand j'appris qu'un de nos hommes avait tué un singe. Cet animal, rôti sur des charbons, fut trouvé excellent. Que n'en avions-nous une dizaine! Mais nous fûmes encore trop heureux d'en avoir un.

Le jour même, Makinda, en levant les yeux, découvrit une ruche d'abeilles; il enfuma les abeilles et je partageai le miel entre mes compagnons; car il se serait engagé quelque bataille au sujet de ce délicieux butin, si je n'étais intervenu pour faire une distribution équitable. Je m'adjugeai une part qui n'était pas plus forte que celle des autres, et je me mis aussitôt à dévorer miel, cire, abeilles mortes, larves, ordures et le reste, tant j'étais pressé par la faim. Je regrettais seulement de n'en pas avoir davantage.

Je me fatiguai à chercher notre route dans le bois, à travers les brèches pratiquées par le passage d'un vieil éléphant. C'étaient nos seuls sentiers frayés. Nous n'aperçûmes cependant aucun animal de cette espèce, mais nous trouvâmes des traces de gorilles.

A la fin, mes hommes reprirent leur liberté d'esprit; ils commençaient à retrouver leur chemin, et, bientôt après, je distinguai les larges feuilles du bananier, indice certain du voisinage d'un village africain. Mais, hélas! en approchant, nous ne vîmes personne venir à notre rencontre, et, quand nous atteignîmes ce village, nous le trouvâmes abandonné. Pourtant je saluai avec reconnaissance ce point de relâche, tout incomplet qu'il paraissait. Depuis que j'avais quitté Dayoko, la faim et la disette avaient été nos grands fléaux, et nous rencontrions enfin des habitations humaines.

Bientôt, cependant, nous vîmes paraître quelques individus de la tribu des Mbichos; c'étaient des parents du roi Mbéné, et leur village était tout près de là. Ils nous donnèrent quelques bananes, mais point de poules. J'aurais bien voulu me procurer une poule. J'éprouvai ce que l'on appelle la *gouamba*, c'est-à-dire le besoin de manger de la viande, et je rêvais aux jouissances gastronomiques à tirer d'une bonne poule bouillie. Nous passâmes la soirée à nous sécher et à nous chauffer dans des maisons; cela valait toujours mieux que de coucher en pleine forêt, bien que le village fût désert.

Je m'informai si nous arriverions bientôt au pays des cannibales, et j'appris que, sauf le village de Mbichos, auquel nous touchions presque, nous étions déjà entourés de trois côtés par des villages de Fans.

J'étais trop fatigué pour m'endormir sur-le-champ. « Me voilà donc, pensais-je, engagé dans l'intérieur de l'Afrique, dans le voisinage même des Fans anthropophages, la tribu la plus belliqueuse de tout le pays! » Donc, je me mis à barricader ma cabane, à préparer mes munitions, à m'assurer du bon état de mes armes, et je demeurai longtemps encore éveillé avant de m'abandonner au repos dont j'avais tant besoin.

# CHAPITRE VII

Mon arrivée chez les cannibales. — Leurs lances, leurs arcs, leurs haches de combat. — On me prend pour un esprit. — Le roi tremble à mon aspect. — Je lui présente un miroir. — Sa surprise.

Nous touchions enfin au pays des Fans. Nous avions passé devant les villages des Mbichos, et nous marchions vers ceux des anthropophages.

Je me rappelle bien le premier village fan qui s'offrit à nous : il était situé sur le sommet d'une haute montagne. Une vive émotion agitait les habitants. Ils nous avaient vus venir de loin par le chemin frayé d'une plantation ; car les arbres qui entouraient la montagne avaient été jetés bas pour en éclairer les approches. Les hommes étaient armés jusqu'aux dents sur notre passage, et je ne savais si l'on n'allait pas nous cribler de javelines et de flèches empoisonnées, et nous massacrer sur place. Rien de plus terrible que ces javelines barbelées dont se servent les cannibales. Chaque guerrier en tenait plusieurs à la main, et portait de l'autre un bouclier de peau d'éléphant. J'aperçus aussi des individus armés d'énormes couteaux, d'horribles haches de combat, ou d'arcs et de flèches empoisonnées.

Des cris de surprise, qui ressemblaient fort à des cris de guerre, accueillirent mon apparition. J'avoue que je n'étais pas fort à mon aise. Que ces hommes me parurent sauvages et féroces ! Ils étaient aussi peu vêtus que possible; quand ils criaient, ils montraient des dents limées en pointe et noircies; leur bouche ouverte (idée lugubre!) me faisait l'effet d'une tombe béante; combien de créatures humaines chacun de ces hommes n'avait-il pas englouties!

Et les femmes! quelles laides créatures, tatouées comme elles l'étaient par tout le corps, et presque nues! elles se réfugiaient avec leurs enfants au fond de leurs cabanes, à mesure que j'avançais dans la rue, où je voyais çà et là des ossements épars; oui, des ossements humains, restes des corps dévorés par les habitants! Tels sont les souvenirs que j'ai gardés de ma première entrée dans un village de cannibales.

Ce village était solidement fortifié par des palissades, sur lesquelles étaient plantés des crânes d'hommes et de gorilles. Il n'avait qu'une seule rue, d'un tiers de mille de longueur environ, et bordée d'une double rangée de petites cabanes, bâties en écorce d'arbre.

J'étais à peine dans le village que j'aperçus des traces de sang, qui me parurent être du sang humain. Nous passâmes à côté d'une femme qui courait de toutes ses forces vers sa cabane : elle tenait à la main un morceau de cuisse humaine, absolument comme nos ménagères rapporteraient du marché un gigot ou une côtelette.

Le village était très-grand ; nous arrivâmes enfin à la maison de palabre, ou maison commune, où je restai quelques instants seul avec Mbéné. J'entendis de là un grand bruit de voix qui partait de derrière les maisons voisines. Quelqu'un me dit qu'on était occupé à se partager le corps d'un homme mort, et qu'il n'y en avait pas assez pour tout le monde; de là venait la dispute.

On s'attroupa bientôt autour de moi, et je me vis assiégé par une foule immense. Au premier rang se tenait un farouche individu, portant d'une main un large bouclier, taillé dans le cuir le plus dur d'un éléphant, et de l'autre un énorme coutelas tout à fait propre à dépecer un homme. Je vis dans la foule plusieurs guerriers armés d'arbalètes propres à lancer, soit de grosses flèches à tête de fer, soit d'autres petits dards, en apparence assez insignifiants, mais en réalité mortels. Ce sont de petites baguettes très-faibles, d'un pied de long, dont l'extrémité effilée est enduite d'un poison végétal dont ces sauvages connaissent la recette. Ces flèches empoisonnées sont si légères, qu'elles glisseraient hors de l'arc, si l'on ne faisait que les placer dans la rainure ; aussi a-t on coutume de les y maintenir au moyen d'une espèce de gomme visqueuse.

Le bois de l'arc est fendu d'une manière assez ingénieuse ; le jeu d'une petite cheville, qui produit l'effet d'un ressort, fait subitement détendre la corde. L'arc, très-fort et très-dur, lance la flèche à une grande distance. L'archer fan s'assied à terre, et applique ses deux pieds sur le milieu de l'arc, tandis qu'il tire à lui la corde de toutes ses forces, pour la lâcher ensuite.

Ces petites flèches empoisonnées, si redoutables, sont enfermées avec soin dans des sacs fabriqués avec des peaux de bêtes sauvages.

Quelques-uns de ces guerriers portaient sur leur épaule la terrible hache de guerre : un coup de cette hache suffit pour fendre le crâne d'un homme. Parmi toutes ces haches, lances, ou autres armes fabriquées en fer, il en est dont le travail d'ornementation est très-remarquable.

Le coutelas de guerre qui pend à leur côté est une arme des

plus formidables. On s'en sert dans les combats d'homme à homme, pour fendre le corps de son ennemi. Il y a aussi un autre grand couteau de boucherie que j'ai vu entre les mains des gens qui m'entouraient : la lame a un pied de long, huit pouces de large, et s'enfonce dans les épaules de l'adversaire ; ce doit être une terrible entaille.

Plusieurs individus ont, en outre, une hache particulière, affilée et pointue, que l'on jette à distance, la pointe en bas. Ces sauvages la manient avec beaucoup d'adresse, c'est de préférence à la tête qu'ils visent ; la pointe pénètre dans la cervelle, et la mort est instantanée.

Les javelines, ou piques, ont six à sept pieds de long et sont disposées de manière à infliger d'horribles blessures. La force et la dextérité de ceux qui les lancent m'ont toujours frappé d'étonnement. La hampe, longue et mince, siffle dans l'air, et malheur à celui qui se trouve à vingt ou trente pas du projectile !

La plupart des haches et des coutelas rentrent dans des gaînes faites de peau de serpent ou d'antilope, ou même de peau humaine. Ces étuis sont suspendus autour du cou ou des épaules par des cordes ; on porte ainsi ses armes à son côté, même en temps de paix.

Les guerriers fans n'ont point d'armure défensive, si ce n'est le bouclier de peau d'éléphant dont je vous ai déjà parlé. Ce bouclier a un demi-pied de long sur deux pieds et demi de large.

Outre toutes ces armes, plusieurs hommes portaient un petit couteau, assez pareil à nos couteaux de table.

D'après cette description des personnages dont j'étais entouré, vous jugez avec quelle surprise je promenais mes regards de l'un à l'autre, un pistolet dans chaque main. C'était un bizarre et imposant spectacle que cette foule d'individus vigoureux, à l'air belliqueux et farouche, complétement armés et tout prêts à la bataille.

Je n'ai jamais vu, du reste, des sauvages de plus belle venue, et je n'avais pas de peine à les croire braves. Leur équipement guerrier, si complet, prouvait assez que les combats étaient leur passe-temps favori ; rien d'étonnant dès lors qu'ils fussent redoutés de tous leurs voisins.

Et j'étais là, moi fort jeune encore, seul de ma race, au milieu de cette troupe menaçante.

Bientôt survint le roi : son aspect avait quelque chose de féroce. Il était complétement nu ; son front était peint en rouge ; sa poitrine, son estomac, son dos étaient tatoués de dessins grossiers ; couvert d'amulettes du haut en bas, il portait un collier de dents de léopard ; il était enfin armé en guerre. La plupart des Fans portaient des queues ; mais celle de Ndiayai, le roi, était la plus grosse de toutes et se terminait par deux pointes, auxquelles étaient attachés des anneaux de cuivre. Sa barbe était divisée en plusieurs tresses entremêlées de perles blanches ; avec ses dents aiguisées en pointe, il avait l'air d'un véritable ogre, affamé de chair humaine.

Pendant que je regardais autour de moi, froid et impassible en apparence, le roi Ndiayai, tout redoutable qu'il était, tremblait visiblement à mon aspect. Il avait d'abord refusé de venir me voir, persuadé qu'il mourrait sous trois jours, s'il osait affronter mes regards ; mais Mbéné avait fini par me l'amener.

Ndiayai était accompagné de la reine. C'était la plus laide vieille femme que j'eusse jamais vue. Elle se nommait Mashumba. Elle était presque nue, n'ayant pour tout vêtement qu'une pièce d'étoffe de quatre pouces de large, fabriquée d'une écorce d'arbre très-douce, et teinte en rouge. Son corps était tatoué de la façon la plus bizarre, et sa peau, depuis si longtemps exposée à l'air, était rugueuse et ridée. Elle portait à ses chevilles deux énormes anneaux de fer, et à ses oreilles une paire d'anneaux de cuivre de deux pouces de diamètre. Je pouvais facilement passer mes doigts dans ses boucles d'oreilles.

Les gens du pays me considéraient attentivement, reportant sans cesse leurs regards, de ma chevelure qui les étonnait, à mes pieds qui ne les surprenaient pas moins. Ils croyaient que mes bottes faisaient partie de mon corps. « Voyez l'étrange créature, se disaient-ils de l'un à l'autre ; ses pieds ne sont pas de la même couleur que sa figure, et ils n'ont pas de doigts. »

A la fin, le roi, un peu rassuré, dit à Mbéné que, lorsqu'il était entouré de son peuple, il n'avait peur de personne.

Je n'avais pas de peine à le croire. Ces gens-là, quand ils se battent, doivent être des diables incarnés.

La nuit venue, j'entrai dans la maison qu'on m'avait donnée, et je regardai de tous côtés pour aviser au moyen de me barricader pendant la nuit ; car je ne me souciais pas de rester entièrement à la merci de ces sauvages. Leurs armes me faisaient assez voir que ce n'étaient pas des hommes à reculer devant un combat. Je dis à Mbéné d'envoyer chercher le roi. Ndiayai vint aussitôt, et je lui fis présent d'un grand chapelet de perles blanches, d'un miroir, d'une lime, d'un briquet et de quelques pierres à fusil.

Sa figure rayonnait de joie. Je n'ai jamais vu un étonnement pareil à celui qu'il éprouva en se regardant au miroir. D'abord il ne savait qu'en faire et ne se souciait pas de le prendre ; mais Mbéné le lui mit dans les mains, en lui en expliquant l'usage. Alors, il tira la langue et la vit avec stupéfaction se refléter dans la glace ; puis il ferma un œil, le rouvrit, toujours charmé de se voir double ; il étendit un doigt devant le miroir, — deux doigts, — trois doigts, — puis la main entière. Muet de surprise et de ravisssement, il s'en fut avec ses trésors, « aussi heureux qu'un

Effet d'un miroir sur un roi nègre.

roi », c'était le cas de le dire : plus heureux même qu'un roi sauvage.

Bientôt après Mashumba, la reine, pensant que je devais avoir aussi quelque chose pour elle, vint à son tour m'apporter un panier de bananes ; elles étaient cuites. A cette vue, une idée sinistre me traversa l'esprit ; peut-être que le pot où l'on avait apprêté les bananes avait servi le matin à faire bouillir quelque tête ou quelque membre de Fan ! et soudain je fus pris d'un violent dégoût pour la cuisine de ces gens-là. Je n'aurais pas voulu, pour tout au monde, faire usage de leur vaisselle.

Dès que la nuit fut venue, le silence régna dans le village. Je barricadai le mieux que je pus ma petite porte avec mes ballots et je me couchai en ayant soin de placer mon fusil à portée de ma main ; mais j'essayai vainement de dormir. Je pensais, malgré moi, à la quantité de chair humaine qui avait pu entrer, pour la consommation d'un ménage, dans cette même cabane où je me trouvais ; je me rappelais tout ce que j'avais vu pendant la journée ; et les figures de ces terribles guerriers, leurs armes, leur équipement, leurs allures, tout cela passait encore devant mes yeux malgré les ténèbres.

Avais-je peur ? Certainement non. Quel était donc le sentiment qui m'agitait ainsi ? Je ne saurais le dire. Ce qu'il y a de certain, c'est que ce n'était pas la peur ; car, si l'on m'eût proposé le lendemain de retourner tout de suite à l'endroit d'où j'étais venu, je n'y aurais pas consenti. J'étais probablement troublé par le spectacle nouveau et horrible à la fois que j'avais eu sous les yeux, et qui dépassait tout ce que mon imagination s'était attendue à trouver en Afrique. De temps en temps je réfléchissais aux instincts dépravés de ce peuple, qui ne se contentait pas de tuer les gens, mais qui s'en régalait ensuite, et qui aurait pu se passer la fantaisie de goûter un peu à un étranger.

Les heures s'écoulaient les unes après les autres, et je ne pouvais pas fermer l'œil ; c'est qu'aussi j'avais un terrible lit. C'était un châssis composé d'une douzaine de bûches de bambou. Autant aurait valu essayer de dormir sur un tas de boulets. A la fin cependant, je réussis à trouver le sommeil, tenant toujours mon fusil bien serré sous mon bras.

Quand je me levai le lendemain et que je mis le nez dehors, je vis derrière la maison une pile d'ossements, côtes, tibias, fémurs ou crânes. Les cannibales avaient sans doute livré une grande bataille quelque temps auparavant, et c'étaient là les restes de leurs prisonniers dévorés !

Dans quel ustensile de ménage, grand Dieu! aurais-je osé me laver la figure! Tout bien considéré, j'aimai mieux ne pas me laver du tout.

# CHAPITRE VIII



Au bout de quelques jours, les Fans commencèrent à s'accoutumer à moi, et moi à eux; si bien qu'en peu de temps nous devînmes les meilleurs amis du monde.

Ce sont de grands chasseurs. Un jour, une femme qui revenait des plantations leur apprit qu'elle avait vu des éléphants, et que ces animaux avaient détruit un bois de bananiers. C'était un événement assez commun dans le pays. Les éléphants, en général, n'ont pas de résidence ni de nourriture préférées; ils prennent çà et là tout ce qui leur convient, sans s'inquiéter le moins du monde s'ils amènent la famine chez les malheureux indigènes.

Ces nouvelles répandirent la joie dans tout le pays. Les hideuses figures des Fans grimaçaient un sourire de contentement qui laissait voir leurs vilaines dents pointues. « Nous allons tuer des éléphants! criaient-ils; nous allons avoir de la viande en abondance! » répondaient les femmes.

Aussi, dans la soirée, eûmes-nous le spectacle d'une danse guerrière : une danse guerrière de cannibales! C'était bien la scène la plus sauvage qu'il m'eût encore été donné de voir. Il faisait nuit noire; les torches jetaient autour de nous une lueur fumeuse dans laquelle s'agitaient confusément les formes fantastiques de ces espèces de démons, tous armés comme s'ils allaient en guerre. Quelles gesticulations forcenées ! quelles hideuses contorsions ! quel tumulte indescriptible ! que de hurlements répétés par les échos, de montagne en montagne, et allant se perdre dans le lointain ! Ces diaboliques personnages étaient peints de toute sorte de couleurs, et leurs corps, échauffés par la danse, reluisaient à la clarté des torches comme s'ils eussent été trempés dans l'huile.

Tout à coup retentit dans ce rassemblement une clameur à faire trembler la terre. C'était un grand guerrier, le Léopard, qui venait prendre part à la danse. Le Léopard était, selon toute apparence, le plus vaillant homme de la tribu. Il avait tué à la guerre plus de monde que tous les autres guerriers ensemble ; il avait abreuvé ses compagnons de sang humain ; de là l'enthousiasme et la popularité qui l'accueillaient partout. On chantait sur son passage une chanson qui célébrait ses hauts faits. Quel regard fier il promenait autour de lui ! Il était armé jusqu'aux dents ; il portait un javelot, ou pique, pareil aux armes que j'ai déjà décrites. Un long couteau pendait à son côté ; le bras passé dans un bouclier, il tenait à la main une hache de combat. En dansant, il feignait tantôt de parer une attaque, et, tantôt, d'en porter une. Une ou deux fois, tant il était animé, je crus qu'il allait lancer réellement son javelot à travers le corps de quelqu'un. Je respirais à peine en suivant les mouvements de ce diable incarné. A la fin, il s'arrêta tout haletant, et d'autres prirent sa place.

Le lendemain, tous les hommes du village s'occupaient de fourbir leurs armes. Je nettoyai aussi mes fusils, et je m'apprêtai pour la chasse, de manière à pouvoir, si le sort me favorisait, envoyer une balle dans le corps d'un éléphant.

On fit cuire la liqueur de guerre. C'est une mixture de certaines herbes qui passent pour inspirer du courage. Ils s'en frottèrent tout le corps, puis ils partirent. La troupe était d'environ cinq cents hommes. Au sortir du village, ils se séparèrent en plusieurs bandes. Chacune d'elles connaissait bien la forêt, et savait d'avance où se diriger. On cheminait dans un profond silence, pour ne pas donner l'alarme aux éléphants. Après six heures de marche, nous arrivâmes assez près du terrain de chasse où l'on supposait que les éléphants devaient être réunis. On se bâtit des abris. A peine ces constructions étaient-elles achevées, que la pluie se mit à tomber avec force.

Le jour suivant, quelques Fans allèrent explorer le bois, et je me joignis à cette petite troupe. Des arbres renversés, des branches brisées, de larges empreintes de pas, et des broussailles foulées aux pieds, montraient assez que bon nombre d'éléphants avaient passé par là. Il n'y avait cependant pas de route frayée par eux, et l'on voyait que ces animaux avaient erré à l'aventure dans la forêt.

Si les éléphants se plaisent dans un endroit, ils y restent d'ordinaire quelques jours. Puis, lorsqu'ils ont mangé les végétaux dont ils sont friands et qu'il n'en reste plus rien, ils vont chercher une place meilleure.

La forêt, là comme partout, pullulait de lianes, de tiges vivaces et grimpantes, qui atteignaient quelquefois à la hauteur des plus grands arbres. Il y en a de toutes les grosseurs ; les unes sont plus fortes que la cuisse d'un homme ; d'autres sont aussi menues que les fils employés aux agrès d'un navire. Les indigènes

nouent ensemble et entrelacent ces lianes, de manière à en faire
un obstacle puissant à la marche des éléphants; non pas que ce
réseau soit précisément assez fort pour les retenir, mais il les em-
barrasse comme dans un filet et retarde leur fuite, jusqu'à ce
que les chasseurs aient eu le temps de les tuer. Dès que l'éléphant est engagé dans ces liens inextricables, ses ennemis l'entourent et l'accablent de volées de javelots et de coups de fusil,

Capture d'un éléphant.

jusqu'à ce qu'enfin l'animal ait cessé de se débattre, et soit tombé
sous leurs attaques.

Pendant que plusieurs de mes compagnons travaillaient à
leurs filets, j'explorais la forêt avec quelques autres. Voyant
qu'ils évitaient de passer dans certains endroits, je regardai à
terre pour me rendre compte de cette précaution, et je n'aperçus
rien. Mais, en levant les yeux, je remarquai une énorme pièce de
bois, suspendue en l'air par des lianes sauvages, à laquelle
étaient attachés de gros et lourds morceaux de fer, dont la pointe

effilée était tournée contre terre. Le fil qui suspend toute cette machine est disposé de telle sorte que l'éléphant, s'il passe par-dessous, ne peut faire autrement que d'y toucher. Alors, le *hanou* (c'est le nom que l'on donne au piége) cède et tombe de tout son poids sur le dos de l'animal ; les pointes de fer s'enfoncent dans son corps, et le bloc de bois lui casse l'épine dorsale.

Je vis aussi çà et là des fosses creusées, pour servir de trappes, sur le passage des éléphants. Quand ils courent ou qu'ils rôdent la nuit, ils tombent dans ces fosses et y trouvent la mort ; car, la plupart du temps, ils s'y brisent les jambes. Il arrive quelquefois que les indigènes, lorsqu'ils vont visiter, au bout d'un certain temps, les fosses qu'ils ont creusées, n'y trouvent plus que les os de l'éléphant et ses dents d'ivoire.

Le filet que les indigènes avaient préparé s'étendait sur un espace de plusieurs milles : dans certains endroits, il était échelonné sur plusieurs rangs. Il y avait, en outre, des trappes à éléphant, et des hanous.

Nous étions, vous devez vous le rappeler, dans un pays de montagnes, et j'eus peine à en croire mes yeux quand je vis distinctement l'empreinte des pieds de l'animal dans des endroits où j'avais besoin, pour grimper, de m'accrocher aux lianes.

Quand tout fut prêt, une partie de nos hommes alla sans bruit se mettre en embuscade sur les branches ou derrière les troncs d'arbres qui avoisinaient le filet. Les autres, dont je faisais partie, se dirigèrent, par un détour, du côté opposé à celui par où nous étions venus. Lorsque nous eûmes ainsi dépassé le filet de quelques milles, on forma une chaîne qui en embrassait toute l'étendue ; puis nous marchâmes tous en avant, en demi-cercle, séparés les uns des autres par un intervalle de quinze à trente pas.

Soudain, tout le long de la ligne, les cornets de chasse se mirent à sonner, de grands cris s'élevèrent, et nous marchâmes vers le filet, en faisant le plus de bruit possible. Les éléphants, effrayés de ce vacarme, fuyaient naturellement devant nous, renversant et brisant tout sur leur passage. Allaient-ils à droite, ils entendaient les mêmes clameurs; allaient-ils à gauche, nouvelles alarmes. Il n'y avait qu'un chemin ouvert devant eux, c'était la ligne droite, qui les conduisait, bon gré, mal gré, au filet, aux trappes et au hanou. Ils couraient ainsi à une mort plus certaine que s'ils eussent essayé de rompre nos lignes; car, dans ce cas, beaucoup d'entre eux, sinon tous, auraient eu chance de s'échapper. Nous étions en effet trop loin les uns des autres pour les empêcher de passer.

Nous les poussions en avant; le cercle des chasseurs se rétrécissait de plus en plus, et le craquement des broussailles devenait de plus en plus distinct, à mesure que nous nous rapprochions de nos fuyards. L'animation des chasseurs était extrême, ils brandissaient leurs piques en criant, et bientôt nous arrivâmes en vue des filets. Quel spectacle s'offrit à moi! un éléphant furieux, fou de terreur, écrasait et brisait avec sa trompe et avec ses pieds tout ce qu'il rencontrait sur sa route; vains efforts! les ronces, les lianes sauvages dans lesquelles il était empêtré ne lui ouvraient aucune issue. Les javelines pleuvaient sur lui; partout des Fans embusqués sur des arbres, hors des atteintes de l'animal. On eût dit un gigantesque porc-épic, tant il était hérissé de dards. Malheureuse bête! Chaque coup qui la blessait redoublait sa fureur! Mais elle avait beau se débattre; elle tomba juste au moment où j'arrivais près d'elle; enfin, pour mettre un terme à son agonie, je lui tirai un coup de feu dans l'oreille. Ses membres s'agitèrent convulsivement ; puis elle ne remua plus : elle était morte.

Quelques éléphants réussirent à faire une trouée dans le filet, et s'échappèrent.

Quatre de ces animaux avaient succombé. Un homme, me dit-on, avait été tué par un éléphant, qui s'était retourné contre ses assaillants. L'homme ne s'était pas sauvé à temps et l'énorme bête l'avait foulé aux pieds. Mais ensuite l'éléphant s'était embarrassé dans les lianes, et en un instant, criblé de traits et de blessures, il perdit beaucoup de sang et tomba mort.

Vous conviendrez avec moi, après cette description d'une chasse à l'éléphant, que les hommes de cette tribu sont doués d'un courage et d'une présence d'esprit remarquables.

Certaines règles président à la chasse de l'éléphant. Ainsi, il est défendu d'approcher l'animal autrement que par derrière ; comme, en effet, il ne peut pas se retourner vite, vous avez le temps de vous échapper, pendant qu'il se rue aveuglément en avant. Il faut aussi prendre garde que les lianes et les plantes grimpantes, si fatales aux éléphants, n'embarrassent le chasseur lui-même. En outre, les chasseurs qui se postent sur des branches d'arbre pour lancer de là leurs javelots contre les éléphants, doivent avoir soin de choisir un arbre très-fort, de peur que l'animal furieux ne parvienne à le déraciner.

Le lendemain, ce fut grande fête. On dansa en rond autour de l'éléphant, pendant que l'homme-fétiche, ou le pontife, coupait une des jambes de derrière de l'animal. C'est la partie de la bête que l'on consacre à l'idole. On la fit cuire en présence de l'homme-fétiche et de ceux qui avaient lardé l'éléphant à coups de javelines. Aussitôt que le mets fut cuit, on dansa encore tout alentour, et l'on en préleva une part que l'on porta dans les bois pour régaler l'Esprit, si le cœur lui en disait. Le jour suivant, on dépeça la chair en petits morceaux; puis on les suspendit pour les fumer.

Ces opérations durèrent trois jours. Cette viande, je puis vous l'assurer, est la plus coriace dont j'aie jamais goûté. Naturellement je n'avais pas d'autre nourriture, non plus que les Fans que j'accompagnais; il fallut donc, pendant trois jours, manger de l'éléphant. Je ne sais quelle autre viande lui comparer. Le bœuf, le mouton, le veau, l'agneau, le porc, la venaison n'en donnent aucune idée. Et quant à la volaille, ce serait lui faire injure que d'y chercher la moindre ressemblance.

La trompe étant considérée comme un morceau de choix, on m'en offrit une bonne part; le pied est aussi très-recherché; on m'en envoya deux, avec une grosse tranche de cuisse, à faire rôtir.

Mais cette chair était si dure, que je fus d'abord obligé de la faire bouillir pendant douze heures; après quoi, je la trouvai tout aussi dure qu'auparavant; on eût dit qu'elle était pleine de cartilages. C'est pourquoi, le lendemain, je me remis à la faire bouillir encore douze autres heures. Mais, hélas! le mal que je me donnais ne servait à rien! C'était toujours aussi coriace. Plus je mangeais de l'éléphant, plus j'en étais dégoûté. Je ne crois pas qu'il m'arrive jamais de souhaiter sur ma table un bifteck d'éléphant! ni à vous non plus, n'est-ce pas? Je voudrais seulement vous en faire goûter. Je crois que vous seriez de mon avis, et que vous n'auriez pas envie d'y revenir.

Je fus bien content de retourner au village de Ndiayai, car, dans les bois, nous avions eu constamment de la pluie. Quant au pauvre homme tué par l'éléphant, son corps fut envoyé dans une tribu voisine pour y servir de régal; car les cannibales d'une même tribu ne se mangent pas entre eux.

# CHAPITRE IX



Après notre retour à Ndiayai, je revins dans ma cabane, où je trouvai toutes choses comme je les avais laissées. J'avais caché ma poudre et mes balles dans différents endroits, et j'avais creusé des trous pour y enfouir mes perles.

La nouvelle s'était répandue parmi les populations environnantes que l'Esprit, comme on m'appelait, s'était établi dans le village de Ndiayai ; et de tous les côtés on accourait pour me voir. Au nombre de ces visiteurs empressés était un chef nommé Oloko. Il me fit cadeau d'un de ces longs couteaux de guerre dont je vous ai donné la description, et prit la peine de m'expliquer comment il l'avait plongé plusieurs fois dans des poitrines humaines.

Mbené s'absenta pour quelques jours et me laissa seul au milieu des cannibales. Je mis ce temps à profit pour étudier les mœurs de ce peuple étrange, et, partout où j'allais, j'avais bien soin, comme vous le pensez, de tenir les yeux grands ouverts.

Par parenthèse, je m'aperçois que j'ai oublié de vous faire la description du village du roi Ndiayai [1]. C'était un grand village, ou plutôt une ville composée d'une seule rue. Quand je parle de

---

1. Les villages sont souvent désignés par le nom de leur roi.

ville, je ne prétends pas faire la moindre comparaison avec Lòn-
dres, Paris ou New-York. Je veux dire seulement que c'était une
localité importante pour cette partie de l'Afrique. La population
était de cinq à six cents hommes. Les maisons étaient toutes petites et construites en écorce d'arbre; aucune d'elles n'avait de
fenêtres. Elles étaient toutes à peu près de la même hauteur.

Chose singulière! ces Fans si barbares semblent être passion-
nés pour la musique. Leurs instruments sont curieux. Quelle musique! vous ririez bien de l'entendre. Ils n'ont pas la plus légère
idée de ce que nous appelons l'harmonie des sons ; ce qui ne les
empêche pas d'être mélomanes à leur manière. Il en est de même
de leur danse. Ils ne se doutent pas le moins du monde de ce que
nous appelons danse chez nous, walse, polka, galop ou quadrille ;
et, s'ils nous voyaient danser à notre mode, ils riraient de nous, soyez-
en sûrs, comme vous ririez de leurs lourdes et gauches cabrioles.

Comme toutes les tribus sauvages de l'Afrique, celle-ci adore
le tam-tam, ou tambour. Il y a des tambours de différentes
grandeurs. La plupart ont de quatre à six pieds de hauteur sur
dix pouces environ de diamètre à l'un des bouts, et six ou sept
seulement à l'autre. Le bois creusé a des parois très-minces, et
des peaux d'animaux sont tendues fortement sur le double orifice!
Figurez-vous un grand mirliton. L'homme qui joue du tambour
le tient obliquement entre ses jambes, et frappe vigoureusement
avec deux baguettes sur le bout le plus large, qui est dirigé en
haut. Quelquefois, il bat le tambour avec ses mains. On forme le
cercle autour du tam-tam, et l'on chante, et l'on danse, autant que
possible en mesure. On m'a souvent invité à ce spectacle-concert.

Maintenant, il faut que je vous parle d'un autre instrument
bien plus curieux. Ces cannibales le nomment *handja*, et je ne

l'ai jamais trouvé que dans cette tribu. Cet instrument consiste dans un léger châssis de roseau, de trois pieds de long sur dix-huit pouces de large, auquel sont assujetties solidement un certain nombre de courges ou calebasses creuses. Ces calebasses sont recouvertes de lames d'un bois rouge et dur qui se recueille dans la forêt. Elles sont, comme vous le voyez, de différentes grandeurs, lesquelles sont graduées de manière à former une échelle de notes régulière. Chaque calebasse est percée d'un petit trou, bouché par une peau plus mince que du parchemin. Qu'est-ce que cette peau, me demanderez-vous? C'est celle d'une grosse araignée, très-commune dans le pays, et par laquelle je ne me soucierais pas d'être mordu, car elle est très-venimeuse.

Le musicien s'assied à terre, tenant l'instrument entre ses genoux, et frappe légèrement les lames de bois avec une baguette. Il y a deux baguettes, l'une de bois dur, l'autre d'un bois beaucoup plus doux. On joue de cet instrument comme des cloches d'un carillon, ou de l'harmonica que vous connaissez en France. Le son de l'handja est très-clair et très-agréable, et, quoique les touches en soient assez rudes, les gens du pays savent en tirer beaucoup de parti.

Les Fans travaillent le fer bien mieux qu'aucune autre tribu. Ce sont d'excellents forgerons. Leurs mœurs belliqueuses leur ont fait de ce métal un article d'absolue nécessité. Le fer se trouve d'ailleurs en abondance dans toutes ces régions montagneuses. Je vous donne la figure de deux forgerons. Vous voyez de quels curieux soufflets ils se servent. Ces soufflets consistent en deux courts cylindres de bois creux, surmontés de peaux bien adhérentes à leurs bords, lesquelles servent de refouloirs au courant d'air. L'homme qui manœuvre les soufflets est à genoux et fait mouvoir de haut en bas, avec une grande rapidité, deux petits tuyaux de bois par lesquels l'air extérieur communique avec deux autres tubes de fer qui aboutissent au foyer.

L'enclume, comme vous le voyez dans la même figure, est une masse de fer solide. Le côté pointu est enfoncé dans le sol. Le forgeron s'accroupit à côté de son enclume et bat le métal assoupli avec un marteau de forme étrange, mince par le haut

Le soufflet et l'enclume des nègres forgerons.

et large par la base, sans manche. Ce n'est en réalité qu'un gros et lourd marteau de fer. Les forgerons emploient quelquefois plusieurs jours à fabriquer une hache, un coutelas ou une javeline. Ce sont eux aussi qui font les ustensiles de cuisine et les cruches à eau de la tribu. Les pipes sortent également de leurs mains, car les Fans sont de grands fumeurs. Plusieurs de ces pipes sont d'une forme qui ne manque pas d'élégance.

On ne se sert pas seulement de cruches pour mettre de l'eau, mais aussi de calebasses. Quelques-unes de ces calebasses sont vraiment jolies, et leurs ornements révèlent un certain goût. J'ai vu aussi des cuillers, qu'on trempe dans des bouillons... — Dieu sait de quelle viande ! — fort artistement travaillées. Elles sont en bois de diverses sortes, et quelquefois en ivoire.

On ne peut penser sans horreur à ce que sont ces abominables sauvages ! Le cannibalisme est chez eux si invétéré, qu'ils vont jusqu'à manger les malheureux qui sont morts de maladie. Un jour que j'étais en conversation avec le roi, quelques Fans apportèrent un corps mort, acheté ou échangé dans un village voisin, et qu'il s'agissait de partager entre eux. Je vis bien, à son excessive maigreur, que l'homme était mort de maladie. Ils s'attroupèrent autour du corps avec leurs couteaux, et Ndiayaï présida à la distribution des parts. Il me fut impossible de rester là, et, quand je les vis prêts à dépecer leur proie, je quittai la place et je m'en fus dans ma cabane. Plus tard, j'entendis s'élever une dispute sur le partage de ces horribles dépouilles.

Bref, les Fans sont de véritables goules. Ceux qui demeurent plus avant dans l'intérieur des terres pratiquent, avec plus d'impudeur encore, leur horrible coutume d'anthropophagie. S'ils ne mangent pas les morts de leur propre famille, ils achètent ceux d'un village voisin, ou conviennent avec celui-ci de lui livrer les leurs en échange d'un nombre égal de cadavres.

Jusqu'à ce que j'eusse été témoin de ces abominations, je ne voulais pas ajouter foi à une histoire que l'on racontait chez les Mpongwés, tribu de la côte, qui n'a rien de commun avec les cannibales. Une bande de Fans, descendue de ses montagnes, était venue, disait-on, jusque sur le rivage pour voir la mer. Pendant leur séjour le long du littoral, ils avaient volé dans le cimetière un corps fraîchement inhumé, l'avaient fait cuire et

s'en étaient repus; puis, avant de repartir, ils avaient encore dé-
terré un autre cadavre et l'avaient emporté dans les bois, où ils
l'avaient dépecé et fumé. De pareilles horreurs avaient répandu
chez les Mpongwés une indignation inexprimable.

Ne croyez pas cependant que les Fans se repaissent continuellement de chair humaine. Ils en mangent quand l'occasion
se présente; mais ce n'est pas, à beaucoup près, tous les jours.
Ils ne tuent personne pour s'en nourrir.

Un jour, Ndiayai m'emmena dans un village d'Oshébas, tribu
dont le chef était son ami. Les Oshébas sont de grands mangeurs
d'hommes, tout comme les Fans, auxquels d'ailleurs ils ressemblent beaucoup. Le roi de ce village s'appelait Bienbakay.

Les Fans sont la plus belle et la plus vaillante race de nègres
que j'aie vue dans l'intérieur de l'Afrique. L'anthropophagie ne
paraît pas contraire à leur constitution, quoique j'aie vu depuis
d'autres tribus de Fans, cannibales aussi, de moins belle apparence que ces montagnards. Là, comme partout, la nature du
pays a sans doute beaucoup d'influence sur la santé et le déve-
loppement de ses habitants. Ces cannibales vivent dans les montagnes et sont descendus de plateaux encore plus élevés; ce fait
seul suffit pour rendre compte de leur énergie et de leur vigueur.

Ce qu'il y a de plus singulier chez les Fans, à part leur hideux
cannibalisme, c'est leur tendance continuelle à empiéter sur les
territoires de l'Ouest. Chaque année, ils font un pas de plus vers
la mer, ils établissent un village de plus sur les rives du Gabon.
C'est en quelque sorte une race conquérante qui chasse devant
elle toutes les autres tribus.

La couleur de ces Africains est plutôt le brun foncé que le
noir. Ils font une grande consommation de manioc et de bananes.

Ils ont aussi deux ou trois espèces de patates, de superbes cannes à sucre et des courges, qu'ils cultivent avec beaucoup de succès. Le manioc semble être leur nourriture de prédilection. Ils récoltent une énorme quantité de courges, en vue surtout de la graine, qui, lorsqu'elle est pilée et préparée suivant leur méthode, est un mets très-apprécié chez eux, et dont moi-même je me régalais beaucoup à une certaine époque de l'année. Lorsque la courge est mûre, les villages paraissent tout couverts de ces graines, que l'on répand çà et là pour les faire sécher. Après quoi, on les enveloppe de feuilles et on les expose à la fumée, pour détruire les insectes qui s'y seraient mis. Puis on les suspend à des cordes; car il n'y a pas que les insectes à craindre; il faut aussi prendre garde aux ravages des rats et des souris, très-friands de ces sortes de provisions.

Le mode de préparation est long et fastidieux. On fait bouillir une partie des graines; on les dépouille de leurs enveloppes; puis la masse pulpeuse est introduite dans un grossier mortier de bois, où on la pile, en y mêlant, avant la cuisson, une certaine quantité d'huile végétale.

Puisque nous en sommes sur le chapitre de la nourriture de ces cannibales, j'ajouterai qu'ils ne vendent jamais les corps de leurs rois, de leurs chefs ni de leurs grands hommes. Ceux-là reçoivent la sépulture et ne sont jamais troublés dans leurs tombes. Il est probable qu'on ne mange pas non plus les cadavres des hommes qui ont succombé à des maladies contagieuses.

# CHAPITRE X

Voyage à Yoongoolapay. — Chasse aux filets. — Les terribles fourmis bashikouais.

En revenant du pays des cannibales vers le littoral, je me trouvai dans un grand embarras. J'avais pris, au retour, un chemin tout différent de celui que j'avais suivi précédemment. Mbéné et ses hommes me laissèrent sur les bords d'une rivière qu'on appelle Noya, près d'un village dont le chef se nommait Wanga. De là, je poursuivis ma route dans la direction du village de Yoongoolapay, qui avait pour chef un nommé Alapay. Mais, avant d'atteindre ce point, nous arrivâmes un soir au village d'Ezongo. Les habitants, à la vue de nos pesants bagages, nous accueillirent avec des transports d'enthousiasme. Cette belle humeur se refroidit pourtant quelque peu, lorsqu'ils surent que mes caisses ne contenaient guère que des collections d'histoire naturelle. Leur coquin de chef, supposant naturellement que j'attachais beaucoup de prix à des objets que j'étais venu chercher si loin, prit le parti de m'arrêter au passage jusqu'à ce que je lui eusse payé une forte rançon. Ma situation devenait assez difficile; le roi excitait contre moi ses sujets, un vrai ramassis de vauriens, et les poussait à m'imposer des sacrifices qui m'auraient laissé sans ressources.

A la fin, mes guides Mbichos, arrivant de la Noya, s'entremirent pour arranger cette affaire. Ils eurent l'habileté d'amener le roi à une entrevue secrète avec moi. Quand je tins mon drôle tête à tête, je lui fis présent d'un habit et d'une vieille chemise, en lui disant, ce qui n'était que trop vrai , que j'étais pauvre, et que je ne pouvais donner à ses sujets ce qu'ils me demandaient. Après ce colloque, le roi, gagné par de si beaux cadeaux, sortit de ma cabane pour aller haranguer et mettre à la raison cette turbulente et avide canaille.

C'est ainsi que je pus arriver sain et sauf dans le village du vieux roi Alapay, une de mes anciennes connaissances, qui eut grand plaisir à me revoir. Il me pria de m'arrêter chez lui quelques jours, et, comme j'étais réellement épuisé de fatigue, assiégé d'inquiétudes et d'ennuis, j'acceptai sa proposition. Son village est dans une situation charmante, sur le haut d'une colline qui domine tout le pays environnant et dont le pied est baigné par un joli ruisseau. Les habitants me parurent doux, paisibles et hospitaliers.

Un grand nombre de villages mbichos, indépendants les uns des autres, sont répandus çà et là dans la vallée, sur une étendue de plusieurs milles. Ces diverses populations vivent en bonne harmonie et se marient entre elles, de manière à ne former en quelque sorte qu'une grande famille. Je fus le bienvenu dans ce voisinage, et je pris part à des parties de chasse fort agréables, surtout à celle que l'on appelle *asheza*, ou chasse aux filets, divertissement fort commun chez les Bakalais, où il prend le nom d'*ashinga*.

C'est une chasse très-en faveur dans cette partie de l'Afrique; elle est presque toujours heureuse et sert à faire ressortir les qualités particulières des indigènes. J'étais moi-même passionné pour cet exercice.

Les filets sont, en général, fabriqués avec les fibres de l'écorce d'une certaine espèce d'arbres, que l'on rassemble et que l'on tresse de manière à en former de grosses cordes; ces filets de soixante à quatre-vingts pieds de long, sont disposés sur une hauteur de quatre à cinq pieds, et chaque village en possède au moins un. Mais, comme il y a peu de villages qui aient assez de filets pour couvrir une vaste étendue, il arrive ordinairement que plusieurs d'entre eux se réunissent pour une grande chasse, à frais communs; dans ce cas, le gibier pris dans chaque filet est partagé egalement entre tous les associés.

Le premier jour de notre expédition, les chasseurs d'une demi-douzaine de villages se rassemblèrent au rendez-vous convenu, portant chacun leurs filets. Nous nous mîmes aussitôt en route pour une clairière située à dix mille de là, au milieu des bois, endroit déjà éprouvé comme un excellent terrain de chasse. Nous cheminions en silence, pour ne pas donner l'éveil aux animaux qui se trouveraient dans le voisinage. Les chiens — car on se sert de chiens pour cette sorte de chasse — étaient tenus en laisse et surveillés de près.

A la fin, nous arrivâmes sur le terrain, et l'on se mit à tendre les toiles. Chaque troupe dressa son filet, en l'attachant par des lianes flexibles aux branches les plus basses des arbres. Comme tous les filets étaient disposés dans le même sens, et que chacun d'eux joignait celui du voisin, on eut bientôt formé une large enceinte en forme de demi-cercle d'au moins un demi-mille de long.

Cela fait, une troupe de chasseurs vint s'embusquer de chaque côté de l'enceinte, pour ne laisser échapper aucune pièce de gibier; les autres allèrent battre le bois. Nous nous écartâmes jusqu'à un mille à peu près du filet, et nous nous postâmes à cinquante pas les uns des autres. Puis, criant de toutes nos forces et faisant le plus de bruit que nous pouvions, nous revînmes sur nos pas, le fusil ou la lance en main, prêts à tirer ou à fondre sur l'animal, quel qu'il fût, qui se trouverait sur notre passage.

Quoique l'emplacement choisi eût servi bien souvent pour cette espèce de chasse, et que, par conséquent, le terrain fût bien plus déblayé que tout le reste du bois, nous ne pouvions cependant avancer que pas à pas. Presque tous les indigènes portaient, outre leur fusil, un gros coutelas ou une serpe, pour s'ouvrir un passage à travers les lianes et les plantes grimpantes, inextricables fouillis, où les bêtes de la forêt pouvaient seules se frayer une route.

Pendant que nous avancions, les hommes qui formaient les flancs de la troupe en faisaient autant, de manière à resserrer le cercle autour du gibier effarouché, et nous continuâmes à pousser de grands cris, mais sans rien voir. Je tenais cependant mon fusil tout prêt, en priant mes voisins les nègres de ne pas tirer sur moi par mégarde, car la peur les rend quelquefois très-maladroits à la chasse.

On avait lâché les chiens, et nous nous trouvâmes bientôt en vue des filets. Une gazelle y était prise ; c'était un animal d'une toute petite espèce, que l'on appelle *nchéri*, charmante petite bête, dont on aurait fait volontiers un bichon de boudoir, quoique je n'aie jamais vu de gazelle apprivoisée. Une grande antilope, réduite aux abois, venait d'être tuée lorsque j'arrivai. Une autre antilope, sur laquelle on avait tiré et que l'on avait manquée, était venue s'embarrasser dans les filets.

Nous défîmes l'enceinte, nous retirâmes les toiles et nous allâmes avec les chiens, que cet exercice semblait divertir beaucoup, à la recherche d'un autre emplacement, où nous étendîmes de nouveau nos filets. Là, nous eûmes meilleure chance et nous prîmes un grand nombre d'antilopes, de gazelles et plusieurs petits animaux. C'était pour nous une active besogne. Presque toutes ces malheureuses bêtes s'empêtraient de plus en

Chasse aux filets.

plus dans les mailles du réseau, en faisant des efforts désespérés pour se dégager.

Avant de partir, on ramassa et on étala toutes les pièces de gibier, afin que chacun pût se rendre compte de leur nombre. C'est alors que je fis attention à ces singuliers petits chiens aux oreilles pointues, d'un pied de haut à peu près, si habiles à rabattre les animaux dans nos toiles. Ils se tenaient en arrêt, fixant sur le gibier un œil ardent et affamé. Souvent ces chiens vont en chasse pour leur propre compte, et il n'est pas rare de voir une demi-douzaine de ces animaux courir une antilope dans les bois; leurs aboiements donnent l'alerte aux chasseurs du village, qui surviennent alors et tuent la bête.

Il était presque nuit quand nous regagnâmes le village d'Alapay. On m'avait réservé une antilope d'une espèce particulière, que je me proposais d'empailler. Le reste du gibier fut partagé sans délai entre les hommes du village; on fit grande fête au butin. Nous mourions tous de faim, et l'on se mit à apprêter le gibier. Pour ma part, j'attendais le dîner avec impatience; il était digne d'un empereur, d'un empereur gourmand. Il se composait de bananes accommodées de diverses façons, et de venaison bien tendre, arrosée de jus de limon et rôtie sur des charbons ardents.

J'allai ensuite me coucher avec plaisir, car j'étais très-fatigué, ayant fait près de trente milles dans ma journée.

Je venais à peine de m'endormir, quand je fus tout à coup chassé de mon lit et de ma cabane par une invasion de fourmis bashikouais; elles étaient déjà après moi quand je me sauvai, et j'avais eu le temps d'être cruellement mordu. Je m'enfuis dans la rue, appelant du secours et de la lumière. Les indigènes accoururent; on apporta des torches et je fus délivré de mes ennemies; mais nous vîmes bientôt que l'invasion avait gagné tout le village. Une grande armée de fourmis fondait sur nous, attirée sans doute par la viande qui était amassée dans les maisons, et qu'elle avait flairée de loin. Ma malheureuse antilope les avait guidées vers ma cabane; tout le monde se mit à l'œuvre pour la défense commune. On alluma des cordons de feu pour les écarter des endroits où elles n'avaient pas encore pénétré; on répandit de tous côtés des cendres et de l'eau bouillante; mais ce ne fut que vers le matin, quand ces redoutables bêtes eurent mangé tout ce qu'elles avaient pu atteindre, qu'elles nous laissèrent enfin respirer. Comme je devais m'y attendre, mon antilope fut dévorée jusqu'au dernier morceau.

L'immense multitude, la soudaineté d'invasion et la férocité de ces terribles animaux m'ont toujours frappé d'étonnement. Dans cette circonstance, c'est par millions qu'elles nous ont visités. Ainsi l'antilope sur laquelle ils se sont jetés n'était plus qu'une masse de fourmis grouillantes, dont personne ne pouvait approcher ; et ce n'est que l'éclat et le nombre des feux allumés qui ont pu leur faire lâcher prise et les détourner de leur course impétueuse en ligne droite. Alors seulement elles ont fait retraite, mais sans confusion, en bataillons réguliers, et une nombreuse arrière-garde est encore restée pour achever l'œuvre de destruction. En vérité, je ne donnerais pas grand'chose de la vie d'un homme qui serait attaché à un arbre sur le passage de ces bandes affamées. En deux ou trois heures, il n'en resterait rien qu'un squelette proprement dépouillé.

# CHAPITRE XI



Le cap Lopez est une longue et étroite langue de terre qui s'a-
vance dans la mer. Si vous en approchez du côté de l'Océan, vous
croyez voir une terre submergée; elle est si basse, que les buissons et les arbres qui y croissent semblent sortir de l'eau.

La baie formée par le cap Lopez a environ quatorze milles d'é-
tendue. Parmi plusieurs petits cours d'eau qui s'y jettent, on distingue le Nazareth, une des branches du fleuve Fétiche. Cette
baie est coupée par beaucoup d'îlots et de bas-fonds. On y trouve
en abondance d'excellents poissons de toute espèce. De grosses
tortues sortent de la mer pour venir pondre sur le sable même
du cap. Mais j'ai beaucoup de choses à vous dire avant d'aborder
ce sujet-là.

Ce fut par une nuit très-obscure que j'arrivai au cap Lopez, et,
le lendemain matin, je me préparai à aller rendre visite au roi
Bango, le chef de tout ce pays. Son palais est situé sur une assez
haute colline, et fait face à la mer. Entre le pied de cette colline
et la plage s'étend une belle prairie, sur laquelle sont disséminés
un grand nombre de petits villages dont l'ensemble se nomme le
Sangatanga. Je ne me lassais pas de contempler cette prairie. J'a-

vais vécu si longtemps dans des forêts ténébreuses! quel plaisir de revoir une riante pelouse et de grands espaces inondés de soleil! Le palais du roi s'élevait au milieu d'un petit village. Comme j'atteignais les premières cabanes, je rencontrai le *mafouga*, ou majordome du roi, qui me conduisit à la résidence de Sa Majesté. C'était une vilaine maison à deux étages, soutenue par des piliers. Le rez-de-chaussée consistait en une salle obscure, flanquée de chaque côté d'une rangée de petites chambres noires, assez pareilles à des cellules. Au bout de la salle était un escalier roide et sale que le mafouga me fit monter. Quand j'eus escaladé les marches, je me trouvai dans une grande chambre au fond de laquelle était assis le grand roi Bango, le premier chef, à l'entendre, de cette partie de l'Afrique. Il était entouré d'une centaine de femmes, prises parmi ses épouses.

Le roi Bango était gras et ne paraissait pas des plus propres. Il portait une chemise et une vieille paire de pantalons. Sur sa tête était une couronne dont lui avaient fait cadeau des Portugais, ses amis, trafiquants de nègres. Ses épaules étaient ornées d'une souquenille d'un jaune flamboyant, toute brodée d'or, défroque de quelque laquais réformé du Portugal ou du Brésil. Quand je vous parle de couronne, ne vous figurez pas quelque joyau d'or massif, enrichi de diamants : non; le diadème du roi ressemblait plutôt aux oripeaux usés que les acteurs promènent sur la scène, et avait peut-être valu dix dollars quand il était neuf. Sa Majesté y avait ajouté un petit cercle d'or, fait des doublons qu'il avait reçus pour prix de ses ventes d'esclaves. Il se tenait immobile sur un sofa, car il était atteint de paralysie; et sa main tenait une canne qui figurait le sceptre royal.

Ce roi Bango, dont je viens de faire le portrait détaillé, était le plus grand trafiquant de nègres de toute cette partie de la côte. Il avait sur son territoire de vastes entrepôts d'esclaves, ou barracons. C'était un despote achevé, très-redouté de ses sujets, fort enclin, d'ailleurs, à la superstition.

Malgré son orgueil, il me reçut avec une certaine affabilité, car je lui avais été recommandé par son grand ami Rompochombo, un roi de la tribu des Mpongwés. Il me demanda si ses femmes me plaisaient. « Beaucoup! » lui répondis-je. Alors, il s'excusa de n'en avoir là qu'une centaine; mais il en possédait deux fois plus; le total était de trois cents. Figurez-vous trois cents femmes! Il prétendait aussi avoir plus de six cents enfants. Je serais bien surpris si tous ces frères et ces sœurs se connaissaient seulement entre eux.

La nuit suivante, le roi donna un grand bal en mon honneur. La chambre où il m'avait reçu était le théâtre de la fête. J'arrivai un peu après le coucher du soleil; je trouvai là environ cent cinquante femmes du roi, et l'on me dit que c'étaient les meilleures danseuses du pays.

Je voudrais que vous eussiez vu cette abominable salle de bal, avec ses quelques torches pour l'éclairer; je vous assure que l'illumination n'était pas brillante. Le roi fit danser ses femmes devant moi. Il ordonna ensuite à deux de ses filles de figurer dans ce bal; puis il me fit part d'une heureuse idée : c'était de me marier avec l'une d'elles; offre que je déclinai respectueusement.

Non loin du palais du roi, il y avait trois petites cabanes fort curieuses, qui renfermaient cinq idoles. Celles-ci passaient pour avoir plus de pouvoir et de science que les autres fétiches ou dieux des pays environnants. C'étaient, disait-on, les protectrices déclarées de la tribu des Oroungous et plus particulièrement du

Esclaves traversant une forêt mortuaire.

Sangatanga et du roi. Je glissai un coup d'œil dans l'une de ces cabanes. Je vis là une idole appelée Pangeo ; elle était de bois et d'un aspect hideux. Près d'elle était sa femme Aléka, autre idole de bois. Pangeo prend soin du roi et de son peuple, et veille sur eux pendant la nuit.

Je jetai aussi un regard dans l'intérieur de la seconde cabane. J'aperçus une grande idole nommée Akambi, taillée à l'image d'un homme ; à ses côtés est une figure de femme : c'est Abiala, son épouse. Le pauvre Akambi est un dieu sans pouvoir : il a laissé usurper toute son autorité par sa femme. Elle tient à la main un pistolet, avec lequel, dit-on, elle peut tuer qui bon lui semble. De là vient la frayeur qu'elle inspire aux indigènes. Aussi lui prodiguent-ils des aliments et des offrandes de toute sorte (je me demande qui profite de ces offrandes). Quand les gens du pays tombent malades, ils viennent danser autour d'elle et la supplient de les guérir. Car ce n'est jamais au vrai dieu que ces malheureux païens adressent leurs prières ; ils placent leur confiance et leur espoir dans des images de bois, ouvrages de leurs propres mains.

Je regardai dans la troisième cabane. Elle était occupée par une idole appelée Numba. C'est un dieu célibataire, qui n'a pas de femme avec lui. Il est, à lui seul, le Neptune et le Mercure des Oroungous ; Neptune pour maîtriser les flots, et Mercure pour préserver les habitants des désastres qui les menacent du côté de la mer.

Comme je revenais de ma visite chez le roi, je tirai un oiseau perché sur un arbre, mais je le manquai ; car, ayant pris de la quinine le matin, je me trouvais un peu énervé. Mais les nègres qui étaient autour de moi déclarèrent que l'oiseau était un fétiche, un oiseau sacré, et que je ne pourrais jamais le tuer, quand même je m'y reprendrais à cent fois.

Je tirai de nouveau, mais sans plus de succès. Là-dessus, ils triomphèrent, en redoublant de protestations sur la divinité de l'oiseau. Cependant je ne voulais pas que le diable eût le dernier mot : je rechargeai mon arme, je pris mon temps pour viser, et, à ma grande joie, ainsi qu'à la grande confusion des témoins, j'abattis l'oiseau.

Pendant mon séjour dans le village, j'étais allé un jour chasser aux oiseaux dans un petit bois, à peu de distance de ma demeure, lorsque j'aperçus une file d'esclaves qui sortaient d'un barracon, et qui entraient dans le bois. Comme ils s'avançaient de mon côté, je vis qu'il y avait deux rangs d'esclaves, au nombre de six chacun. Ils étaient attachés ensemble par une chaîne passée autour de leur cou, et portaient un fardeau que je reconnus sur-le-champ pour le cadavre d'un de leurs camarades. Ils se dirigèrent vers l'extrémité du bois, à trois cents pas environ de ma maison ; puis, jetant leur fardeau sur la terre nue, ils s'en retournèrent à leur prison, escortés de leur surveillant, qui marchait derrière eux, le fouet à la main.

« Voilà donc, me dis-je, le cimetière des barracons ! » et je rêvais tristement au sort de ces malheureux, arrachés à leur pays et à leur famille, vendus peut-être par leur propre père et venus de si loin pour mourir là, jetés en pâture aux vautours. Et pendant que je me livrais à ces tristes pensées, une troupe d'oiseaux de proie commençait à obscurcir l'air au-dessus de ma tête ; je les entendis longtemps se disputer les lambeaux du cadavre.

Le bois offrait de chez moi un joli point de vue ; j'avais eu bien souvent le désir de l'explorer ou de me reposer à l'abri de son feuillage épais. Mais, à présent que je le voyais de plus près, je sentais combien l'endroit était lugubre. Les vautours s'enfuyaient à mon approche, mais sans s'écarter beaucoup; ils se posaient sur les branches les plus basses des arbres environnants, et me guettaient du coin de l'œil, comme s'ils craignaient que je ne leur enlevasse leur proie. En me dirigeant vers le corps mort, je sentis quelque chose craquer sous mes pieds. Je regardai à terre, et je me vis au beau milieu d'un champ d'ossements et de crânes. J'avais marché, sans y faire attention, sur le corps d'une malheureuse créature, étendue là depuis longtemps, à la merci des oiseaux de proie et des fourmis qui avaient dénudé ses os, et des pluies qui les avaient blanchis. J'estime qu'il devait y avoir là les débris d'un millier de squelettes. Ce cimetière servait depuis plusieurs années, et la mortalité dans les barracons est parfois effrayante, malgré les soins que l'on prend des esclaves. On jette là les corps sans autre cérémonie et les vautours y trouvent leur pitance journalière. L'herbe était brûlée partout, et les os blanchis qui la couvraient donnaient au sol un caractère, étrange d'abord, puis terrible quand on en connaissait la cause. En pénétrant dans les broussailles, j'y aperçus de grands amas d'ossements. Lorsque le cap Lopez était un des principaux marchés d'esclaves de la côte occidentale, et que les barracons étaient bien plus nombreux qu'aujourd'hui, c'était là qu'on jetait tous les cadavres, les uns sur les autres, et que les carcasses humaines, dépouillées et brisées par le temps, s'étaient amoncelées en piles énormes, comme autant de monuments d'un trafic détestable. Tel était le cimetière des pauvres esclaves amenés de l'intérieur de l'Afrique.

# CHAPITRE XII



Je quittai bientôt les bons habitants de Yoongoolapay pour continuer ma route vers le littoral. Nous atteignîmes un plateau fort élevé. C'était le point le plus haut où je fusse parvenu entre la Moondah et le Muni, et, sans les arbres qui nous interceptaient la vue, j'aurais pu de là découvrir l'Océan. Le long de la crête de ces montagnes, gisaient d'énormes quartiers de roc qui couvraient le sol dans toutes les directions. Quelques-unes de ces masses granitiques n'avaient pas moins de vingt à trente pieds de haut sur cinquante pieds de long.

Près du plus gros de ces blocs se dressait un rocher colossal, élevé de quarante ou cinquante pieds de terre. J'y découvris une ouverture qui aboutissait à une grotte. Cette excavation n'était pas de formation naturelle ; c'était évidemment la main de l'homme qui l'avait creusée, et elle devait servir de retraite, pendant la nuit, aux indigènes en voyage, car sa large entrée laissait pénétrer trop d'air et de lumière, pour que les bêtes féroces en fissent leur repaire. Nous vîmes dans cette grotte les cendres des feux qu'on y avait allumés. Mais je dois déclarer aussi que nous trouvâmes au dehors des traces de léopards et d'autres animaux dangereux, qui nous ôtèrent l'envie d'entrer là pour dormir.

Pendant que j'explorais la grotte, je crus entendre plusieurs fois tomber des gouttes d'eau, comme s'il pleuvait; mais, lorsque je sortis, je fus tout étonné de ne pas voir un seul nuage au ciel. Je demandai l'explication de ce phénomène à Alapay. Pour toute réponse, il coupa en biais à travers la montagne, et me mena dans la direction du bruit qui m'intriguait. Ce bruit devenait de plus en plus fort, à mesure que nous avancions, et ressemblait au retentissement d'une chute d'eau. En effet, nous nous trouvâmes bientôt sur le bord d'un rocher à pic, d'où je découvris un magnifique paysage, au centre duquel se précipitait une cataracte. Un petit ruisseau qui serpentait le long du plateau, et qui jusquelà s'était dérobé à la vue, se frayait une voie à travers un bloc de granit. Du trou circulaire et étroit qu'il s'était creusé dans la roche, il tombait en nappe d'argent d'une hauteur de quarante à cinquante pieds, puis reprenait son cours entre des rives escarpées et couvertes d'arbres. C'était un Niagara en miniature. L'eau limpide et pure coulait sur son lit de cailloux; spectacle enchanteur qui me retint là des heures entières.

Je voulus le contempler à un autre point de vue. Je descendis, non sans difficulté, et, lorsque je me trouvai en bas, j'aperçus, audessous de la cataracte, sur la paroi de rocher à pic, un grand trou, qui, sans nul doute, formait l'ouverture d'une caverne. Cette ouverture, masquée en partie par la cataracte, était creusée dans le vif; entre elle et la chute d'eau, il y avait une distance de quelques pieds, qui permettait de s'introduire de côté dans la caverne, sans s'exposer à recevoir une douche.

Je me décidai à entrer dans cette caverne. Mais, avant de m'aventurer, je voulus y glisser un coup d'œil. Elle était si obscure, qu'il me fut impossible de rien distinguer. Ce n'était pas encourageant. On alluma des torches; je pris mon revolver et mon fusil; et, suivi de deux hommes armés comme moi, j'abordai résolûment ces profondes ténèbres. Notre arrivée mit en émoi une multitude de chauves-souris; il y en avait là des milliers. Elles vinrent tourbillonner autour de nos lumières, menaçant de les éteindre et de nous laisser dans l'obscurité; leurs battements d'ailes retentissaient dans la caverne comme un roulement de tonnerre ou un mugissement continu. On se serait cru dans l'antre des démons, et la lueur rougeâtre de nos torches donnait une forme fantastique aux ombres qui nous entouraient.

Le sol de la caverne était raboteux. Quand nous eûmes fait une centaine de pas en avant, nous arrivâmes à un étang, ou plutôt à un bourbier qui s'étendait à droite et à gauche et nous fermait le passage. Mes hommes, qui n'étaient venus jusque-là qu'en murmurant, voulurent retourner sur leurs pas, et me conjurèrent de ne pas m'avancer dans l'eau. Cette mare était peut-être très-profonde, disaient-ils; peut-être était-elle peuplée d'affreux serpents; peut-être allait-on rencontrer au delà toute sorte de monstres et de reptiles. Au mot de reptile, j'hésitai; car j'avoue mon horreur pour ces horribles bêtes, surtout dans les ténèbres, où l'homme peut être assailli au dépourvu. Un frisson me saisit à l'idée qu'une fois dans l'eau, de hideux serpents pouvaient sauter sur moi pour m'envelopper de leurs replis, comme ils s'enroulent autour des branches d'arbre. Je m'arrêtai donc pour réfléchir.

Pendant que j'essayais de percer l'obscurité, je crus voir deux yeux pareils à des étincelles ou à des charbons ardents darder sur moi leur éclat sauvage. Était-ce un léopard ou toute autre bête?

Sans penser aux conséquences de mon action, j'ajustai l'objet, quel qui fût, et je fis feu. Le fracas fut étourdissant. Les chauves-souris s'envolèrent toutes à la fois. Il semblait que des millions de ces monstres ailés se croisassent en tous sens autour de nous dans les ténèbres. Quelques-unes s'accrochèrent à mes vêtements. En un instant nos torches furent éteintes, et tous, saisis d'une terreur panique, nous courûmes pêle-mêle, en nous heurtant, vers l'entrée de la caverne. Je croyais voir des serpents furieux s'é-lancer à notre poursuite, et prêts à nous atteindre. Que nous fûmes heureux de revoir le jour! Rien au monde ne nous eût décidés à revenir affronter les ténèbres.

Le spectacle du dehors était aussi charmant que celui du de-dans était hideux. Je demeurai longtemps en extase devant un des plus beaux paysages que j'eusse jamais vus en Afrique. Le petit ruisseau, dont les cascades, tombant de roche en roche, remplissaient la forêt d'un doux murmure assez semblable, comme je l'ai dit, au bruit de la pluie entendue de loin, s'éten-dait devant moi entre deux rives escarpées, sous un berceau de feuillage. Nous pouvions suivre en bas dans la vallée sa course sinueuse, comme un ruban d'argent qui coupait la plaine, jusqu'à ce qu'il se perdît dans l'épaisseur de la forêt.

J'ai bien souvent songé à ces cavernes depuis que je les ai vues, et j'ai regretté de n'y avoir pas donné plus d'attention. Si j'avais campé dans leur voisinage, de manière à pouvoir les explorer et les fouiller plusieurs jours de suite, je crois que j'aurais été bien récompensé de mes peines. A cette époque, cette nature de re-cherches ne m'inspirait pas grand intérêt. Je n'avais pas encore lu les ouvrages de M. Boucher de Perthes et de quelques autres géologues; je ne savais pas qu'on avait découvert dans des cavernes, en différents pays de l'Europe, des ossements d'animaux aujourd'hui disparus, aussi bien que des armes de pierre, telles que haches, flèches taillées en pointe, etc., etc. Peut-être, si j'avais entrepris des fouilles, aurais-je trouvé des restes de feux de charbon de bois, ou quelques autres vestiges attestant la présence de l'homme en Afrique longtemps avant l'apparition de la race nègre. Je suis persuadé que ces cavernes ont servi autrefois d'habitations à des créatures humaines, et je ne comprends guère qu'elles aient pu être creusées sans le concours de la main de l'homme.

Lors de mon dernier voyage, j'eus plusieurs fois l'idée de venir du Fernand-Vaz pour les explorer et y faire des recherches, certain d'être amplement récompensé de mon travail par la découverte des ossements de quelques animaux inconnus, ou de quelques vestiges de l'homme primitif.

La vallée qui s'étendait à nos pieds était une plaine boisée, fort pittoresque, que la main de l'homme n'avait pas encore touchée, et d'où s'élevaient des chants d'oiseaux, des caquetages de singes et des bourdonnements d'insectes, concert un peu confus qui récréait nos oreilles.

Mais je ne pouvais m'arrêter longtemps devant ce paysage, pressé que j'étais de regagner le littoral. Sur notre chemin nous ne cessâmes de croiser ou de suivre les traces laissées par les éléphants; aussi, marchions-nous avec précaution, car nous nous attendions à rencontrer, d'un moment à l'autre, une troupe de ces animaux.

Peu à peu le pays devint tout à fait plat, les traces d'éléphants disparurent, et, comme nous approchions d'une rivière, nous atteignîmes un marécage couvert de mangliers. C'étaient de vieux amis, ou plutôt de vieux ennemis que nous retrouvions là ; car les souvenirs de mousquites, de navigation pénible et de malaria, que les mangliers me rappelaient, n'étaient pas des plus agréables. Être couché dans son lit avec ces maudites fièvres d'Afrique, c'est une situation fort peu récréative, je vous assure.

Du manglier au marécage, il n'y a qu'un pas ; on les rencontre toujours ensemble. Nous nous retrouvions alors sur les bords du petit ruisseau dont les eaux claires et limpides m'avaient charmé

Passage d'une rivière sur des racines de mangliers.

un peu plus haut, sur la pente des montagnes. A présent, ce n'était plus qu'un marais. Son lit élargi s'étendait à un mille de distance, et ses eaux bourbeuses coulaient lentement à travers une immense quantité de mangliers, dont les racines s'allongeaient dans tous les sens et se recourbaient au-dessus de l'eau et de la vase, comme les anneaux d'un monstrueux serpent.

C'était l'heure de la marée haute. Impossible de se procurer un canot. Attendre et s'endormir sur la rive, au milieu des mangliers, c'était se livrer en pâture aux moustiques, dont la piqûre, bien plus cruelle que celle des mouches d'Amérique, perce à travers les plus forts vêtements. La perspective n'était pas gaie ; mais, comme je ne voyais pas d'autre alternative, je cherchais déjà dans ma tête le moyen de ne pas m'endormir. Cependant, mes hommes n'avaient pas l'air d'être embarrassés. Nous n'avions, disaient-ils, qu'à traverser le marais, et c'était chose facile, en passant sur le dos des racines qui se montraient à fleur d'eau, à des intervalles irréguliers, sur une longueur de deux ou trois pieds chacune.

L'entreprise semblait périlleuse ; mais voilà mes gaillards qui s'élancent, en sautillant comme des singes, de racine en racine, et je les suis, au risque de tomber dans la boue sur quelque reptile troublé dans son repos. Je retirai mes chaussures, dont les fortes semelles auraient pu me faire glisser. Je remis tout mon bagage, mes fusils et mes pistolets, à mes hommes, et je me livrai à un exercice d'équilibriste, que j'espère bien ne jamais recommencer. Nous fûmes une heure à traverser le marais — une heure de sauts et de bonds continuels, et d'efforts pour nous retenir à droite et à gauche. — Au milieu de cette gymnastique, un homme derrière moi trébucha et se débattit en criant d'une voix effrayée : « Omemba ! » *Omemba* veut dire serpent. Le pauvre diable avait mis la main sur un énorme serpent noir ; sentant le froid de l'animal et le poli visqueux des écailles, il avait lâché prise et était tombé dans la vase. Aussitôt toute la bande se mit à bondir de plus belle et dans tous les sens ; c'était une panique générale ; on criait, on faisait du bruit pour effrayer le serpent. La pauvre bête, af-folée aussi d'épouvante, rampait le long des branches aussi vite qu'elle le pouvait. Malheureusement, dans sa terreur, elle se dirigeait de notre côté, et il s'ensuivit une déroute complète. Chacun se sauvait à toutes jambes; on gambadait, on sautait; un autre homme tomba dans la boue, ce qui redoubla la confusion. Deux ou trois fois je fus moi-même sur le point de prendre un bain de vase. Mais heureusement je finis par me tirer de là. J'avais les pieds cruellement meurtris; enfin, nous arrivâmes à l'autre rive, et je respirai quand je revis la mer.

# CHAPITRE XIII



Un jour, je passais devant un enclos immense, défendu par un
rempart de palissades de douze pieds de haut environ et termi-
nées en pointe. Je franchis la porte qui était ouverte, et je me
trouvai au milieu d'un vaste assemblage de hangars ombragés
d'arbres, sous lesquels étaient étendus, dans des postures différentes, une grande quantité de nègres. En faisant le tour intérieur de l'enclos, je vis que ces hommes étaient attachés, six par
six, au moyen d'une petite chaîne très-forte passée dans un car-
can ajusté autour de leur cou. Çà et là des seaux d'eau étaient
disposés pour leur permettre de boire, et, comme ils étaient en-
chaînés ensemble, lorsqu'un des six avait soif, il fallait que les
autres se levassent pour aller avec lui.

J'arrivai ensuite à une cour remplie de femmes et d'enfants,
qui étaient libres de se promener à leur gré dans leurs limites,
où aucun homme n'était admis. La plupart de ces gens-là,
hommes ou femmes, ne se comprenaient pas entre eux. Vous me
demanderez peut-être ce que c'étaient que ces nègres? C'étaient
des Africains de diverses tribus, vendus les uns par leurs
pères ou par leur famille, les autres par les habitants de leurs

villages; ceux-ci avaient été mis en vente pour crime de sorcellerie; ceux-là sous des prétextes plus ou moins spécieux. Ainsi, on faisait passer pour idiots un jeune garçon ou une jeune fille; il n'en fallait pas davantage. Beaucoup de ces esclaves appartenaient à des pays très-éloignés.

Quelques-uns paraissaient gais; d'autres, au contraire, étaient fort tristes, persuadés qu'on ne les avait achetés que pour les manger. Ils s'imaginaient en effet que les hommes blancs d'au delà de la mer étaient de grands cannibales, et que l'on commençait par les engraisser, pour mieux se régaler d'eux ensuite. Un jour, dans une contrée de l'intérieur, un chef voulut faire tuer un esclave pour mon dîner, et j'eus beaucoup de peine à l'en empêcher. Je ne parvins que très-difficilement à faire comprendre à ce boucher nègre, que personne, dans mon pays, ne se nourrissait de chair humaine.

Il y avait dans la cour, sous les arbres, de grands chaudrons où l'on faisait cuire des fèves et du riz pour la plus grande partie des esclaves; à d'autres on distribuait du poisson séché; le soir, on les faisait tous rentrer sous de vastes appentis pour y passer la nuit : un de ces appentis servait d'infirmerie.

Au milieu s'élevait ce qu'on appelle la maison de l'homme blanc. Cette maison, en effet, est habitée par des blancs, dont l'état est d'acheter ces pauvres créatures au chef de la tribu des Oroungous.

Après avoir tout visité en détail, je sortis du barracou, et je me promenai aux alentours, en rêvant au spectacle que je venais d'avoir sous les yeux. Il faisait déjà nuit quand je regagnai la petite cabane de bambou que le roi m'avait assignée. J'entrai, je battis le briquet et j'allumai une torche pour ne pas me mettre au lit sans lumière. Quand je parle de lit, ce n'est pas que ma couche eût la moindre ressemblance avec ce que nous appelons des lits en Europe : c'est-à-dire des matelas, des oreillers, des draps et des couvertures. Un pareil luxe est interdit aux voyageurs dans l'Afrique équatoriale.

Quand j'eus allumé ma torche, je jetai les yeux autour de moi pour m'assurer que rien n'avait été dérangé dans ma chambre; car un voleur peut aisément s'introduire dans des maisons si mal défendues. Je ne remarquai rien, si ce n'est quelque chose de reluisant sous mon *akoko*, ou bois de lit. Comme cet objet ne bougeait pas, j'y fis fort peu d'attention; et de fait, je n'y voyais guère à la demi-clarté de ma torche; mais, quand je m'approchai de mon lit pour l'arranger, je vis que ce reflet luisant provenait des écailles brillantes d'un énorme serpent, tranquillement roulé sur lui-même, à deux pas de moi. Que faire, bon Dieu? j'avais fermé solidement ma porte avec des cordes; si le serpent se déroulait et changeait de place, il pouvait s'élancer sur moi, m'enlacer dans ses replis, m'étouffer et m'avaler ensuite, ni plus ni moins qu'une gazelle.

La pensée n'était pas rassurante : si je criais, je risquais de réveiller le reptile, qui paraissait endormi; personne, d'ailleurs, n'aurait pu entrer, puisque j'avais barricadé ma porte. J'allai tout doucement détacher les cordes qui la retenaient. Quand j'eus tout disposé pour ma fuite, je réfléchis qu'il serait mieux de tuer le monstre; je cherchai mes fusils et je vis avec épouvante qu'ils étaient accrochés au mur, dans la ruelle du lit, et que j'en étais séparé par le serpent. Tout en surveillant l'animal, je réfléchis au parti que j'avais à prendre, et je résolus de m'emparer, coûte que coûte, de mon fusil. Aussitôt, sans perdre de vue la porte ouverte qui m'assurait une prompte retraite au moindre mouvement du reptile, je m'avançai sur la pointe du pied, et en un clin d'œil je décrochai le fusil, que je me mis à charger vivement. Comme je sentis alors le courage me revenir! Je n'étais plus le même homme; mon arme à la main, je revins de nouveau vers le serpent, j'appliquai sur son corps le canon du fusil, je fis feu et je m'élançai à toutes jambes hors de la maison.

Au coup de fusil, les nègres accoururent de tous côtés pour sa-

Embarquement d'esclaves.

voir ce qui s'était passé. Ils croyaient qu'on venait de tuer un homme et qu'on s'était sauvé chez moi pour se cacher. Ils s'élançaient donc pêle-mêle dans ma chambre, mais je n'ai pas besoin de vous dire qu'ils en ressortirent encore plus vite, lorsqu'ils virent un gros serpent qui se tordait convulsivement sur le plancher. Les premiers entrés avaient marché sur lui et perdirent la tête de frayeur. Vous n'avez pas idée de leurs clameurs et de leurs affreux hurlements. Personne ne voulait rentrer dans la maison, et ce fut moi qui vins avec précaution m'enquérir de l'état des choses, car je n'entendais pas abandonner la possession de ma cabane à monsieur le serpent. J'entrai donc en regardant soigneusement autour de moi; à la lueur de ma torche, je distinguai le reptile étendu à terre : le corps avait été séparé en deux, et les tronçons s'agitaient sur le sol. Je crus d'abord avoir devant moi deux serpents et je ne savais que faire; mais, dès que j'eus reconnu ma méprise, j'assenai un violent coup de crosse sur la tête de la hideuse bête, et je la tuai net. Je vis alors sa gueule revomir avec du sang et de la bave un canard tout entier, et quel long canard! on eût dit un saucisson allongé et couvert de plumes.

Le reptile, après l'avoir pétri et englouti, avait choisi ma chambre à coucher pour digérer et dormir à son aise, car les serpents, après un copieux repas, tombent toujours dans un état de torpeur. C'était un pithon de la grande espèce, qui mesurait (le croiriez-vous!) dix-huit pieds. Vous figurez-vous ma situation, si l'horrible animal se fût jeté sur moi? il m'aurait bien vite enveloppé tout entier; et, si j'avais été avalé par ce monstre, je me demande combien de temps il lui aurait fallu pour me digérer?

Par une belle journée, je me promenais sur la plage de cette côte inhospitalière, lorsque je découvris au loin un navire qui s'approchait de plus en plus, et qui enfin vint mettre en panne à quelques milles du rivage. En même temps, je remarquai une file d'esclaves que l'on faisait sortir à la hâte de l'un des barracons. Je m'arrêtai pour les observer. Les nègres étaient toujours par bandes de six, mais on les avait lavés avec soin et revêtus d'un habillement propre. De grandes barques étaient préparées pour

les recevoir; chacune avait trente-six rames et contenait soixante
esclaves. Ces malheureux semblaient frappés de terreur ; ils n'a-
vaient jamais navigué sur mer et ne se rendaient pas compte du
roulis des vagues. Enlevés ainsi, conduits sans savoir où, ballottés
par les flots, tantôt à droite, tantôt à gauche, couverts d'écume,
ils devaient se croire à leur dernier jour, prêts à être engloutis
dans une tombe humide.

J'étais bien aise au moins que ces infortunés ne pussent me
voir, caché comme je l'étais par les arbres et les broussailles.
J'avais honte de moi-même ; je rougissais d'être un homme blanc.
Heureusement, de pareilles scènes deviennent plus rares de jour
en jour, et la traite des nègres n'appartiendra bientôt plus qu'au
passé.

Deux heures après, le négrier, avec une cargaison de six cents
esclaves, faisait voile pour l'île de Cuba.

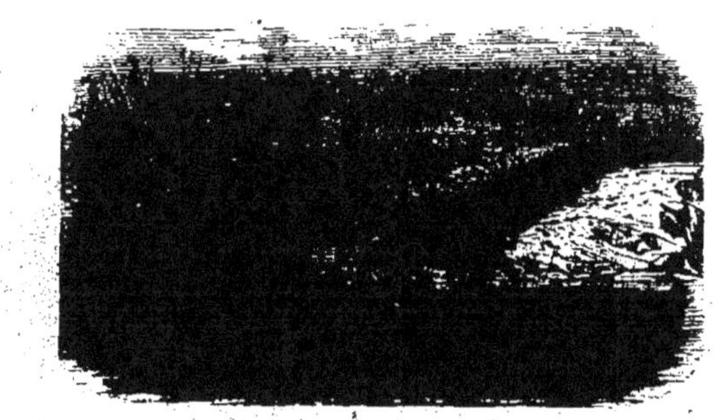

# CHAPITRE XIV



Après cet incident, j'allai rendre une seconde visite au roi Bango, et le mafouga m'annonce à Sa Majesté. J'avais un motif important pour rechercher cette entrevue : je voulais obtenir la permission de pénétrer dans l'intérieur du pays avec un escorte d'éclaireurs.

Bango avait de l'affection pour moi, quoique j'eusse refusé d'épouser une de ses charmantes filles. Il accueillit donc fort gracieusement ma requête et me donna vingt-cinq hommes, dont la plupart étaient renommés comme de grands chasseurs. Ils avaient tué quantité d'éléphants, dont ils avaient apporté tout l'ivoire à leur chef. C'étaient les pourvoyeurs de la table royale, et ils passaient leur vie dans les bois.

Nous fîmes de grands préparatifs de chasse, car le pays passait pour être très-giboyeux. Nous devions camper plusieurs jours dans la forêt ; perspective de plaisir, mais aussi de fatigue ; car la vie des chasseurs n'est pas des plus commodes en Afrique. Le roi m'invita à coucher dans son palais pour être sur pied le lendemain de meilleure heure, et je fus conduit en cérémonie à ma chambre à coucher par le grand mafouga : elle était si sale et si noire, que j'aurais mieux aimé dormir au pied d'un arbre dans la forêt. Je regardai autour de moi dans la crainte que le roi, voulant se débarrasser de ma personne, ne me fît coucher là pour m'assassiner ; mais, ne voyant rien de suspect, je me reprochai d'avoir prêté à mon hôte des projets probablement bien éloignés de sa pensée. J'éteignis donc ma lumière et je m'étendis sur la couche royale. A peine y étais-je installé, que mon oreille fut frappée d'un bruit étrange. Je ne compris pas d'abord ce que ce pouvait être.

Le bruit augmenta dans la chambre ; je dressai la tête, essayant de percer l'obscurité ; mais je ne distinguai rien. A l'instant même je crus sentir quelque chose qui se glissait sous ma couverture ; je sautai à bas du lit tout effaré ; qu'était-ce donc enfin ? C'était un énorme rat. A peine levé, j'entendis trotter une troupe d'autres rats qui se sauvaient par où ils étaient venus ; puis tout redevint silencieux : je me recouchai et j'essayai de dormir ; mais je comptais sans mes visiteurs nocturnes, qui revinrent m'assaillir en nombre vraiment prodigieux ; ils semblaient me disputer la possession de ma chambre ; ils se promenaient sur mon lit, ils gambadaient sur ma figure. J'en eus bientôt assez de cette résidence royale ; j'aurais voulu n'y être jamais entré. L'endroit était bien choisi pour se lever de bonne heure ! Aux premières clartés de l'aube, j'étais debout ; je rassemblai mes hommes, et, quoique l'on vît à peine à se conduire, nous nous mîmes tout de suite en marche.

J'allais en avant avec Aboko, le chef de ma troupe, et Niamkala, son second, tous deux grands chasseurs, ayant passé presque toute leur vie dans la forêt. On eût dit réellement des hommes des bois, tant leur extérieur était sauvage. Aboko était un petit homme robuste, très-noir, aux muscles bien articulés, au nez aplati et aux lèvres épaisses ; ses yeux, grands ouverts et intelligents, semblaient sans cesse aux aguets ; son corps portait les marques de nombreuses écorchures faites par les arbres épineux et les ronces, et ses jambes déployaient autant de vigueur que d'agilité. Niamkala, au contraire, était grand et maigre et moins foncé de peau ; il avait le regard à la fois perçant et vague. Tous deux étaient des chasseurs d'éléphants de premier ordre.

Aboko, Niamkala et moi, nous devînmes bientôt de grands amis ; une même passion nous rapprochait : l'amour de la chasse et des bois.

Nous traversâmes de belles prairies entourées de fourrés épais, et qui semblaient être autant de jardins naturels au milieu de ces forêts sauvages. L'aspect du pays était des plus pittoresques : ici, le sol de la prairie presque toujours uni et recouvert d'un sable fin ; là, de hautes montagnes, brusquement coupées à pic. On arrivait, sans s'en douter, au bord d'un précipice ; et, si quelqu'un fût tombé en bas, on n'aurait plus jamais entendu parler de lui. Les bois servaient de retraite aux éléphants ; on y trouvait aussi de grands troupeaux de buffles ; les antilopes en sortaient la nuit pour aller s'ébattre et paître dans les hautes herbes ; enfin, les léopards s'y rencontraient en grand nombre.

J'étais heureux de cheminer dans des espaces découverts, au lieu de me frayer une route à travers des forêts sombres. J'aimais à respirer le grand air, à sentir le vent souffler sur mon visage. Nous aperçûmes bientôt des traces d'éléphants et de buffles sauvages. Mon ami Aboko nous avertit de nous tenir aux aguets,

parce que le gibier ne tarderait pas à se montrer. En effet, à
peine avait-il parlé, que nous vîmes un buffle arrêté sur la lisière
du bois et nous guettant de l'œil, inquiet, je suppose, de savoir
à quel genre d'animal il avait affaire. Il demeura immobile quelques minutes, hors de notre portée, puis il rentra dans le fourré,
peu soucieux de faire plus ample connaissance avec nous. Nous
fîmes un détour pour lui couper la retraite, et j'allai l'attendre à
un défilé du bois, pendant qu'Aboko gagnait au large pour le
rabattre de mon côté.

Tandis que j'étais à mon poste, j'aperçus tout à coup une forme
noirâtre qui sortait du massif et qui venait à ma rencontre ; pensant que c'était Aboko, j'attendais avec impatience les nouvelles
qu'il avait à me donner, mais je ne lui dis pas un seul mot dans
la crainte d'effaroucher le gibier dont nous étions proches. Cependant, le personnage s'avançait toujours et je croyais bien, à
travers le feuillage, reconnaître la figure d'Aboko. Je restai donc
immobile, appuyé sur mon fusil, lorsque j'entendis soudain un
cri aigu, et l'individu que je prenais pour Aboko se retourna
vivement et s'enfuit dans le bois en me laissant voir un gros
corps massif et velu. C'était un homme des bois, un être sauvage, — enfin un chimpanzé, — et de la grande espèce, je vous
assure.

Que je fus heureux de voir enfin ce fameux singe, si semblable
à l'homme ! Pendant quelques minutes, l'étonnement me cloua
sur place. Sa face noire ressemblait si bien à celle d'un nègre,
que j'avais pris, comme je l'ai déjà dit, ce chimpanzé pour mon
ami Aboko.

Bientôt le véritable Aboko reparut : cette fois, ce n'était
pas une illusion, et ma méprise nous fit bien rire. J'étais cepen-

dant bien contrarié de n'avoir pas tiré sur le chimpanzé. J'aurais été si curieux d'examiner de près cet intéressant animal! mais, je l'avoue, j'aurais presque cru tirer sur un homme.

Nous quittâmes les bois et nous nous remîmes en route pour l'intérieur. Il n'y avait pas longtemps que nous marchions, lorsque j'aperçus une gazelle au beau milieu de la prairie. Comment en approcher sans être vu? L'herbe était courte et ne nous cachait pas; nous convoitions fort ce gibier, car, n'ayant rien tué encore, nous étions fort en peine de notre dîner et de notre souper. Personne n'aime à se coucher sans souper, n'est-il pas vrai? surtout quand on s'est bien fatigué dans la journée. Aboko, Niamkala et moi, nous tînmes conseil, en nous couchant à plat sur le sol, de peur d'être vus de l'animal. Bref, nous convînmes que je m'avancerais vers la gazelle avec mon fusil à longue portée, et que je tâcherais de l'abattre. Je me mis donc en mesure d'exécuter ce dessein. Je commençai à me glisser en rampant dans la direction de l'animal, levant de temps en temps la tête au niveau de l'herbe, pour m'assurer s'il était toujours à la même place. Quand je crus en être assez près, je me recouchai sans bruit sur le sol, et j'épaulai mon fusil sur une fourmilière assez pareille à un grand champignon. Je visai assez longtemps, je fis feu, et j'eus la joie de voir tomber la gazelle. Aboko et Niamkala, qui se tenaient sur le qui-vive, s'élancèrent vers moi en poussant des acclamations. La perspective d'un bon dîner faisait rayonner leurs figures.

Le reste de la troupe nous rejoignit : on dépeça la gazelle sur place, puis nous continuâmes notre voyage.

Arrivés au bord d'un petit cours d'eau qui paraissait trop profond pour qu'on pût le passer à gué, nous abattîmes un gros ar-

bre et nous le jetâmes en travers du torrent pour nous servir de
pont. Le passage ne s'effectua pas sans peine ni sans péril. Je faillis, pour ma part, tomber à l'eau deux ou trois fois.

Au coucher du soleil, nous nous arrêtâmes épuisés de fatigue;
nous dressâmes notre camp au milieu de la prairie, afin de nous
coucher sur de la belle et bonne herbe. Comme nous étions dans
la saison sèche, nous n'avions pas l'humidité à craindre. Mes
hommes allèrent ramasser du bois dans la forêt et en rapportèrent

Une gazelle.

une énorme quantité, car la terre était couverte de branches
mortes.

On alluma de grands feux, dont la flamme nous fit bien plaisir,
car le vent soufflait très-rudement. Notre foyer, dont l'éclat illuminait tout le pays, aurait pu être signalé de fort loin, s'il y eût
eu des yeux humains dans cette solitude. On s'occupa à la fois
du dîner et du souper. Je fis rôtir moi-même la part de gazelle
qui m'était échue; je passai une baguette à travers le morceau

de viande, et je posai cette broche sur deux bâtons croisés, que j'avais fichés en terre de chaque côté de mon feu. J'aurais bien voulu avoir un peu de lard pour arroser mon rôti ; mais, tel qu'il était, je remerciai le ciel de m'avoir envoyé un si bon festin. J'avais précisément un peu de sel pour l'assaisonner, avec quelques grains de poivre de Cayenne.

Mes hommes se régalèrent aussi de cette excellente viande ; ils en avaient à cœur joie ; or, ces nègres sont en général fort gloutons. Vous auriez ri de les voir paresseusement accroupis sur l'herbe autour de nos feux, ceux-ci fumant, ceux-là essayant de dormir, tandis que d'autres contaient des histoires ; mais tous, nous tâchions de nous réchauffer, et nous ajoutions sans cesse des aliments nouveaux à nos brasiers déjà si enflammés.

La nuit était claire et presque glaciale ; les étoiles étincelaient au-dessus de nos têtes, et la lune brillait d'un vif éclat. Il y avait tant de vent et un vent si âpre, que nous regrettions de n'avoir pas plutôt campé dans la forêt, où du moins nous aurions été abrités. J'avais trop froid pour pouvoir dormir, même avec ma couverture, et mes pauvres compagnons, qui n'en avaient pas, frissonnaient à côté du feu.

Aussi, à deux heures du matin, commandai-je à ma troupe de se lever. Une bonne marche d'une couple d'heures nous permit d'atteindre un bois épais où nous trouvâmes un abri contre le vent. Nous rallumâmes à la hâte un grand feu pour nous tous, et nous nous étendîmes tout autour. Nous étions si fatigués que chacun de nous s'assoupit tout de suite, sans s'inquiéter des léopards, ni de quelque danger que ce fût. Nous fûmes réveillés par le cri de la perdrix grise (*francolinus squamatus*), que les naturels appellent *quani*.

Un mot sur cette perdrix. A la différence de la nôtre, elle perche sur les arbres. Quand vient le soir, le vieux coq va se percher le premier et appelle toute la bande. Elles se tiennent serrées les unes contre les autres. Le matin, avant le jour, elles commencent à glousser; c'est ce bruit qui nous tira de notre sommeil. Elles ne s'endorment point à ras de terre, comme nos perdrix, à cause des serpents et des animaux carnassiers qui abondent dans ce pays.

# CHAPITRE XV



Le lever du soleil nous trouva prêts à partir et chargés de nos fardeaux. Devant nous s'étendaient de vastes et belles prairies, sur les limites desquelles paissaient tranquillement plusieurs troupeaux de buffles, que notre approche effaroucha et fit rentrer dans le bois. Lorsqu'ils figuraient ainsi dans le paysage, ils lui donnaient une certaine apparence de campagne civilisée; on se serait cru dans les dépendances de quelque grande ferme, au mois de juin, au milieu des bestiaux et des foins, aux approches de la moisson. C'était, dans ces solitudes de l'Afrique, un tableau charmant et paisible de la mère patrie, un cher souvenir qui me remplissait de joie et d'orgueil.

Nous marchions rapidement pour gagner du terrain avant que la chaleur du jour vînt nous surprendre. Arrivés au bord d'un grand étang ou petit lac, je regardais l'eau sans songer à rien, quand je vis une forme étrange apparaître à la surface. — C'était un hippopotame. Je n'en avais pas encore vu. Je le pris d'abord pour une grosse pièce de bois; puis je me figurai voir la tête d'un cheval; c'est l'effet que produit à quelque distance la tête de l'hippopotame. J'entendis alors un grognement sourd, et la tête se replongea sous l'eau ; puis tout à coup plusieurs animaux semblables émergèrent à la fois hors de l'eau. Ils étaient au moins une douzaine. Ils se mirent à prendre leurs ébats, tantôt dressant leurs monstrueuses têtes et poussant des ronflements sonores, tantôt replongeant et disparaissant pendant plusieurs minutes.

Je les guettai quelque temps, mon fusil à la main, prêt à envoyer une balle dans la tête du premier qui reparaîtrait à la surface et à le traîner ensuite sur la rive ; mais Aboko me prévint que l'animal, blessé ou mort, tomberait au fond et serait perdu. Comme je ne voulais pas tuer ces pauvres bêtes inutilement, je m'abstins de tirer, suivant le conseil d'Aboko, et nous poursuivîmes notre chemin.

Depuis notre départ de Sangatanga, nous n'avions pas rencontré une seule figure humaine. Tout en marchant, j'aperçus de loin une masse mouvante que je pris d'abord pour un troupeau de buffles ; mais, à mesure que je m'en rapprochais, je reconnus une caravane d'indigènes qui se dirigeait vers nous. Notre premier mouvement fut de saisir nos armes, car dans ces contrées où il n'y a pas de loi, chacun est toujours prêt à lever la main sur son semblable. De leur côté, ils s'apprêtaient à nous recevoir de même ; quelques hommes de leur bande faisaient le guet cachés dans l'herbe. Quatre d'entre eux se détachèrent à notre rencontre pour faire une reconnaissance et savoir si nous voulions la paix ou la guerre. Mais, aussitôt qu'ils m'aperçurent, ils parurent convaincus, je ne sais pourquoi, qu'il n'y aurait pas de conflit, et ils crièrent à leurs camarades de venir voir l'*Otangani*.

C'étaient des Shekianis, tribu fort belliqueuse, comme je l'ai déjà dit, et très-répandue dans cette partie du pays. Nous passâmes outre, les laissant à leur surprise, et nous doublâmes le pas, pressés d'atteindre un de leurs villages appelé Ngola, dont le chef était un ami et un gendre du roi Bango.

A la fin, après avoir marché longtemps, nous arrivâmes à Ngola. A notre approche, et du plus loin que les femmes purent m'apercevoir, elles s'enfuirent dans leurs maisons en poussant des cris aigus. Njambai. le chef, nous fit très-bon accueil et m'assigna une habitation.

Ngola était un joli village. La maison où je demeurais appartenait à Shinshooko, le propre frère du chef. Il faut convenir que ce Shinshooko avait là un singulier nom. C'était un brave homme, aussi honnête que possible; car il me donna la clef d'une de ses portes (je ne sais, par exemple, où il avait trouvé le vieux cadenas qui était censé la fermer), et il me recommanda bien d'emporter cette clef quand je sortirais; car, disait-il, je pourrais être volé par mes voisins.

Le dimanche arrivé, je restai dans le village. Les habitants comprenaient la langue des Oroungous; je pouvais donc m'entretenir avec eux. Je leur expliquai qu'il n'y avait pas réellement de sorcellerie; qu'on avait tort d'accuser tel ou tel individu de ce crime, et de le tuer pour l'en punir; qu'il n'y avait qu'un seul Dieu qui avait créé les blancs aussi bien que les noirs, et qui les aimait tous également. Ces paroles n'excitèrent que des murmures de surprise et d'incrédulité. Ils s'écrièrent tous qu'il y avait deux différents dieux — celui des *Ntanganis*, ou hommes blancs, et celui des *Alombais*, ou hommes noirs. — Le dieu des noirs ne leur avait jamais rien donné, tandis que le dieu de nous autres blancs nous avait envoyé des fusils, de la poudre et quantité d'excellentes choses.

— Oui, remarqua Shinshooko, vous avez des rivières d'*alongon* (de rhum) qui coulent au milieu de votre pays. Quand je vais à Sangatanga, je goûte à celui que vous avez apporté au roi Bango. Ah! que je serais heureux de demeurer sur les bords d'une pareille rivière!

Ils ne voulaient pas croire que l'eau coulait chez nous comme chez eux, et que c'était nous-mêmes qui fabriquions nos fusils, notre poudre et nos liqueurs spiritueuses.

Je m'arrêtai quelques jours dans le village de Ngola, dont les habitants me témoignaient beaucoup d'intérêt. Un jour, j'entendis les cris aigus d'une femme en détresse; je m'informai et l'on me dit que c'était le roi qui châtiait une de ses femmes. On ajouta que, si je n'intervenais en faveur de cette malheureuse, il était capable de la tuer. Je courus en toute hâte au palais du roi; et là, sur la façade de la véranda, je fus témoin d'un spectacle qui me fit frissonner d'horreur. Une femme était attachée par le milieu du corps à un gros poteau fixé en terre. Ses membres étendus étaient liés à d'autres pieux plus petits par de grosses cordes qui s'enroulaient autour de son cou, de sa poitrine, de ses chevilles et de ses poignets. Lorsque j'arrivai, sa peau se crevassait et saignait sous la pression des ligatures. La pauvre femme tourna vers moi des regards désespérés. Le roi, dans une fureur épouvantable, était lui-même l'exécuteur. Ses yeux étaient injectés de sang, et ses lèvres couvertes d'écume. Il fallait user de précautions vis-à-vis de Sa Majesté, qui, dans un accès de rage, aurait bien pu en finir d'un seul coup avec sa victime. Je m'approchai de lui, et, le prenant doucement par le bras, je le priai de vouloir bien, par égard pour moi, relâcher cette pauvre femme et lui accorder la vie. Il parut hésiter; puis, sans me répondre, il rentra dans

son palais. Je menaçai de quitter son pays s'il ne faisait pas grâce
à la femme. A la fin, il consentit à ce que je demandais, en me
disant : « Relâchez-la vous-même ; je vous la donne. »

J'étais au comble de la joie. Je courus vite dénouer les cordes
meurtrières, et, au besoin, les couper avec mon couteau. La
malheureuse créature était couverte de sang. Je la fis porter chez
moi et lui donnai les soins nécessaires. Son crime était d'avoir
dérobé quelques perles à son mari.

Bientôt après, je quittai le village shekiani de Ngola, et je me
remis en route avec mes amis Aboko et Niamkala. Nous finîmes
par atteindre au beau milieu de la forêt, non loin d'un petit lac,
un emplacement si attrayant et si délicieux, que je me décidai à y
construire un olako. Les environs étaient peuplés de bêtes fauves, et je comptais abattre une bonne provision de gibier, grâce.
au voisinage du petit lac, qui devait attirer sur ses bords les animaux avides de se désaltérer. L'eau était à notre portée, et nous
avions autour de nous une grande étendue de bois et de prairies.
Nous travaillâmes toute la journée à élever notre campement,
auquel nous cherchâmes à donner tout le confortable et toute
la sécurité possible. Après avoir choisi, dans cette agréable partie du bois, le lieu où s'élevaient les plus beaux ombrages, on se
mit d'abord à raser les broussailles et à couper les lianes et les
plantes grimpantes qui pendaient en capricieux festons au-dessus
de nos têtes ; puis on cueillit une grande quantité de ces larges
feuilles, appelées par quelques tribus : *shahyshayray guaygayray*,
afin d'en recouvrir le toit de nos abris ; ensuite, on s'occupa de
tailler un certain nombre de petits pieux de sept à huit pieds de
long pour construire les habitations. De grosses branches d'arbres servirent à nous abriter du vent, et nous ramassâmes beau-

coup de bois pour faire du feu ; car la crainte du froid était une de nos grandes préoccupations. Quand nous eûmes achevé toutes nos dispositions et que nous eûmes allumé nos feux, notre camp ressemblait tout à fait à un petit village. C'était un coup d'œil pittoresque et charmant. J'avais arrangé ma demeure avec un certain goût. A vrai dire, le lit n'était pas des meilleurs : il se com-

Après le dîner.

posait de bâtons et de feuilles, et mon oreiller était tout bonnement un morceau de bois.

Tandis que nous étions encore à la besogne, dix esclaves de Njambai arrivèrent chargés de provisions, que l'excellent homme nous envoyait. Après les fatigues de la journée, nous avions bien mérité de passer une bonne soirée : nous nous mîmes donc à faire la cuisine, et une excellente cuisine, j'ose le dire. Ma troupe avait de la viande de monkey et de buffle, et moi un bon poulet gras que mon ami Njambai avait mis à part, à mon intention.

Avant le dîner, j'avertis mes hommes de se montrer honnêtes

et de ne pas trop aventurer leurs mains hors de chez eux. C'é-
taient de bonnes gens, mais tous les sauvages sont voleurs; je
n'en ai que trop fait l'expérience. Je menaçai donc de tuer sans
miséricorde le premier d'entre eux qui toucherait à ce qui m'appartenait. « Je ne vous manquerai pas, leur dis-je d'un air déterminé; sauf, après que je vous aurai fait sauter la cervelle, à ré-
gler mes comptes avec votre roi. » A quoi Aboko répondit
tranquillement que ces comptes après coup ne se balanceraient
sans doute pas en leur faveur.

Ils protestèrent unanimement de leur honnêteté. Mais je connaissais mieux mes drôles qu'ils ne se connaissaient eux-mêmes.
Je savais trop quel était sur eux l'empire de la tentation. Pauvres
diables ! je comptais plus sur mes menaces de tuer le voleur que
sur leurs bonnes résolutions.

Pendant ces échanges de propos, mes nègres avaient allumé
un brasier ardent. La viande de buffle, suspendue au-dessus du
feu dans un grand chaudron, était cuite à point; les monkeys
avaient été grillés sur le charbon; mon poulet était prêt, et devant nous s'élevait une pyramide de bananes cuites. Nous fîmes
honneur à ce succulent festin. Je me servais d'assiette et de fourchette, mais les autres étalaient devant eux des feuilles en guise
de plats, et faisaient usage de la fourchette de l'homme noir,
c'est-à-dire de leurs cinq doigts. A la fin du dîner, ils burent
toute une grande calebasse de vin de palmier qu'ils avaient apportée de Ngola; après quoi, pour couronner la fête et les com-
bler de félicité, j'allai chercher une de mes bottes dont je levai
le couvercle pendant que leurs faces noires rayonnaient de convoitise, et j'y pris un gros paquet de tabac de Kentucky. Il s'é-
leva de toutes part un hourra de joie frénétique; ils s'écrièrent

que j'étais leur ami, qu'ils n'aimaient que moi, qu'ils n'en serviraient jamais un autre, que j'étais leur bon Esprit, que je leur appartenais, etc. Je leur fis ma distribution de tabac; et, quelques minutes après, ils étaient tous couchés ou assis autour du feu, occupés à fumer leurs pipes.

Quand j'eus attisé le feu, je me sentis fatigué et je me couchai sur mon lit, comme vous pouvez me voir dans la gravure qui précède. Ma couverture étant le seul article de literie que j'eusse à ma disposition, je m'en enveloppai avec soin et j'appuyai ma tête sur l'oreiller de bois. Je jouissais du bonheur de mes compagnons. Leurs étranges histoires de chasses surnaturelles, de sorcellerie et de méchants esprits étaient en harmonie avec le sauvage tableau qui nous entourait. Ils bavardèrent si longtemps ainsi, que je fus obligé de leur rappeler qu'il était une heure du matin et qu'il était temps de dormir, surtout pour ceux qui devaient se lever à la pointe du jour pour aller à la chasse. Bientôt le silence s'établit et tout le monde ferma les yeux, à l'exception des hommes qui étaient chargés d'entretenir les feux pour nous préserver des léopards et des autres ennemis prêts à nous surprendre pendant notre sommeil.

# CHAPITRE XVI



Aboko et moi, nous nous levâmes le lendemain de bonne heure. Aboko eut soin de se munir de ses fétiches de guerre et aussi de quelques autres talismans qui devaient lui porter bonheur et par cela même lui inspirer autant de courage que d'adresse. Il prit ensuite de la craie consacrée et se fit une marque blanche au milieu du front. Ces préparatifs terminés, nous partîmes.

Notre espoir était de tuer des éléphants. Ayant découvert des traces nombreuses de ces animaux, nous les suivîmes à la piste toute la journée. Dans plusieurs endroits, à en juger par ces traces toutes fraîches, ils n'avaient passé qu'une heure ou deux avant nous. Mais nous ne vîmes pas un seul éléphant, et je me bornai à tuer quelques singes pour le dîner de nos hommes, ainsi que quelques petits oiseaux.

Nous retournions au camp l'oreille basse, quand j'entendis le cri de la perdrix mâle appelant ses compagnes pour les inviter à venir se percher sur l'arbre qu'elle avait choisi. Nous rebroussâmes chemin pour tirer cet excellent gibier. Nous nous trouvions alors sur la lisière du bois ; et, comme je mettais le pied dans la prairie, j'aperçus plusieurs buffles arrêtés. L'un d'eux au moins m'était dévolu d'avance, car il se tenait en avant des autres, à ma portée, dans un endroit où l'herbe très-haute et très-épaisse devait lui dérober mon approche. Je mis une seconde balle dans mon fusil déjà chargé, afin d'avoir deux coups à tirer ; puis, Aboko et moi, nous nous glissâmes tout doucement vers mon buffle sans défiance. Déjà je me préparais à l'ajuster, quand Aboko me fit vivement signe de rester immobile et d'écouter. En même temps, il flairait l'air avec attention.

Je ne savais pas pourquoi Aboko m'avait arrêté le bras ; mais je pensais que ce devait être pour me désigner quelque proie plus facile. Peut-être avait-il entendu le pas d'un éléphant. Je regardai sa figure, et j'y vis une expression d'anxiété.

Comme nous demeurions toujours immobiles, j'entendis à quelque distance en avant de nous un sourd ronflement, qu'une oreille inattentive aurait pu prendre pour le souffle du vent passant à travers les hautes herbes. Mais l'ouïe exercée d'Aboko lui avait dénoncé quelque chose de plus sérieux. Sa physionomie s'assombrit, et il me dit à voix basse : « Njego ! » (Un léopard !)

Je tressaillis. Quel parti prendre ? Le ronflement continuait de plus belle. J'armai mon fusil ; Aboko apprêta le sien, et nous nous avançâmes de quelques pas, tout doucement et avec infiniment de précaution, afin de chercher un poste qui nous permît de voir par-dessus les herbes. A dire vrai, je ne me sentais pas rassuré, ne me souciant guère, je vous assure, d'être emporté dans la gueule d'un léopard et dévoré au fond des bois.

Notre situation, en effet, n'était rien moins que satisfaisante. Le léopard ne sort guère que la nuit, et il fallait que la faim, une faim pressante, l'eût chassé à cette heure-là de son antre. Or, un léopard affamé est doublement féroce et rapide dans ses mouvements.

Nous savions que l'animal était près de nous, car le vent qui nous apportait son odeur de bête fauve nous avertissait assez de son voisinage; mais nous ne pouvions parvenir à l'apercevoir. Une idée me traversa l'esprit. Le léopard nous avait-il vus? Était-il par hasard en face de nous, tapi à terre comme un chat, et prêt à bondir sur nous dès que nous serions à sa portée? Son œil perçant savait-il pénétrer à travers les herbes qui le masquaient à notre vue? Dans ce cas, allait-il prendre son élan?

Pendant ce temps, notre gros buffle se tenait stupidement en avant du troupeau, à trente pas de nous tout au plus, sans se douter de la présence de ses trois formidables ennemis : le léopard, Aboko et moi.

Nous fîmes un petit mouvement de côté; alors seulement, en écartant un peu les herbes, je découvris un énorme léopard femelle, flanqué de son léopardeau. Mais, au léger bruit que nous avions fait, la bête tourna la tête et nous vit. Jusque-là, elle avait guetté le buffle avec tant d'attention, que notre approche lui avait échappé. Qu'allait-elle faire? Il me sembla voir dans ses yeux un éclair d'indécision. L'animal avait devant lui une abondance de gibier inespérée; laquelle de ces proies allait-il attaquer d'abord? Sa longue queue lui battait les flancs et ses yeux étincelaient, en attendant qu'elle choisît sa victime entre le buffle, Aboko ou moi.

Je le tirai d'embarras; car, en moins de temps que je n'en mets à vous le dire, je lui logeai une balle dans la tête et, Dieu merci, le léopard tomba roide mort. En même temps, Aboko tira sur le petit et le tua aussi. Au bruit de nos coups de feu, le buffle s'enfuit avec le troupeau dans la direction opposée, ne sachant guère à quelles circonstances il devait la vie.

Je respirai de soulagement, car je ne m'étais jamais vu dans une situation si critique, et plaise au ciel que je ne m'y retrouve jamais !

Quand nous revînmes au camp, la nouvelle de notre double exploit y fut accueillie avec enthousiasme. Aboko portait le petit

Léopard et son petit.

léopard sur sur son dos ; mais le mien, trop lourd pour être ainsi transporté, était resté sur la place où je l'avais abattu. On tira des coups de fusil en signe de réjouissance et l'on alla chercher le gros léopard. Lorsqu'il fut rapporté au camp, tout le monde criait : « Oh! la belle bête! ah! la superbe bête! Nous avons entendu d'ici le coup de feu qui l'a tuée, etc., etc. »

Au milieu de ce bruit, Niamkala, à la tête de quelques hommes de la troupe, apporta aussi son gibier : des cochons sauvages et une petite gazelle de l'espèce qu'on appelle *nchéri*. On avait dépecé les cochons en plusieurs morceaux; car ils auraient été trop lourds pour être transportés tout entiers. Niamkala et sa troupe furent accueillis à leur tour par de vives acclamations. La perspective d'un bon souper égayait toutes les figures, la mienne aussi bien que les autres, et je criais de toutes mes forces : « Bravo, Niamkala! bravo, mes amis! »

On déposa à mes pieds toute la victuaille. Il y avait tant à manger, qu'il était inutile de faire les parts. Chacun prit ce qui lui convenait.

Après le souper, on suspendit les léopards à une pièce de bois, transversalement posée sur des poteaux en croix, et les nègres se mirent à danser tout autour. Ils entonnaient des chants de victoire en apostrophant le grand léopard (la mère). Ils lui adressaient des compliments ironiques sur sa beauté (c'est, en effet, un magnifique animal). « Ah! s'écriaient-ils, quel bel habit vous avez (son pelage)! Mais nous vous le prendrons, cet habit! Ah, ah! vous ne tuerez plus les gens de notre tribu! Vous ne mangerez plus de chasseurs! Vous ne sauterez plus sur votre proie! Allez donc chercher le buffle que vous regardiez avec tant de convoitise! Ne vouliez-vous pas aussi vous régaler de notre ami Aboko et de notre ami Chaillie (car ils m'appelaient Chaillie)? »

Ils chantèrent ainsi et dansèrent en rond jusqu'à l'approche du jour. Alors, je les envoyai coucher.

Le lendemain matin, j'entendis une violente altercation parmi mes hommes. Quel pouvait en être le sujet? J'appris que Niamkala voulait s'approprier le bout de la queue du léopard, tandis que les autres chasseurs prétendaient y avoir un droit égal. Aboko seul déclarait ne pas y tenir, parce qu'il avait déjà la queue d'un autre léopard qu'il avait tué.

J'écorchai les deux bêtes avec beaucoup de soin, et j'adjugeai le bout de la queue de la plus grande à Niamkala, en promettant à Fasiko de lui donner la queue du premier que je tuerais. Tous s'écrièrent alors : « Puissiez-vous tuer assez de léopards pour nous donner à chacun une queue ! »

Le pauvre Fasiko avait le cœur gros. Quand je lui en demandai la raison, il me répondit :

— Ne savez-vous pas que, lorsqu'un homme a en sa possession le bout de la queue d'un léopard, il est sûr de gagner le cœur de la jeune fille qu'il veut épouser?

— Fasiko, lui dis-je, vous avez une femme ; quel besoin avez-vous donc de ce talisman?

— Ah ! répliqua-t-il, je voudrais avoir plusieurs femmes.

La querelle au sujet de la queue du léopard était à peine apaisée, qu'il s'en éleva une autre. Il s'agissait cette fois de la cervelle. Aboko, Niamkala et Fasiko réclamaient chacun la cervelle entière de l'animal; et les autres voulaient au moins en avoir leur part, car, disaient-ils, s'il n'y a qu'un seul bout pour chaque queue, la cervelle du moins peut être partagée entre tout le monde. En quelques minutes, le conflit s'envenima et je crus qu'on allait se battre cette fois au sujet de la tête du léopard.

— Holà ! leur dis-je, querellez-vous si vous voulez, mais ne vous battez pas, ou je me mêlerai de la bataille. Prenez garde; je frapperai aussi, moi, et je frapperai ferme.

En parlant ainsi, je leur montrais un gros bâton, à ma portée, près de mon lit. Cette intervention coupa court à leurs menaces.

S'ils voulaient tous avoir de la cervelle de l'animal, c'est, me dirent-ils, parce qu'en la mêlant à d'autres charmes, on en fabrique un *mondah* (un fétiche) très-puissant, qui donne à ses possesseurs un courage intrépide et des succès signalés à la chasse. Heureusement, je parvins à persuader à mes trois meilleurs chasseurs qu'ils n'avaient pas besoin d'un pareil talisman pour se fortifier le cœur et augmenter leur bravoure.

Quand cette dispute au sujet de la cervelle du léopard fut enfin calmée, Aboko, en présence de tout le monde, m'offrit solennellement le foie de l'animal. Comme cet objet n'avait pour moi aucun intérêt ni aucune valeur, car je n'étais nullement disposé, je vous le jure, à dîner avec du foie de léopard, j'allais le jeter aux ordures, lorsque nos gens m'arrêtèrent, en me suppliant de prendre le fiel et de le détruire pour préserver la troupe du danger d'être inquiétée plus tard. Les nègres croient en effet que le fiel du léopard est un poison mortel; et mes hommes, en particulier, craignaient, si ce fiel n'était pas détruit, d'être soupçonnés à Sangatanga, soit par leurs amis, soit par leurs ennemis, d'avoir recelé et gardé quelque partie de ce poison. Je pris donc le fiel et je l'écrasai sous mes pieds; puis, ramassant la terre qui en était imbibée, je l'éparpillai à tous les vents, ne voulant pas qu'un jour ou l'autre ces pauvres diables, follement accusés d'un crime, fussent exposés à perdre la vie. Je me réservais à mon retour de déclarer au roi que le foie avait été détruit. En attendant, je dis à mes hommes que leurs idées de poison n'avaient pas le sens commun, et que c'était superstition pure. Ils m'assurèrent du contraire. Je ne pouvais pas leur prouver leur erreur; aussi je rompis la discussion, en déclarant simplement que je ne partageais pas leur crédulité.

Comme nous ne manquions pas de gibier, nous emportâmes

la chair du léopard sans y avoir touché, et bientôt même nous la jetâmes en route.

Nous restâmes deux jours sans chasser, occupés à fumer notre viande. Il faisait beau temps pour la chasse, beau temps aussi pour la vie en plein bois; l'air était frais, car nous étions au mois de juin, dans la saison sèche; mais le ciel était souvent couvert, et les nuages tempéraient l'ardeur trop vive du soleil. Pour ajouter à l'agrément de notre marche, les arbres de la forêt, qui étaient en fleurs, exhalaient une senteur délicieuse. Les nuits étaient fraîches pour ce pays-là, car le thermomètre s'abaissait alors jusqu'à 68° Fahrenheit (20° centigrades). Le vent soufflait alors assez rudement; mais nous savions nous en garantir. La rosée n'était pas à beaucoup près aussi forte que dans la saison pluvieuse. L'herbe des prairies était brûlée en grande partie.

Chaque jour nous réussissions à tuer plus ou moins de pièces de gibier, des antilopes, des gazelles, des cochons sauvages, des singes en quantités innombrables, et des poules de Guinée de la plus belle espèce. Jamais, à coup sûr, vous n'en avez vu de semblables.

Ma joie fut grande le jour où j'abattis une de ces poules de Guinée (*numida plumifera*), variété qui m'était jusqu'alors inconnue. C'est vraiment un charmant oiseau. La tête, dénuée de plumes, est d'une couleur bleu foncé tirant sur le noir et couronnée d'une aigrette de fines plumes soyeuses. Le plumage du corps est d'un beau bleu noir, parsemé d'yeux d'un blanc teinté de bleu. Le bec et les pattes sont d'un bleu noir pareil à la couleur de la tête.

Cet oiseau ne se rencontre pas dans le voisinage de la mer. Il est farouche, défiant, et va par troupes nombreuses à travers les bois. La nuit, il perche sur les arbres, hors de l'atteinte des nombreux animaux qui rôdent aux alentours.

Je tuai plusieurs beaux monkeys, de ceux que les naturels appellent *mondi*. Quelle singulière espèce ! Jusqu'à ce jour on n'en a envoyé en Angleterre qu'un seul échantillon ; encore était-ce un animal tout jeune. Le mondi est noir comme du jais et couvert d'un poil long, touffu et lustré. Il a le corps très-grand, avec un tout petit museau disproportionné à sa taille. C'est un joli animal dont la queue est fort longue. En Afrique, les monkeys ordinaires n'ont point de queue dont ils puissent faire usage pour s'accrocher aux branches des arbres et se suspendre la tête en bas. L'espèce à grande queue ne se trouve guère que dans l'Amérique du Sud.

Le mondi a un cri lugubre, qui retentit d'une manière étrange dans le silence des bois, et qui sert souvent à diriger les recherches du chasseur.

# CHAPITRE XVII



Par une belle journée, je voulus rester au camp; car j'avais besoin de repos. Tous mes hommes partirent pour la chasse. Je jouissais avec délices de ma solitude, tant la nature autour de moi était calme et souriante dans sa beauté. Je m'assis au pied d'un grand arbre, et je me mis à écrire mon journal. Je pensais aux amis bien chers que j'avais laissés dans mon pays, inquiet de savoir si, de leur côté, ils pensaient quelquefois à moi; puis j'évoquai le souvenir de tout ce que j'avais vu dans l'étrange contrée où j'étais venu en explorateur. Je pouvais à peine en croire le témoignage de mes sens; il me semblait que c'était un rêve. Quelle curieuse race d'hommes! et aussi quels animaux singuliers! à quels dangers effrayants n'avais-je pas échappé! Comme la protection de Dieu à mon égard était visible! Comme sa providence avait veillé sur le pauvre voyageur solitaire, et l'avait assisté dans ses jours de détresse! Mon cœur s'élevait vers lui dans un élan de gratitude, et je priais ce Dieu si bon de continuer à me couvrir de sa main protectrice.

Au coucher du soleil, Niamkala et Aboko reparurent; ils rapportaient un joli petit cochon sauvage. Suivant leur coutume, ils vinrent droit à moi sans dire un mot et déposèrent l'animal à mes pieds. Ils s'assirent ensuite et frappèrent dans leurs mains; puis Aboko se mit à me raconter ce qui leur était arrivé depuis leur départ matinal jusqu'à leur retour au camp. Il n'omit aucun détail, pas même la description minutieuse des traces d'animaux qu'ils avaient rencontrées. Parmi celles-ci se trouvaient des empreintes toutes fraîches de pieds d'éléphant. Ces animaux, pensaient-ils, devaient probablement s'arrêter quelques jours dans les environs. Sur ce rapport, nous résolûmes d'aller dès le lendemain donner la chasse aux éléphants.

En conséquence nous eûmes soin, le soir même, de nettoyer et d'apprêter nos fusils et chacun s'alla coucher plein d'espoir. Nous étions debout à la pointe du jour et nous portions tous des provisions. Il était convenu qu'on ne tirerait pas de coup de fusil dans la forêt de peur d'effaroucher les éléphants.

Tout le jour se passa en recherches infructueuses. Aucun éléphant ne se montra. Nous couchâmes dans les bois, nous trouvant trop éloignés du camp pour y retourner le soir même. Nous étions tellement harassés de fatigue, que nous avions à peine la force d'aller ramasser des broussailles pour nous faire du feu, et de couper les branches qui nous servaient de lit. J'avais oublié ou perdu ma boîte d'allumettes; si bien que je fus obligé de battre le briquet avec une pierre à fusil, ce qui était bien plus long.

Nous dormîmes profondément, comme vous pouvez le croire. Lorsque je m'éveillai au milieu de la nuit, je vis que nos feux étaient presque éteints, ou du moins qu'ils n'étaient plus assez brillants pour écarter les bêtes féroces. Aboko, Niamkala et Faziko ronflaient d'une façon formidable; l'un était couché tout de son long sur le dos, l'autre avait les genoux en l'air, tandis que Faziko dormait les bras étendus. Ils avaient tous trois leur fusil rapproché d'eux, de manière à se réveiller tout de suite au moindre effort qu'on eût fait pour le leur prendre. Je crois que c'étaient leurs ronflements qui m'avaient tiré de mon sommeil. Ils dormaient de si bon cœur après leurs fatigues, que je ne voulus

Je jouissais de ma solitude.

pas les réveiller. J'allai donc tout seul ajouter du combustible à nos feux, qui se ranimèrent bientôt avec un vif éclat.

Le jour suivant nous retrouva sur pied occupés à fouiller le bois dans tous les sens. Les éléphants, à coup sûr, ne devaient pas y être nombreux; ils faisaient d'ailleurs beaucoup de chemin à la recherche de leur pâture favorite, — une espèce de fougère assez rare, — de sorte qu'à force de les poursuivre, je recommençais à me sentir très-fatigué. Mais enfin, dans l'après-midi, le hasard nous amena à proximité du gibier que nous cherchions.

En débouchant de l'épaisseur de la forêt dans la prairie qui formait la limite, nous aperçûmes à notre gauche, précisément sur la lisière du bois, un éléphant mâle. A cette vue, nous nous arrêtâmes tout court. Vous dire ce que je ressentis en ce moment, ce serait impossible. J'avais déjà vu de ces grands animaux dans les ménageries et aussi chez les Fans; je vous ai dépeint une chasse aux éléphants dans ce pays; mais c'était alors une scène de confusion et de désordre qui ne me laissait pas le temps de me rendre compte de ce que j'avais sous les yeux.

Ici, l'énorme bête se tenait tranquillement contre un arbre, sans se douter aucunement de notre approche; et alors, pour la première fois de ma vie, je fus frappé de la stature colossale de ce géant des forêts. Les plus gros arbres ne semblaient que des arbustes à côté de cette montagne de chair.

Qu'avions-nous à faire qu'à le tuer? Et cependant j'éprouvai, je l'avoue, un vif sentiment de compassion à l'idée de détruire un si noble animal; en même temps, le croiriez-vous? j'étais jaloux de lui porter le premier coup; car c'était un éléphant solitaire ou séparé des siens, déjà vieux, comme on pouvait en juger par la longueur de ses défenses, et je me rappelais que l'éléphant solitaire passe pour être très-féroce. «Tant mieux!» pensais-je; car j'avais déjà abattu tant de gibier, qu'aucun animal ne m'effrayait plus quoique je sentisse bien qu'il ne s'agissait pas ici d'un jeu d'enfant.

Vous devez bien penser que, pendant ces réflexions, nous ne restions pas exposés à la vue de l'éléphant. A peine l'avions-nous aperçu que nous nous étions couchés à terre, derrière les arbres de la forêt, de manière à nous dissimuler complétement à ses yeux. Dans cette posture, nous tînmes conseil à voix basse sur les moyens de le surprendre.

Nègre tuant un éléphant.

L'herbe était brûlée soùs le vent de l'animal, et nous n'osions pas tenter l'approche de l'autre côté, de peur qu'il ne flairât notre présence. Que fallait-il donc faire? Les regards pénétrants des trois hommes se fixaient sur moi pour m'interroger.

J'examinai les environs, et je vis que l'herbe était très-courte. En calculant tous les moyens possibles d'arriver près de l'ennemi sans être découvert, je fus forcé de m'avouer que je n'avais aucune chance d'y réussir. Ainsi je ne pouvais pas seulement me glisser en rampant jusqu'à l'éléphant sans que mes vêtements me trahissent. Je me résignai donc (sacrifice pénible pour un chasseur) à céder l'honneur du premier rôle à mon ami Aboko, l'homme le plus capable de mener l'affaire à bien. Ses yeux brillèrent de joie à l'idée de me prouver son adresse. Il y a d'ailleurs, dans un danger à braver, un vif stimulant pour l'esprit aventureux des chasseurs.

Armé de son fusil, Aboko se coucha dans l'herbe et se mit à ramper tout doucement sur le ventre, dans la direction de l'éléphant. Nous restâmes, nous autres, à la place où nous avions tenu conseil, et de là nous suivions des yeux Aboko glissant à travers l'herbe, comme un gros boa constrictor; car les mouvements lents et uniformes de son dos, qu'il portait progressivement en avant, ressemblaient, à s'y méprendre, aux anneaux allongés d'un grand serpent en marche. A la fin, nous ne distinguâmes plus rien : le silence était profond. Je n'entendais que les palpitations de mon cœur, qui battait avec violence.

L'éléphant se tenait toujours immobile, quand tout à coup le bruit d'un coup de feu retentit dans la forêt et dans la plaine, arrachant des cris d'effroi à quelques monkeys perchés sur les arbres environnants. Je vis alors l'énorme bête chanceler éperdue, trotter çà et là, la trompe en l'air, et venir s'abattre, masse inerte, au pied d'un arbre. Alors, le corps noir d'Aboko se releva ; le reptile était redevenu un homme. Un hourra de joie s'élança de nos poitrines : j'agitai mon chapeau, je le jetai en l'air, et nous courûmes vers l'éléphant. Aboko était debout près de l'informe bloc de chair, aussi calme que s'il ne s'était rien passé, sauf que ses membres étaient trempés de sueur. Il ne proféra pas un mot, mais il promenait ses regards de moi à l'animal, et de l'animal à moi, comme pour me dire : « Vous voyez, Chaillie ; vous avez eu raison de compter sur moi. N'ai-je pas bien tué l'éléphant? »

Mes compagnons transportés se livraient à leur enthousiasme. « Aboko est un homme! » s'écriaient-ils pendant que nous regardions la lourde masse qui s'agitait encore dans les convulsions de l'agonie. La balle d'Aboko, entrée dans la tête de l'animal un peu au-dessous de l'oreille, avait pénétré dans la cervelle. Ce seul coup avait suffi pour le tuer.

Aboko traça d'abord autour du corps un cercle fétiche, enchanté. Après quoi, nous prîmes une hache que Faziko avait apportée, et nous brisâmes le crâne de l'éléphant pour lui arracher ses deux dents d'ivoire, qui étaient magnifiques.

Naturellement il nous était impossible d'emporter la monstrueuse bête ; Aboko et moi, nous couchâmes cette nuit-là à côté de notre prise, sur l'herbe, à l'abri d'un arbre. Niamkala et Faziko partirent pour le camp afin de porter l'heureuse nouvelle à leurs camarades, et, le lendemain, tout le reste de la troupe accourut. Nous étions tranquillement assis sous l'ombrage de l'arbre, à deux pas de l'éléphant mort, quand je les aperçus. En nous reconnaissant, ils poussèrent des cris de joie et s'élancèrent vers Aboko d'abord, puis vers l'éléphant. Tous les coutelas, tou-

tes les haches, tous les couteaux qu'il y avait dans le camp, aigui-
sés pour la circonstance, se mirent à l'œuvre. On dépeça l'éléphant : il ne se trouva pas très-gras, et pourtant quelle énorme
bête ! quel gros foie ! et quel cœur !

La trompe, considérée comme un morceau de choix, fut dé-
coupée en petites portions. On s'occupa immédiatement de fumer la viande, et on la porta à Sangatanga pour y être distri-
buée ou vendue. De grands profits à réaliser miroitaient devant
les yeux de mes nègres ; ils devaient tous s'enrichir au commerce
de cette chair d'éléphant.

Je n'ai jamais vu de gens plus heureux que ces pauvres diables.
Les nègres, en général, sont goulus. Les miens ne mangeaient
plus que de la viande, et ils s'en gorgèrent cette fois à tel point,
que plusieurs d'entre eux s'en rendirent malades et que je fus
obligé, pour les guérir, de leur administrer du laudanum dans
de l'eau-de-vie. Ma petite provision y passa presque tout entière.

Le camp était plein de viande, et, comme le sel nous manquait,
il s'en exhalait une odeur qui n'avait rien de bien suave. Je me
bâtis à la hâte une cloison du côté d'où venait le vent ; car cette
puanteur m'était insupportable.

La nuit venue, les nègres s'étendirent autour du feu, tous
joyeux, tous buvant du vin de palmier récolté dans le voisinage,
et fumant le tabac que je leur avais donné. Après tout, c'était la
plus honnête troupe de nègres que j'eusse encore rencontrée, —
de braves gens, en somme.

Ne croyez pas que tout mon temps se passât à tirer des pièces
de gibier. J'aimais à rôder dans la forêt, étudiant avec soin tout
ce qui s'offrait à ma vue. Il m'arrivait quelquefois, après une
journée de chasse pénible, quand je m'étais enfoncé trop avant

dans les bois, de me coucher au pied d'un arbre, à côté d'un grand feu, avec mon fusil à ma portée. Un jour, il me plaisait de tirer les bêtes fauves; un autre jour, les oiseaux ; ou, quand je me sentais trop las, je restais au camp à sommeiller nonchalamment sur ma couche primitive composée d'une couple de nattes étendues à terre, enveloppé d'une couverture, ayant le feuillage des arbres pour toit et le firmament étoilé pour baldaquin. J'avais renoncé à dormir sur des rouleaux de bois ; décidément je trouvais cet oreiller trop dur.

Des traces toutes fraîches de cochons sauvages s'étaient montrées près du camp. Je ne pus résister à la tentation de leur donner la chasse. Quelque fatigué que je fusse, je ne savais pas me tenir tranquille quand on me dénonçait une piste. J'espérais toujours découvrir quelque espèce nouvelle, quelque échantillon curieux à empailler et à rapporter dans mon pays, en témoignage de mes explorations.

Nous n'avions pas fait beaucoup de chemin quand nous entendîmes le grognement des cochons sauvages. A notre approche, ils sautèrent lestement par-dessus un tronc d'arbre renversé pour se cacher derrière. Dans mon empressement à en faire autant, je me jetai, sans y faire attention, sur quelque chose qui se trouvait là... Je regardai à mes pieds... j'avais sauté sur un énorme serpent du genre python, qui était roulé tout contre l'arbre. Heureusement pour moi, il était dans un état d'engourdissement qui provenait sans doute d'un repas trop copieux qu'il venait de faire. A peine s'il remua ; il ne leva même pas la tête. Je courus à Niamkala, je lui empruntai un grand coutelas qu'il portait à sa ceinture, et je revins en assener un coup furieux au python ; je le coupai en deux ; les deux tronçons se tortillèrent sur le sol dans des contorsions hideuses. Pendant cette agonie, la partie antérieure du monstre rendit une petite gazelle à demi digérée. Ce python n'avait guère moins de vingt pieds de long; — une jolie taille, comme vous voyez.

Le bruit qu'avait fait cette exécution effaroucha les cochons sauvages. Nous les poursuivîmes avec ardeur, et nous parvînmes, au bout d'une heure, à atteindre les fuyards. La troupe se composait de dix têtes, et nous réussîmes à en prendre deux. Ces animaux n'étaient pas des plus gros. Nos chasseurs les rapportèrent au camp avec les deux moitiés du serpent que j'avais tué. A cette vue, tous les nègres firent éclater des transports de joie. Ils firent une espèce de soupe avec le boa; ce qui parut les régaler beaucoup. Quant à moi, je me gardai bien d'en goûter, il m'est donc impossible de vous en donner mon avis.

Je n'ai jamais vu de pays si giboyeux. Cette vaste étendue de prairies ramenait mon esprit vers l'Afrique du Sud. Quel contraste avec ces grandes forêts où l'on voyageait des journées entières sans apercevoir un être vivant!

Pendant quelques jours, je restai tranquillement au camp, tandis que mes hommes allaient chasser et explorer le pays dans des directions différentes. Un jour, ils vinrent me dire que de grands troupeaux de buffles se rendaient chaque nuit dans une prairie située à dix milles de notre camp; je me décidai à aller chasser avec eux. J'aimais beaucoup les buffles, c'est-à-dire leur viande.

Nous partîmes un peu avant le coucher du soleil : nous avions un grand espace de prairies à traverser, et nous atteignîmes à huit heures du soir la forêt qui se trouvait au delà. C'était sur ses limites que nous espérions trouver notre gibier. Embusqués dans les bois le long de la plaine découverte, nous nous couchâmes à terre pour attendre.

Attendre est, en général, une chose fort ennuyeuse; mais attendre par une nuit froide, pendant des heures, et guetter continuellement ce qui ne vient jamais; il y a là de quoi lasser la patience la plus robuste. La mienne était à bout; j'enrageais de n'être pas au camp, bien chaudement couché sous ma couverture, quand tout à coup les buffles arrivèrent. Aboko les avait entendus venir; ils débouchèrent du bois au nombre de vingt-cinq et se dispersèrent sur la pelouse.

La lune, qui descendait à l'horizon, projetait dans la prairie les silhouettes allongées de ces beaux animaux, qui glissaient silencieusement çà et là, sans jamais venir de notre côté. Bientôt ils prirent leurs ébats, paissant l'herbe au hasard, folâtrant et se poursuivant les uns les autres. Quand nous les vîmes occupés ainsi, nous nous mîmes à ramper tout doucement, et avec beaucoup de précautions, vers le gros du troupeau : un moment encore et ces animaux allaient être à portée de notre atteinte; mais le vent changea tout à coup et leur porta nos émanations. Dressant la tête, ils flairèrent l'air avec méfiance, se rassemblèrent en masse, et disparurent tous dans le bois.

Maudite chance! mes chasseurs juraient dans l'idiome shekiani; et, moi, je maugréais dans toute sorte de langues. Mais tout espoir n'était pas perdu; nous regagnâmes notre affût en rampant silencieusement, et nous attendîmes encore deux mortelles heures. A la fin, deux buffles, mâle et femelle, vinrent se promener nonchalamment dans la prairie, et se mirent à brouter l'herbe. Il faisait assez obscur : la lune avait disparu, ne laissant après elle que la clarté douteuse des étoiles. Nous guettions les moindres mouvements des buffles. Vint enfin le moment de nous glisser sans bruit vers le couple ruminant. Cette fois, nous réussîmes à les avoir à notre portée. Je choisis le taureau pour point de mire, et Niamkàla visa la vache, tandis qu'Aboko était prêt à me venir en aide en cas de mauvaise chance. Niamkala et moi, nous tirâmes à la fois; et, par un bonheur singulier, car on n'y voyait pas assez clair pour bien calculer ses coups, les deux animaux tombèrent morts.

Quelques instants après, l'aube commençait à paraître. Nous résolûmes de retourner au camp et d'envoyer des hommes ramasser notre gibier, bien sûrs que les bêtes féroces ne viendraient pas, à cette heure-là, nous disputer ces dépouilles. Seulement, Aboko et Niamkala coupèrent d'avance les queues touffues de ces animaux au poil noir et lustré, et nous revînmes au camp chargés de ces trophées. Nos hommes avertis firent diligence et se rendirent à la place où notre gibier était resté, pas assez tôt cependant pour retrouver la vache, qu'un léopard matinal avait déjà dévorée presque en entier. Il fallait que ce pauvre léopard fût bien affamé pour s'être aventuré hors du bois de si bonne heure. Je lui pardonnai son appétit et son déjeuner; mais j'aurais bien désiré être prévenu de sa visite pour la guetter et lui tirer un bon coup de fusil; car j'avais de bons amis en Amérique, à qui je me serais fait un plaisir d'offrir sa peau à mon retour.

Peu de jours après cette chasse nocturne, nous levâmes le camp et nous repartîmes. Nous rapportions notre bonne charge d'oiseaux et de quadrupèdes sauvages tués et empaillés par mes soins, aussi bien que de viandes fumées. Pendant tout le trajet, mes hommes se réjouissaient d'avance du tabac et des friandises qu'ils allaient se procurer en échange du produit de leur chasse. Ils paraissaient on ne peut plus gais, quoique affectant de gémir sous leurs fardeaux. De mon côté, je trouvais mes spécimens du *bos brachycheros* passablement encombrants, et j'étais obligé d'en prendre beaucoup de soin.

Lorsque je regagnai Sangatanga, je retrouvai le roi plus malade que je ne l'avais laissé. Il avait l'esprit frappé et craignait fort de mourir. Il remarquait, comme une circonstance étrange, que son état avait empiré tout de suite après mon départ, et justement lorsque je venais de passer la nuit sous son toit.

# CHAPITRE XVIII



Peu de temps après notre retour de la chasse, je projetai de me joindre à une partie de pêche, et de faire une excursion à la pointe Fétiche du cap Lopez. Avant tout, il était nécessaire de me procurer des canots. Le roi Bango m'avait fait mander par son mafouga, depuis mon retour; mais le souvenir des rats me décida à décliner ses offres hospitalières. Cependant, il ne m'en conserva pas moins son amitié et me prêta tous les hommes dont j'avais besoin.

Ce n'était pas seulement pour aller pêcher que j'entreprenais ce petit voyage; c'était aussi pour visiter le cimetière des Oroungous, situé à peu de distance de la pointe Fétiche. En outre, il y avait par là, m'avait-on dit, de grosses tortues, et je désirais en prendre quelques-unes.

Mon vieux compagnon de chasse, Faziko, avait recruté une troupe de quarante hommes. Après la pointe Fétiche, je voulais aller explorer la rivière Fétiche et toute l'extrémité du cap Lopez. Comme il n'y a dans ces parages ni villages ni maisons, les femmes avaient préparé pour nous des provisions de farine de manioc, des paniers de pistaches, de patates douces et de bananes.

Nous étions, en outre, pourvus de tout l'équipement nécessaire : objets de literie et batterie de cuisine ; Faziko s'était muni aussi d'une grande quantité de sel, pour conserver le poisson que nous comptions prendre. Nous emportions un assortiment de filets, fabriqués avec des filaments de lianes, des hameçons, et un énorme crochet dont je m'étais muni en particulier pour attaquer les requins, ces monstres féroces, dont j'ai toujours eu horreur.

Les paniers ne manquaient pas, les femmes en portaient pour y mettre le poisson. On n'avait point oublié les fusils ; car il y a là des léopards, embusqués dans la jungle, et des boas, suspendus aux branches d'arbre, qui guettent au passage toute sorte de proies. Ce n'est pas tout : en se levant de bonne heure, comme c'est l'usage dans les lieux de plaisance, on peut voir de gros éléphants trotter le long de la grève, et baigner leurs pieds dans la vague.

C'était une joyeuse partie ; le cap Lopez est le Brighton de l'Angleterre, ou le Trouville de la France, et la saison sèche répond à notre mois de juillet, époque où tout le beau monde, celui du moins qui compte pour quelque chose, est censé être loin de la ville et sur les bords de la mer.

Niamkala et Aboko étaient de la fête ; car nous étions devenus bons amis, et ils tenaient à m'accompagner partout. C'étaient des esclaves du roi Bango ; mais, comme nous avions partagé les dangers, nous partagions aussi les plaisirs.

A la fin, tous les préparatifs achevés, je m'embarquai dans le plus grand canot ; il était manœuvré par seize rameurs. Comme de coutume, il y eut, avant notre départ, beaucoup de cris et de remue-ménage. Les voiles, faites avec des nattes, n'étaient pas ferlées, et nous prîmes enfin notre course à travers la baie, en joutant à qui des canots remporterait le prix de l'agilité. La brise était assez fraîche ; mais, malheureusement, nous avions le vent debout, de sorte que nos voiles ne nous servaient à rien. Il fallut donc jouer des rames, tout en chantant je ne sais quelles grossières chansons de marins. La matinée était claire et pure ; mais dans l'après-midi, le ciel se couvrit de nuages. A peine eûmes-nous atteint la pointe Fétiche, un peu avant le coucher du soleil, que mes hommes, aussi animés et aussi joyeux que possible, vou-

La pêche.

lurent jeter tout de suite leurs filets. Ils les manient à peu près comme nous manions les nôtres, et ils prirent une bonne quantité de poissons, dont la plupart étaient des mulets d'une espèce superbe ; on eût dit des poissons d'argent.

Nous nous mîmes sur-le-champ à faire notre provision de bois. On alluma du feu, on fit cuire et l'on mangea le poisson, qui fut trouvé délicieux ; puis l'on se prépara au repos de la nuit. A cet effet, nous étendîmes des nattes sur le sable. Il faisait cruellement froid ; car nous n'étions pas abrités contre le vent, qui pénétrait jusque sous ma couverture.

Non loin de la pointe Fétiche est la rivière Tetica, un des principaux affluents du fleuve Nazareth. Le Nazareth se déverse dans la baie, en traversant une étendue de pays marécageuse, triste et malsaine, encombrée de mangliers, pareils à ceux que je vous ai décrits à propos de la rivière Monda, où nul être ne peut vivre, si ce n'est le serpent. Ce n'est point une région habitable pour l'homme.

Le matin, je voulus visiter le cimetière des Oroungous, avant de partir pour le cap Lopez. Il était situé à un mille environ de notre campement, du côté de Sangatanga, dont il est éloigné d'une demi-journée de navigation.

Ce ne fut que par l'appât d'une forte récompense que je décidai Niamkala à m'y accompagner. Les nègres ne visitent jamais ce triste lieu que pour s'acquitter de leurs devoirs funèbres ; frappés d'une terreur sacrée, ils s'imaginent que les esprits de leurs ancêtres, errant autour des sépultures, craignent d'être troublés dans leur dernier asile.

Niamkala et moi, nous partîmes du camp, et nous nous acheminâmes vers le cimetière, en côtoyant le rivage. On le trouve au fond d'un bois magnifique, qui s'étend jusqu'à la mer, sur un terrain complétement dégagé de broussailles. Le murmure du vent qui souffle à travers l'épais feuillage a quelque chose de lugubre, en harmonie avec la solennité du lieu. Je pensais au nombre infini d'existences ensevelies sous ces ombrages.

Niamkala demeura silencieusement sur la plage pendant que je pénétrais dans le domaine des morts.

Les Oroungous ne déposent pas les corps au-dessous de la surface du sol; ils les couchent seulement au pied des arbres, dans de grands coffres de bois, dont quelques-uns sont faits avec ces arbres mêmes. La pl ıpart de ces coffres étaient vermoulus et s'en allaien' en poussière; d'autres, tout neufs, attestaient des sépultures récentes. Plusieurs corps étaient enveloppés de nattes. Il y avait là un cercueil disjoint, dont l'intérieur à jour laissait voir une tête grimaçante. Ailleurs gisaient des squelettes, que ne protégeait plus leur clôture de planches, et qui avaient roulé par terre. Partout des ossements blanchis, partout des restes poudreux. C'était pitié de voir des anneaux et des bracelets de cuivre, avec lesquels sans doute des femmes et des jeunes filles avaient été ensevelies, entourer encore des ossements desséchés! On retrouvait là des débris de toute sorte de richesses placées jadis dans le cercueil de quelques grands personnages aujourd'hui réduits en poussière. Qu'était-ce que ces trésors, demanderez-vous? Des ombrelles, des fusils, des lances, des couteaux, des bracelets, des bouteilles, des chaudières, des épées, des plats, des cruches, des miroirs, etc., etc.

A certaines places, il ne restait plus que des petits tas de cendres, au milieu desquels brillait quelque fragment de cuivre, de fer ou d'ivoire, attestant qu'il y avait eu là un corps humain; triste commentaire de ces paroles de la Bible : « Tu es poussière, et tu retourneras en poussière. » Je ne pouvais m'empêcher de répéter en moi-même: « Pauvre humanité! qu'es-tu donc? »

Tout à coup, je me trouvai devant un cadavre qui n'avait été apporté là que de la veille. Il ressemblait à un homme endormi; car la mort n'imprime point sa pâleur sur la figure des nègres comme sur la nôtre. Ce corps était revêtu d'un habit, et portait au cou un collier de perles. A ses côtés étaient une cruche, une chaudière et quelques autres objets qu'un héritier ou un ami avaient cru devoir pieusement placer à sa portée.

Je m'enfonçai sous un couvert encore plus sombre, et j'arrivai au tombeau du feu roi Passol, le frère du monarque régnant. Niamkala m'avait indiqué l'endroit retiré où je devais le trouver. Un grand cercueil était posé à terre, entre de vastes caisses qui contenaient une partie des trésors de Sa défunte Majesté. Cercueils et caisses tombaient en ruine, avec les objets qu'ils renfermaient. Le bois, aussi bien que les trésors, avait été rongé par les fourmis blanches. Des anneaux de fer et de cuivre et des perles, que le vieux roi Passol avait voulu emporter dans la tombe avec lui, étaient dispersés çà et là sur le sol. On y voyait aussi, couchés au nombre d'une centaine, les squelettes des malheureux esclaves immolés le jour de la mort du roi, afin que Sa Majesté Noire ne passât pas dans l'autre monde sans une escorte digne de son rang.

C'était un horrible spectacle, qui me révolta plus encore peut-être que le hideux cimetière des barracons.

La brise de terre soufflait quand je revins de mon pèlerinage, et nous fîmes voile vers la pointe sablonneuse du Cap. C'est une plage singulière, très-basse, recouverte d'arbrisseaux chétifs ; si bien que de la mer on la distingue à peine à une certaine distance, tant elle s'élève peu au-dessus des flots. J'éprouvais, en voulant doubler cette pointe, une déception continuelle ; car je me croyais toujours au bout du cap, tandis qu'en réalité, j'avais incessamment devant moi une longue et étroite langue de terre. A la fin, nous atteignîmes le point extrême, et je débarquai à l'embouchure d'un cours d'eau douce qui baigne l'intérieur de ce promontoire.

Cette langue de terre empiète continuellement sur la mer. Chaque année, une nouvelle couche de sable s'élève au-dessus de l'eau, et en même temps une nouvelle ligne d'arbrisseaux, faisant l'office de môle ou de brise-lame, vient protéger l'alluvion contre les attaques de Neptune.

Nous dressâmes notre camp au milieu de ces espèces de broussailles ; et, là, nous menâmes, pendant quelques jours, une vie très-agréable et très-active. Le temps était délicieux. Nous n'avions à craindre ni la pluie, puisque nous étions dans la saison sèche, ni ces formidables tourmentes qu'on appelle en Afrique des tornados.

# CHAPITRE XIX



Notre camp présentait le spectacle le plus pittoresque et ne ressemblait à rien de ce que je vous ai décrit précédemment. Chacun de nous s'était bâti, à sa fantaisie, une espèce de tente; on y employait les nattes du pays qui sont réellement magnifiques; elles ont, en général, cinq ou six pieds de long sur trois de large. Elles nous servaient de murailles et nous mettaient à l'abri du vent. Nos maisons ressemblaient ainsi à de grandes boîtes bien fermées.

Le premier jour fut employé, comme d'habitude, aux soins du confortable; on s'occupa de recueillir du bois pour faire du feu; ce qui n'était pas très-facile, car les arbrisseaux n'en fournissaient guère, et il fallait aller assez loin pour en trouver. Plus tard, ce fut la besogne des enfants d'aller ramasser du bois, et les pauvres petits se donnèrent beaucoup de mal.

Nous construisîmes de grandes claies, appelées *orakas*, pour faire sécher le poisson quand on l'aurait salé, ou pour le fumer, en allumant du feu par-dessous.

On s'était muni de larges disques de cuivre, appelés *neptunes*, pareils à des plats gigantesques dans lesquels on faisait bouillir et évaporer l'eau salée. Il nous fallait en effet de grandes provisions de sel pour conserver le poisson et l'emporter. Il y avait des femmes occupées toute la journée à faire du sel. Une fois préparé, ce sel était emmagasiné avec soin dans des paniers et placé près du feu pour le conserver bien sec.

Nous avions tous les jours quelque nouvelle espèce de poisson, soit à manger, soit à saler.

Quant à moi, j'avais apporté, comme je l'ai déjà dit, un énorme hameçon ou crochet à requins et une grosse corde. Le crochet était fixé à une forte chaîne en fer de deux pieds de long, de manière que les dents du requin ne pussent l'entamer, si l'animal avalait le morceau de viande ou le gros poisson attaché à l'hameçon en guise d'amorce.

On voyait beaucoup de requins nager dans les eaux du cap et souvent les vagues les apportaient jusque sur la plage. Les Chinois, qui mangent des ailerons de requin, trouveraient là de quoi approvisionner le marché de Canton. A dire vrai, je tremblais quelquefois, quand j'étais en canot, à l'idée de chavirer ; car, dans ce cas, j'aurais été bien vite happé par une douzaine de requins affamés, entraîné au fond de la mer, et dévoré. Ces requins sont les lions et les tigres de la mer : rien n'échappe à leur voracité. Leur vue seule fait horreur ; car on ne peut s'empêcher de se dire : « Combien d'hommes peut-être ce monstre n'a-t-il pas engloutis ! » Une idée superstitieuse qui a cours parmi les marins, c'est que, toutes les fois qu'il y a un malade à bord d'un navire, les requins suivent en troupe, attendant qu'on jette le cadavre par-dessus le bord.

J'éprouvais, je l'avoue, une violente animosité contre les requins, et, pendant mon séjour au cap Lopez, j'en ai détruit le plus que j'ai pu. On me voyait presque tous les jours, du canot où je me tenais, près de la côte, jeter mon hameçon dans la mer, puis regagner vite le rivage, rassembler mes hommes et tirer avec eux de toutes mes forces pour amener l'animal sur la grève. Un jour, je pris ainsi un gros requin d'une couleur bleu de ciel. Terrible bête! je crus que je ne pourrais jamais venir à bout de sa résistance et que la corde allait casser.

De temps en temps, c'était le requin qui semblait nous entraîner dans la mer. Il nous fallut plus d'une heure pour le jeter enfin tout palpitant à nos pieds. Alors, nous saluâmes notre prise par un cri de triomphe. Aboko, qui se tenait tout prêt, lui asséna un formidable coup de hache et lui coupa la queue; puis il sépara le corps en plusieurs parties qui s'agitèrent longtemps encore, comme les tronçons d'un serpent. On trouva dans son estomac une grande quantité de poissons. Sa mâchoire avait, si je m'en souviens bien, six ou sept rangées de dents; et quelles dents! Je plains le malheureux dont la jambe aurait été engagée dans cette terrible gueule.

Je ne passais guère un jour sans m'emparer de quelques requins, et souvent je mettais pour amorce à mon hameçon un morceau de la chair de leurs semblables, auquel ces monstres mordaient avidement et sans répugnance, en vrais cannibales qu'ils étaient.

Il y a une autre espèce de requins, d'une couleur gris de plomb, plus courte et plus ramassée que le requin bleu de ciel. Ils ont la tête plus grosse, la gueule plus large et l'appétit encore plus glouton. Cette espèce est la plus commune. Elle attaque l'homme dans les eaux peu profondes. Je me rappelle un pauvre enfant qui, pour rejoindre son canot, marchait dans la mer, n'ayant de l'eau que jusqu'aux genoux. Il allait monter à bord, lorsqu'il fut pris par la jambe et entraîné sous l'eau par un de ces terribles animaux qui sans doute nageait depuis quelque temps le long de la plage, à l'affût d'une proie. Il est dangereux dans ce pays-là de prendre des bains de mer, et je ne m'y suis jamais risqué.

Chaque jour, sur la rive sablonneuse qui avoisine l'embouchure de la rivière, nous prenions dans nos filets une grande quantité

Les tortues à l'envers.

de mulets et d'autres poissons de toute espèce. Puis on les fendait, on les nettoyait, on les salait, on les faisait sécher et fumer, et on les empilait ensuite dans des paniers.

Quelquefois le matin, de bonne heure, nous allions retourner des tortues. Ces animaux viennent déposer leurs œufs sur le rivage, hors de l'atteinte des vagues, où la chaleur du soleil les fait éclore. J'ai souvent observé ces tortues qui sortent de l'eau avant le jour, et qui remontent lourdement la pente de la plage, jusqu'à ce qu'elles aient trouvé un endroit favorable pour y déposer leurs œufs. Dès que cette opération est terminée, elles travaillent à les recouvrir de sable. J'aurais voulu voir les petites tortues sortir de leur enveloppe, ce doit être un spectacle fort curieux ; mais je n'ai jamais eu l'occasion d'en jouir.

Nous prîmes un jour une tortue qui n'avait que trois pattes. La quatrième lui avait été arrachée, sans doute, par quelque requin affamé. La blessure, alors cicatrisée, devait être d'une époque déjà ancienne.

Savez-vous comme on prend les tortues ?

Dès qu'elles voient quelqu'un s'approcher d'elles, elles se dirigent vers l'eau avec toute la vitesse dont elles sont capables ; on se jette sur le pesant animal, on lui imprime une forte secousse, et on le renverse sur le dos ; position dans laquelle il reste sans défense, faisant des efforts désespérés pour se remettre sur ses pattes. C'est alors qu'on a toute facilité pour le tuer.

On trouve quelquefois des centaines d'œufs dans le ventre d'une seule tortue. On en fait de magnifiques omelettes.

Les tortues sont curieuses à voir lorsqu'elles sont enfoncées dans le sable et profondément endormies. On s'approche d'elles avec beaucoup de précaution, et l'on n'a pas de peine à s'en rendre maître.

Après la pêche, la chasse. Le sud du cap est une épaisse forêt où se rencontre la plupart des animaux qui vivent dans les bois de l'Afrique. Nous vîmes plusieurs fois des éléphants sur le rivage, mais sans chercher à les tuer. J'abattis un grand nombre de poules d'eau, tandis qu'elles volaient en bandes si serrées, que le jour en était presque obscurci. Elles se réunissent ainsi pour se repaître du poisson qui pullule sur ces côtes.

Un soir que nous revenions, Aboko, Niamkala et moi, de la forêt où nous avions fait une chasse infructueuse, nous tombâmes à l'improviste sur un gibier de plus forte taille. Nous longions la lisière du bois, quand tout à coup nous tressaillîmes au bruit d'un rugissement sourd. Nous jetâmes un regard rapide aux alentours, et nous aperçûmes un énorme léopard mâle prêt à s'élancer sur nous. Heureusement, nos fusils étaient chargés à balle. Prompts comme l'éclair, nous tirâmes tous à la fois sur l'animal ; il n'y avait pas de temps à perdre : il avait déjà pris son élan, et nos balles l'atteignirent quand il s'enlevait. Il tomba mort et pantelant aux pieds d'Aboko, qui put se vanter de l'avoir échappé belle. C'était une bête gigantesque ; sa peau, que je conservai comme trophée, est magnifiquement nuancée et tachetée. Il n'y a guère au monde de plus bel animal que le léopard d'Afrique.

A l'embouchure du Nazareth on trouve le terrible poisson à scie. C'est sans aucun doute un des plus formidables monstres que les eaux recèlent dans leur sein.

Je ramais paisiblement dans un petit canot, lorsque mon attention fut attirée par l'agitation des ondes qui jaillissaient çà et là à quelque distance. J'en compris tout de suite la cause : c'était un combat acharné entre deux bêtes aquatiques ; l'eau en était toute blanche d'écume. Ce ne pouvaient être deux hippopotames ; car, dans ce cas, je n'aurais pas manqué de les voir.

Je m'approchai avec précaution, tenant mon fusil prêt à tout hasard, et, en me penchant par-dessus le bord, j'aperçus un espadon ou scie de mer, aux prises avec un gros requin. La lutte était formidable et désespérée. Mais que pouvait le requin contre l'épée mortelle de son ennemi ?

Ils vinrent en se battant tout près de mon canot. Je me détournai vite, car leurs violents efforts auraient eu bon marché de mon frêle esquif, et un seul coup de la redoutable scie m'aurait envoyé Dieu sait où. Chaque dent de cette scie peut avoir deux pouces de long; or, l'espadon en a quarante de chaque côté. Sa dimension en longueur était de cinq pieds. A la fin, plus agile que son adversaire, l'espadon enfonça profondément ses dents tranchantes dans les chairs vives du requin. Il renouvela deux ou trois fois la même attaque; puis le mouvement cessa, l'écume disparut, et l'eau reprit son calme accoutumé. Je ramai vers le lieu du combat, d'où je distinguai au fond de l'eau le requin mort, couché sur le dos, le ventre ouvert et criblé de blessures.

Quant à la scie de mer, elle avait quitté le champ de bataille après cette victoire qu'attestaient de longues traces de sang, flottant dans l'eau autour du vaincu.

Au mois de juillet, je voyais dans la baie du cap Lopez force baleines qui prenaient là leurs ébats, et qui lançaient des jets d'eau en l'air.

Elles s'y rassemblaient à cette époque de l'année avec leurs baleinaux. Comme l'eau de la baie est très-calme, elles exercent là les forces de leur petit avant de le lancer dans la haute mer. Rien de plus curieux que de voir le baleineau nager en jouant aux côtés de son énorme mère.

Tous les ans, au mois de juillet, les baleines revenaient au même endroit; mais les baleiniers s'avisèrent, une année, de leur donner la chasse. Depuis lors, le mois de juillet a beau revenir, les cétacés ne reparaissent plus, car ce sont des bêtes fort intelligentes, qui savent bien où elles sont en sûreté. Sans doute elles auront trouvé quelque autre baie plus déserte, et plus favorable aux jeux et aux exercices de leurs petits.

On voit aussi, toute l'année, dans la baie du cap Lopez, d'autres poissons de la famille des cétacés, que les marins appellent des *gros-nez*. Sans être aussi énormes que les baleines, ils sont encore d'une belle dimension.

# CHAPITRE XX



Je ne pouvais pas tenir en place. Le 5 février 1857, j'étais à bord d'un petit navire de quarante-cinq tonneaux, en destination de l'embouchure du fleuve qu'on appelle le Fernand-Vaz. Je comptais partir de là pour pénétrer dans l'intérieur du pays. Je me voyais donc en chemin pour des régions sauvages encore inexplorées.

Mon schooner s'appelait *la Caroline*. J'y avais embarqué des provisions et des denrées pour un long voyage ; car je comptais me livrer à de longues et minutieuses explorations avant de retourner en Amérique. Le capitaine était un nègre portugais, nommé Cornillo. L'équipage, composé de sept hommes, était un ramassis de Mpongwés, de Mbingos et de Croomen. Il n'y en avait pas plus de deux qui se comprissent l'un l'autre ; et pas une âme ne comprenait le capitaine. Bel augure pour le voyage !

Je m'étais rendu à bord au point du jour, et j'aurais bien voulu partir tout de suite ; mais, grâce au tumulte ordinaire, à la confusion des cris contradictoires, à la paresseuse inaction des nègres, et à quelques petits efforts par-ci par-là, nous réussîmes à lever l'ancre au coucher du soleil. Le capitaine n'était pas trop content de quitter le port un vendredi; mais je lui dis que j'en prenais la responsabilité. Sur quoi, il me demanda comment ma responsabilité le dédommagerait, s'il venait à couler à fond. Il paraît que les Portugais partagent les superstitions absurdes des marins des autres nations.

Nous n'eûmes pas plus tôt gagné le large que tout le monde, hommes et femmes (nous avions deux négresses), eut le mal de

Goëlette surprise par un grain.

mer, excepté le capitaine. Notre cuisinier se trouva incapable le lendemain de nous faire à déjeuner, et les gens de l'équipage étaient tous couchés sur le flanc, comme des poissons pâmés.

Embarqués au Gabon, nous espérions aborder au bout de cinq jours dans le pays des Commis. Mais, les quatre premiers jours, nous eûmes le vent debout avec un courant contraire, et, le cinquième, nous fûmes assaillis par une tempête d'une telle violence, que j'espère bien n'en jamais revoir de pareille.

Le bâtiment était si mal gouverné pendant que le capitaine était sous le pont, que je fus forcé de me tenir à la barre pour en surveiller la marche. Au bout de quatre heures je me retirai dans ma cabine, et m'endormais à peine, quand je fus réveillé par la voix du capitaine qui ordonnait d'abattre la grande voile. Je m'élançai sur le pont, craignant seulement quelque rafale. Mais je n'eus pas plus tôt jeté les yeux du côté du vent que je reconnus l'imminence du péril. Un tornado allait fondre sur nous. Une masse de nuages noirs, à l'horizon, prenait, d'une seconde à l'autre, des teintes livides et blafardes; on eût dit une succession de pâles éclairs. Tout cependant était encore calme — calme comme la mort; pas un souffle de vent.

Je me retournai pour voir si la grande voile était à bas; mais on n'avait encore rien fait pour exécuter l'ordre du capitaine. Celui-ci criait et jurait; l'équipage criait aussi, et courait çà et là, à demi mort de peur; et dans l'obscurité où nous étions (car je n'aurais pas même su distinguer mes mains en les mettant tout près de mes yeux), personne ne pouvait trouver les drisses. Au milieu de ce désordre, le vent accourait en mugissant. Je pris un couteau, résolu à tout couper; au même instant, quelqu'un manœuvra les drisses, et la grande voile s'abattit, mais à moitié seulement. Le tornado était alors au-dessus de nos têtes. Tous les focs furent emportés en lambeaux, le navire jeté de côté; les vagues envahirent le pont, et tout le monde se crut noyé, comme de fait nous allions l'être. Heureusement, le vent changea un peu; et, à la lueur de quelques éclairs, nous saisîmes la grande voile, en naufragés qui se raccrochaient à leur dernier espoir, et nous la maintînmes avec force, de manière que l'ouragan n'eût pas de prise sur elle. Alors, le navire se redressa; en moins de vingt minutes le vent expira et fit place à une pluie battante dont les torrents nous inondèrent, et me percèrent bientôt jusqu'aux os. Pendant cette tempête, le tonnerre et les éclairs nous frappaient d'une vive terreur; car nous avions embarqué beaucoup de poudre, et un coup de foudre, tombé à bord, aurait pu nous faire tous sauter. Le pont du navire était d'ailleurs si mal joint, que la pluie pénétrait jusque dans la cale.

Le lendemain matin, nous n'avions plus de focs, et les autres voiles étaient gravement endommagées. Pour ajouter à notre détresse, personne à bord, pas même le capitaine, ne savait où nous étions. J'ignorais encore, à cette époque, la science des calculs astronomiques. Quant au capitaine, tous les jours il tirait de sa poche un vieux quart de cercle pour le consulter; mais il ne se connaissait guère plus à cet instrument qu'une vache au maniement d'un fusil.

A la fin cependant, nous aperçûmes la terre. Un canot vint à notre bord. En réponse à nos questions, on nous apprit que nous nous trouvions en vue du cap Sainte-Catherine, et, par conséquent, à quelques milles au sud de l'embouchure du Fernand-Vaz, qui était le lieu de notre destination. Nous fûmes donc obligés de rebrousser chemin, en côtoyant le rivage. Comme je passais devant le village d'Aniambia, ou du grand Camma, les naturels m'envoyèrent un message, au nom de leur roi, pour m'offrir deux esclaves, si je voulais bien m'arrêter parmi eux.

Je restai sourd à cette prière ; car je m'étais mis en tête de me rendre directement au Fernand-Vaz, dont j'avais entendu dire merveilles par mon ami Aboko, pendant mon séjour au cap Lopez. Comme nous approchions de ce fleuve, nous vîmes sa large nappe d'eau se déverser dans la mer, et s'y frayer sa voie, pendant au moins quatre ou cinq milles, sans s'y mêler et sans rien perdre de sa douceur, comme un courant séparé qui traversait l'Océan.

A la fin, nous arrivâmes à l'embouchure du Fernand-Vaz. Notre renommée nous y avait précédés. Quelques Commis, habitants de ce pays, m'avaient déjà vu au cap Lopez. La nouvelle s'était répandue que je devais m'établir dans le village d'un chef appelé Rampano : et, comme j'arrivais devant ce village qui était situé sur la côte, on me détacha un canot pour m'inviter à descendre à terre ; mais les brisants du rivage me faisaient peur.

Les sujets de Rampano voulurent absolument m'embrasser ; et leurs transports de joie étaient si extravagants, que je dus les prier de me laisser tranquille ; car leurs corps luisants et frottés d'huile avaient graissé mes vêtements. Ils retournèrent porter au roi l'heureuse nouvelle de mon prochain débarquement. Je gardai seulement un de ces hommes à bord pour me servir de pilote ; car c'était chose difficile que de franchir le ressac de la barre, et d'entrer dans le fleuve avant la nuit. A peine enfin y eûmes-nous pénétré que nous fûmes assaillis par une multitude de canots appartenant à plusieurs villages différents, et en moins d'un instant, je vis le long de notre bord se presser une foule avide d'y monter, dont le poids aurait suffi pour nous faire couler à fond. Ils me prirent d'abord pour un marchand d'esclaves, et leur joie allait jusqu'au délire, car ces braves nègres n'ont pas de plus grand bonheur que de trafiquer de leurs compatriotes. Ils me crièrent aussitôt leurs noms portugais ; l'un s'appelait dom Miguel, l'autre, dom Pedro, un autre encore, dom Francisco. Puis ils se mirent à bavarder, toujours en portugais. Où avaient-ils appris cette langue ? je n'en sais rien ; à moins que ce ne fût à

Sangatanga. Comme je n'en comprenais pas un mot, j'envoyai mon capitaine pour s'entendre avec eux. Il eut beaucoup de peine à leur expliquer que je ne venais pas dans le pays pour faire la traite des noirs, et que son bâtiment n'était pas un négrier. Ils insistaient malgré tout, ils soutenaient que nous devions leur acheter des esclaves, puisqu'ils en avaient à vendre.

Ils voulaient surtout nous empêcher de nous rendre au village de Rampano, où j'avais le dessein d'établir une factorerie. Les nouveaux venus appartenaient au village d'Élindé, situé précisément à l'embouchure du Fernand-Vaz, et dont le roi se nommait Sangala. Ils exaltaient la grandeur et la puissance de ce monarque, en dénigrant mon pauvre Rampano. Enfin, je coupai court à cette scène, en les renvoyant tous coucher à terre ; car j'avais grand besoin de repos pour me préparer aux fatigues du lendemain.

Pendant la nuit, les hommes qui étaient de quart entendirent un battement de rames qui se dirigeait de notre côté ; ils vinrent m'en prévenir. Qui pouvait-ce être ? « Soyons prêts, leur dis-je ; peut-être vient-on nous attaquer. » Un canot s'approcha ; nous le hélâmes (car les Commis parlent le même dialecte que les Oroungous qui habitent le cap Lopez). C'étaient des envoyés du roi Sangala. Je reconnus la voix du chef de cette troupe, qui s'appelait Nchanga. C'était un frère du roi Bango du cap Lopez. Ce roi, tombé malade, comme je l'ai dit, avait accusé Nchanga de l'avoir ensorcelé. Celui-ci s'était enfui pour sauver sa vie ; et, comme il avait épousé une des filles de Sangala, il avait trouvé un asile chez son beau-père.

Nchanga était un drôle fort rusé. Heureusement, je le connaissais ; il ne pouvait donc pas me duper aussi facilement qu'il l'espérait. Suivant lui, Sangala était maître de tout le fleuve ; et ce grand roi, ce très-grand roi, ne me permettrait jamais d'aller m'établir chez Rampano, qui n'était que son vassal. En conséquence, lui, Nchanga, venait m'inviter, comme ancien ami, à me rendre plutôt à Élindé.

Je lisais couramment dans le jeu de mon homme. Autrefois déjà, je le tenais pour le plus grand coquin qu'il y eût au cap Lopez ; et ce n'était certes pas le trafic des esclaves qui l'avait depuis rendu plus honnête. Il était venu tout bonnement pour me sonder sur ce trafic, persuadé, comme le roi son beau-père, qu'il aurait bon marché d'un commerçant novice. Je le renvoyai à terre, sous prétexte que j'avais envie de dormir.

Le lendemain matin, Sangala m'envoya chercher dans un bateau. Quand j'arrivai à Élindé, qui est situé à deux milles de l'embouchure du fleuve, on m'installa dans la plus belle maison du village. Tout de suite après, survint Sangala, qui avait commencé par s'enivrer pour se préparer dignement à cette entrevue solennelle. Il était entouré d'une foule qui ne paraissait pas moins animée que lui. Il se mit en colère quand j'annonçai l'intention de passer outre en remontant le fleuve pour aller chez Rampano, et de là dans l'intérieur. Il me déclara que je ne passerais pas, qu'il était le maître de tout le pays, et que, bon gré, mal gré, je m'établirais dans sa résidence.

Je protestai à mon tour que je suivrais fermement mon dessein. Je m'étonne, quand j'y songe, qu'on ne m'ait pas fait tout de suite prisonnier.

Nous échangeâmes des paroles vives. Je fis entendre à Sa Majesté que j'étais un vieil Africain, que je voyais clair dans ses mensonges, et que je savais fort bien qu'il n'était pas du tout le maître du pays, comme il prétendait l'être. Il répondit que, maître ou non, il ne me laisserait libre d'aller où je voudrais, que si je consentais à établir une factorerie dans son village.

Je répliquai que je n'en ferais rien; en revanche, je lui offris quelques présents.

Il les refusa. Sur ces entrefaites, Rampano survient, prêt, dit-il, à m'appuyer avec énergie. Je signifiai donc à Sangala que je saurais bien, au besoin, m'ouvrir un chemin par la force. Tout, alors, roi et sujets, s'écrièrent que ce serait le signal de la guerre, et le roi Sangala, en s'avançant pour me le déclarer officiellement, trébucha et roula à terre, ivre-mort.

Je le laissai là, et je partis. Il pleuvait si fort, que personne ne songea à me poursuivre. Rien de tel qu'une averse pour disperser une foule ameutée.

Cependant, un grand palabre était imminent. L'agitation gagnait tout le pays. J'avais réussi à atteindre le village de Rampano, situé sur le fleuve, à cinq ou six milles au-dessus d'Élindé. Rampano me donna tout le terrain dont j'avais besoin. Il fallait maintenant faire débarquer mes marchandises; c'était là que m'attendaient de graves difficultés. Mes canots allaient être attaqués par les gens de Sangala; mes hommes pouvaient être tués et nous serions mis en déroute, à moins de disposer nous-mêmes d'une force très-considérable.

Un matin, j'entendis battre le tambour. Tous les amis de Rampano se rassemblèrent pour lui prêter main-forte contre Sangala. On voyait arriver canots sur canots, chargés d'hommes armés, tambours battants, tous vociférant et brandissant, qui des sabres, qui des fusils, qui des lances, prêts à défendre l'homme blanc de Rampano, à piller et à brûler Élindé, ou à mourir dans cette entreprise. Il y avait là le roi Risimbo, avec deux canots et cinquante hommes : le roi Mombon, amenant aussi deux canots de Sanguibiuri ; enfin, nous n'avions pas moins de vingt bonnes embarcations et nous commandions à environ trois cents naturels, la plupart ivres de vin de palmier, aussi bruyants et aussi belliqueux qu'un Africain peut l'être quand il a bien bu.

Le tambour battait ; on entonnait des chants de guerre, on tirait des coups de fusil, au bruit desquels notre flottille descendait le fleuve. Tous ces nègres avaient la figure enluminée de blanc, en signe de guerre, et se montraient tout couverts d'amulettes. Les bandes de craie blanche ou d'ocre dont ils étaient bariolés étaient pour eux un préservatif certain, et leurs fétiches de guerre les protégeaient contre la mort. J'avais peine à reconnaître le vieux Rampano, sous la couche de peinture dont son corps était barbouillé.

On devait croire ces terribles guerriers déterminés à se porter aux extrémités les plus sanglantes ; mais, à mesure qu'ils approchaient du village d'Élindé, leurs démonstrations devenaient de moins en moins expansives, et, sitôt qu'ils furent en vue de la résidence de Sangala, ils se mirent à filer prudemment vers la rive opposée, ayant bien soin de mettre *la Caroline* entre eux et leurs ennemis. L'aspect des bandes de Sangala avait singulièrement modifié leurs dispositions belliqueuses, en ce sens, qu'ils commençaient à croire à la possibilité d'une bataille.

Sangala, de son côté, avait aussi réuni ses amis, cent cinquante hommes environ, prêts à se battre, probablement avec la même détermination que les miens. Ces gaillards-là s'étaient bariolés d'une façon plus triomphante encore que leurs adversaires, car le rouge alternait avec le blanc dans les larges bandes qui les zébraient du haut en bas. C'étaient de vrais diables déchaînés ; ils criaient à tue-tête, et tiraient de loin force coups de fusil. Mes hommes tiraient aussi, et se livraient à des chants et à des danses de guerre effrénés, car, de chaque côté, on savait à quoi s'en tenir sur le courage de l'ennemi, et l'on jugeait prudent de prendre l'avance pour l'effrayer.

J'étais à bord de mon schooner, quand je vis un petit canot, monté par deux hommes sans armes, se détacher du rivage, et s'avancer de mon côté. C'étaient des parlementaires. Lorsqu'ils furent montés à bord, je leur fis voir deux petits canons braqués sur le pont, et je les invitai à dire à leur roi Sangala que, s'il s'obstinait à vouloir me fermer le passage, je balayerais sa flotte avec ma mitraille, et que mon vaisseau de guerre viendrait ensuite le brûler dans son village. En parlant ainsi, je chargeai en leur présence mes fusils et mes pistolets ; je commandai à mes hommes d'apprêter leurs pièces, et je montrai aux deux envoyés mes boulets et mes munitions ; puis je les congédiai, et j'attendis l'événement.

Je surveillais avec ma lorgnette le retour des messagers. Dès qu'ils eurent débarqué, le peuple s'attroupa autour d'eux, et parut se livrer à des colloques très-animés.

Bientôt après, le roi Sangala me détacha un petit bateau pour m'inviter à venir à terre. Il m'envoyait en même temps sa principale femme en otage. Je résolus de me rendre à son désir ; mais, pour prouver à ces nègres que je n'avais pas la moindre peur d'eux, je ramenai la femme avec moi, à la grande joie de la pauvre créature. Rampano et les rois ses confrères protestaient contre mon imprudence, ou ce qu'ils jugeaient tel. « Pourquoi, me dirent-ils, ne pas garder la femme à bord ? » Mais je leur répondis que la crainte n'entrait jamais dans le cœur des blancs. Là-dessus, ils me regardèrent tout ébahis comme pour me dire : « Si vous n'êtes pas effrayé, nous le sommes, nous. » Néanmoins, cette affectation d'insouciance eut l'effet que je désirais. Rampano et les rois ses confrères en furent vivement frappés, comme le fut aussi le vieux Sangala, lorsqu'il vit sa femme revenir avec moi.

Les deux états-majors se rencontrèrent sur un terrain neutre, en dehors du village. L'armée de Sangala, rangée en bataille, se déployait dans une pompe sauvage; les principaux guerriers portaient à leur ceinture de superbes peaux de léopard. Ils vinrent sur nous en courant, dès que nous fûmes assis, comme pour nous transpercer de leurs lances ; et, si Sangala n'eût pas été près de moi, j'aurais cru vraiment que c'en était fait de nous tous. Rampano tressaillit, et, se penchant vers moi, il me dit à l'oreille : « Pourquoi n'avez-vous pas gardé la femme à bord? »

Mais cette charge à fond n'était qu'une sorte de salut militaire. Sangala cependant paraissait d'une humeur plus accommodante; il n'était plus ivre cette fois ; la tournure menaçante qu'avait prise la situation l'avait singulièrement radouci. Il ne se souciait pas en effet de pousser les choses à l'extrémité.

Il me déclara, dès l'abord, qu'il me laisserait continuer ma route, si je voulais lui donner un baril de rhum, un gros, par exemple. Je refusai, sous prétexte que je n'en avais pas. Il insista; lui et son peuple avaient envie, disait-il, de se réjouir et de s'enivrer; il voulait s'enivrer plusieurs jours de suite, et boire du rhum à cœur joie. A la fin, le conflit s'apaisa tout à fait, moyennant quelques cadeaux que je fis au roi, et, depuis ce temps, nous vécûmes, lui et moi, dans la meilleure intelligence.

Rampano était ravi. Il embrassa Sangala, en lui jurant une

amitié éternelle. Sangala lui répondit qu'il l'aimait de tout son cœur. C'était touchant. Après cet échange de cordialités, je fis à mes hommes le signal convenu pour leur annoncer la fin des hostilités. Aussitôt ils tirèrent des coups de fusil en signe de joie, et se jetèrent dans leurs canots, pressés d'aborder au village de Sangala. Déployant toute leur petite flotte sur une seule ligne, ils s'avancèrent en chantant, joyeusement cette fois, leurs chansons de guerre. Les guerriers de Sangala, qui les attendaient sur la rive, se précipitèrent à leur rencontre, en simulant un combat qui les fit beaucoup rire, et tous se précipitèrent dans les bras les uns des autres, en jurant de ne jamais se faire le moindre mal.

Je n'ai pas besoin de dire si je fus satisfait de cet heureux dénoûment. Déjà le capitaine Cornillo, quand les choses avaient pris une tournure inquiétante, avait juré de ne jamais revenir dans ces maudits parages, et son équipage disait que je voulais les faire tous massacrer.

Au fond, ces Commis étaient de braves gens. Je fis débarquer successivement dans le village de Rampano mes nombreux bagages, qui certes auraient pu tenter la fidélité de ces pauvres diables. Plusieurs caisses étaient ouvertes ou faciles à ouvrir, et cependant ils ne détournèrent pas le moindre objet, de si mince valeur qu'il pût être. Ils étaient fiers et honorés de ce que je venais m'établir chez eux. J'étais le premier homme blanc qui leur eût donné cette marque de confiance.

J'aime beaucoup ces bons Commis, et je suis sûr qu'ils me le rendent bien. Ils ont toujours eu très-grand soin de moi. Rampano, leur excellent roi, s'appliquait sans cesse à m'être agréable, et ses sujets faisaient comme lui. Il leur arrivait bien quelque-

fois de commettre des fautes ; mais ces pauvres gens n'en savaient pas davantage, et dès qu'ils étaient éclairés sur leurs torts,
ils s'en repentaient. Personne d'entre eux n'a jamais cherché
à me nuire, et je pouvais dormir, les portes toutes grandes ouvertes. Y a-t-il beaucoup de pays civilisés où l'on puisse en dire
autant ?

# CHAPITRE XXI



Je me mis aussitôt à faire élever, non plus un olako, mais un bâtiment solide. Je rassemblai une grande quantité de feuilles de palmier pour recouvrir le toit de ces constructions. Je fis arracher les branches des mêmes arbres pour en faire des pieux, des poteaux et des poutres, enfin tout ce qui est nécessaire à l'architecture africaine, et je réussis à bâtir tout un village, auquel je donnai le nom de Washington. Ma maison particulière se composait de cinq pièces; elle avait quarante-cinq pieds de long sur vingt-cinq pieds de large, et me revenait à peu près à cinquante dollars. Ma cuisine, séparée du reste des bâtiments, me coûtait en outre quarante dollars. J'avais une basse-cour qui renfermait une centaine de poules (les poules de ce pays sont fort jolies) et une douzaine de canards. Mon étable contenait dix-huit à vingt chèvres; de curieuses chèvres, qui pouvaient bien, à elles toutes, donner une pinte de lait. Je m'étais aussi fait construire une petite poudrière tout à fait isolée, car je n'aime pas à me trouver sous le même toit que la poudre. Enfin, j'avais fait élever une douzaine de cabanes pour mes hommes.

Tel était le Washington d'Afrique, tant soit peu différent, comme on le voit, du Washington d'Amérique.

Derrière mon village s'étendait une vaste prairie. Au-devant serpentait la rivière nommée Npoulounay; de sorte que je pouvais embrasser d'un coup d'œil, jusqu'à la distance de plusieurs milles, le champ de mes explorations futures. De ma fenêtre, je contemplais ses rives bordées de mangliers, et j'assistais aux ébats d'une troupe d'hippopotames qui se jouaient sur les bancs de sable ou sur la vase.

Voulant commencer mon excursion par une visite au village d'Aniambia, où demeurait le plus puissant roi du pays, j'achetai un beau canot, construit avec de grands arbres, dont j'espérais me servir pour aller reconnaître le cours supérieur de la rivière. J'étais impatient de me mettre en route.

Sur le point de partir, je convoquai en assemblée générale le roi Rampano et ses sujets. Je leur dis que j'avais toute confiance en eux, que j'étais leur homme blanc, et que j'avais voulu venir chez eux, malgré toute sorte d'obstacles et de dangers. (Applaudissements.) Le peuple de Sangala, continuai-je, avait eu l'intention de me retenir; mais j'étais décidé à vivre chez les braves habitants de Biagano; — c'était le nom du village de Rampano. (Nouveaux applaudissements.) J'allais partir pour quelques jours seulement, et j'espérais bien trouver à mon retour tout ce que je possédais dans le même état où je l'aurais laissé.

A ces mots, de grands cris s'élevèrent de toutes parts. — « Soyez tranquille! vous pouvez partir sans crainte! nous vous aimons! vous êtes notre homme blanc! nous aurons soin de votre maison! etc. » C'est au bruit de ces acclamations que les seize hommes de mon équipage saisirent les rames et poussèrent au large.

A neuf heures du soir, la lune se leva pour éclairer un délicieux paysage. L'onde paisible réfléchissait les ombres gigantesques des arbres inclinés sur les rives, et le silence n'était troublé çà et là que par le hurlement de quelque bête sauvage errant la nuit dans les bois, ou par le plongeon de quelques hippopotames folâtres dont le voisinage dangereux nous faisait craindre de voir notre canot submergé.

Vers minuit, mes hommes commençant à se sentir fatigués,

Le village de Biagano.

nous débarquâmes à un petit village qui était presque abandonné. Nous n'y trouvâmes que trois vieilles femmes profondément endormies, qui ne nous montrèrent pas, à leur réveil, des dispositions très-hospitalières. Mais j'avais moi-même trop envie de dormir pour tenir beaucoup à la bonne grâce de leur accueil, et j'allai me coucher sous un hangar grossièrement bâti, qui n'avait qu'un toit sans murailles. A peine commençais-je à m'assoupir que je fus assailli par un de ces tornados qui s'abattent si souvent sur ces contrées pendant la saison pluvieuse. Heureusement ce n'était qu'un tornado sec. Dans mon état de demi-sommeil, je songeais à peine à bouger. Comme d'ailleurs le tornado avait enlevé toutes les toitures des abris, on n'aurait rien gagné à changer de place, même si la pluie était tombée à verse.

Le lendemain matin, nous payâmes notre logement de la nuit avec quelques feuilles de tabac, qui déridèrent un peu nos vieilles hôtesses, et nous nous mîmes à remonter la rivière jusqu'à un village du nom d'Igala-Mandé, situé sur une de ses rives. Après deux heures de marche à travers de belles prairies, nous rencontrâmes des multitudes d'oiseaux. Une espèce nouvelle pour moi, c'était le *mycteria senegalensis*, charmant oiseau qui erre çà et là sur le gazon des prairies, et, qui, grâce à ses longues pattes, me dépassait facilement à la course. J'essayai souvent de l'attraper ; mais, quoiqu'il ne s'envolât pas, il me devançait toujours de si loin, que je ne pouvais arriver à portée de le tuer.

Il y a aussi là des troupes de jolis oiseaux dont le plumage doré et le cou blanc comme neige se détachent brillamment sur le vert de la prairie. Les plus nombreux après ceux-ci étaient les *egretta* blanches, qui vont par bandes le long de cette côte.

Nous parvînmes enfin à Aniambia. Le roi Olenga-Yombi quitta vite ses plantations à la bienheureuse nouvelle de l'arrivée d'un homme blanc. J'allai lui rendre ma visite officielle. C'était un vieil ivrogne, déjà pris de vin malgré l'heure matinale ; il portait une grosse redingote et pas de pantalon. Les principaux personnages du pays entouraient Sa Majesté, qui daigna m'inviter à m'asseoir à sa droite.

Le roi Olenga-Yombi était bien un des plus vilains personnages que j'eusse jamais rencontrés. Il portait habituellement un grand

Un bal en Afrique. — Danse du roi Olenga-Yombi.

bâton, et, quand il était ivre, c'est-à-dire du matin au soir, il frappait ses sujets à tort et à travers en criant : « Je suis un grand roi, un puissant roi ! » Aussi avait-on soin de s'écarter de sa route.

La nuit venue, je pris un guide et j'allai chercher, hors du village, quelque gibier plus important que des oiseaux. A peine avions-nous fait quelques pas que mon guide me montra du doigt deux points brillants dans l'épaisseur du fourré, et murmura en tremblant : « Un léopard ! » Mais je reconnus tout de suite que c'était une couple de mouches luisantes qui, à la distance où elles étaient l'une de l'autre, ressemblaient assez bien aux yeux étincelants du terrible animal.

Ceci ne me donna pas grande idée de la bravoure de mon guide. Quelle différence entre lui et mes trois compagnons Aboko, Niamkala et Faziko ! Et comme j'aurais voulu les avoir alors avec moi !

A deux heures du matin, nous entendîmes un sourd grognement, signal longtemps espéré de l'approche d'une troupe de cochons sauvages. Je me postai à l'affût sur leur passage, et je fus assez heureux pour abattre le plus beau de la bande. Les autres s'échappèrent sans faire mine de combattre.

Le lendemain, le roi Olenga-Yombi donna un grand bal en mon honneur. Toutes ses épouses, au nombre de quarante, et toutes les femmes du village et des environs embellissaient (dois-je dire : embellissaient ?) cette charmante fête.

Heureusement pour la délicatesse de mon odorat, les danses avaient lieu en plein air, et non dans une salle fermée, comme au cap Lopez. Les femmes étaient rangées d'un côté, les hommes de l'autre. Au bout de la double file étaient assis les musiciens, frappant du tambour à tour de bras, tapage infernal et assourdissant; et, comme si les tambours et les tam-tams n'étaient pas encore au niveau de la circonstance, les chants et les cris s'en mêlèrent, avec accompagnement forcené de vieux chaudrons, tandis que d'enragés petits drôles, accroupis à côté des tambours, tapaient de toutes leurs forces sur des morceaux de bois creux. Je ne sais vraiment quel charme ils peuvent trouver dans une pareille musique; mais plus cet affreux charivari de cris, de cuivre et de tambours faisait rage, plus les hommes mettaient d'ardeur dans leurs gambades, et les femmes d'indécence dans leurs contorsions.

Comme bien vous pensez, battre du tambour ou du tam-tam n'est pas un pur exercice d'agrément. Le nègre le plus robuste est sur les dents au bout d'une heure; aussi, quand le divertissement dure toute une nuit, comme celui-ci, y a-t-il plusieurs escouades de musiciens qui se relèvent.

Ils s'amusaient de tout leur cœur. Mais point de bonne fête sans boisson. Leur seul regret était qu'il n'y eût pas là, dans la rue, quelque gros baril de rhum défoncé pour les rafraîchir à discrétion entre leurs danses. Mais ils se résignaient, faute de mieux, à s'enivrer avec du vin de palmier, dont ils faisaient une copieuse consommation.

La joie tourna au délire quand le roi se mit à danser. Sa Majesté était fort joliment ivre et ses pas trébuchants excitaient un enthousiasme universel. Ses femmes se prosternaient à chacune de ses royales cabrioles, et lui témoignaient le plus profond respect, tandis que les chaudrons, les tambours, les chants et les cris, battant, sonnant, retentissant de plus belle, élevaient le vacarme et le désordre à leur dernier paroxysme.

A bout de patience et ne trouvant pas la fête assez attrayante pour y consacrer toute ma nuit, j'allai me coucher; mais je ne pus dormir.

Je crois vous avoir donné un aperçu bien suffisant de ce que c'est qu'un bal à Aniambia et de la manière de danser du roi Olenga-Yombi.

Il y a, dans ce village, deux cabanes consacrées à des fétiches, car Aniambia est favorisé de la protection de deux Esprits très-puissants : Abambou et Mbuirri. Le premier est un méchant Esprit, une sorte de démon; le second, au contraire, autant que j'ai pu le comprendre, fait l'office de génie bienfaisant.

Ces petites cabanes, d'environ six pieds carrés, sont des sanctuaires privilégiés où ces deux Esprits daignent parfois passer la nuit. Dans la maison d'Abambou, je vis un feu allumé qu'il n'était jamais permis d'éteindre ni d'enlever. Point d'idole visible, mais seulement une grande caisse sur laquelle étaient de la craie et des plumes rouges de perroquet. La craie rouge servait à barbouiller religieusement le corps des dévots.

Abambou est le diable des Commis. Il est méchant et cruel; il habite près des tombeaux et des cimetières, et se plaît dans le voisinage de la mort. Souvent il rôde à travers le pays, et, s'il en veut à quelqu'un, il a le pouvoir de le rendre malade et de le tuer. Les Commis font cuire à son intention des mets que l'on va déposer dans les endroits les plus solitaires du bois; et, là, on adresse à cette idole malfaisante des prières mêlées de flatteries; on la conjure d'être bonne et indulgente pour ceux qui lui font des présents, c'est-à-dire de s'occuper d'eux le moins possible. J'assistais une fois à une assemblée où les nègres invoquaient le terrible Abambou. Ils criaient continuellement :

« Nous nous trouvons bien comme nous sommes! — Tu nous feras toujours assez de bien si tu ne nous fais pas de mal! — Sois notre ami et laisse-nous tranquilles! »

Les offrandes de bananes, de cannes à sucre, de pistaches, etc., sont servies sur des feuilles par les hommes libres; quant aux esclaves, ils les déposent sur la terre nue. Quelquefois celui qui offre le sacrifice prie Abambou de faire périr ses ennemis. Un lit est dressé dans la cabane d'Abambou; c'est là qu'il vient de temps en temps prendre du repos, quand il est las d'aller et de venir de la forêt à la côte.

Mbuirri, dont j'allai ensuite visiter la demeure, est logé et entretenu à peu près comme son rival. C'est un bon Esprit, et sa puissance, à ce que j'ai pu comprendre, est aussi grande que celle d'Abambou; mais, comme il n'est pas méchant, son culte est beaucoup plus négligé.

Ces Commis sont remplis de superstitions. Ils reconnaissent encore un troisième Esprit, très-redouté, qu'ils appellent Ovengua. Celui-ci est un terrible chasseur et mangeur d'hommes. On ne l'adore pas. Il n'a aucune influence sur les destinées ni sur les maladies; mais il erre incessamment dans les forêts, saisissant et tuant les malheureux voyageurs qui se trouvent par malheur sur son chemin. Pendant le jour, il se tient dans de sombres cavernes; mais, la nuit, il rôde au hasard; quelquefois même il entre dans le corps d'un homme, et, sous cette forme, il bat et assomme tout ce qu'il rencontre dans l'obscurité. Parfois, dit-on, une troupe d'hommes prend le parti de résister à l'attaque de ce méchant Esprit, le perce de coups de lance et va même jusqu'à le tuer. Dans ce cas, il faut brûler son corps et n'en pas laisser subsister le plus petit fragment, de peur qu'un nouvel

Ovengua ne renaisse de ses cendres. Il y a certains endroits où, pour rien au monde, un nègre ne voudrait s'aventurer la nuit, tant il a peur de ce terrible monstre!

Ils ont encore une autre croyance non moins absurde : c'est que, lorsqu'un homme est mort ensorcelé, ses ossements sortent de son tombeau un à un pour se ranger sur une seule ligne et que, de cet ossuaire, il se forme peu à peu un Ovengua.

Ce n'est pas chose aisée que de se rendre compte des idées religieuses de ce peuple, qui n'a sur ce sujet aucune notion bien arrêtée. D'ailleurs, en cette matière comme en bien d'autres, les nègres sont fort peu communicatifs.

Ils supposent, je crois, que l'Ovengua a quelque chose d'un être humain. C'est pour cela qu'ils le tuent et qu'ils brûlent son cadavre.

Naturellement les Commis, ainsi que tous les autres nègres, ont une foi aveugle dans la sorcellerie.

Il y a, suivant eux, dans la forêt, non loin d'Aniambia, un endroit hanté par l'esprit d'une vieille femme, qui a quitté son pays depuis plusieurs siècles. Elle cultive, disent-ils, une plantation dans un coin reculé du bois et s'embusque sur le passage des voyageurs pour les frapper et les tuer par pure cruauté.

Pendant mon séjour dans ce village d'Aniambia, il nous arriva, avec un buffle de l'espèce *bos brachycheros*, une aventure dont le dénoûment faillit être fatal. Je m'étais mis en campagne le matin pour essayer de tuer quelques buffles dans les prairies qui bordent le village. Je m'étais fait accompagner d'un chasseur nommé Ifouta, et nous faisions le guet depuis une heure environ, quand nous aperçûmes un superbe taureau qui paissait dans une clairière entourée de bois, circonstance qui rendait l'approche de l'animal assez facile. Ifouta, faisant un détour à travers le fourré, se dirigea du côté opposé à celui où je me tenais à l'affût, dans l'intention d'effrayer le buffle et de le rabattre sur moi. Quand il eut trouvé son point de départ, il se mit à ramper dans l'herbe, suivant la méthode de ces gens-là, pour se rapprocher peu à peu de notre gibier. Tout alla bien jusqu'à ce qu'il arrivât à portée de l'animal ; mais, tout à coup, celui-ci l'aperçut. Ifouta n'hésita pas à tirer ; mais, par malheur, il ne fit que blesser la bête, qui devint furieuse et fondit sur lui.

Le pauvre Ifouta perdit la tête. En cas pareil, cas très-fréquent dans la chasse au bos brachychéros, le chasseur exercé doit rester parfaitement tranquille jusqu'à ce que le taureau ne soit plus qu'à la distance d'un bond seulement ; alors, il se jette de côté, et l'animal s'élance dans le vide. Ifouta, au contraire, se releva et prit la fuite.

Le buffle, qui courait plus vite que lui, l'eut bientôt pris et enlevé avec ses cornes ; il le jeta en l'air une fois, deux fois, trois fois, avant que j'eusse le temps de venir au secours de mon malheureux compagnon. J'accourus cependant et, par mes cris, je détournai sur moi-même la fureur de l'animal. Il se précipita sur moi, pensant me traiter à mon tour comme il avait traité son premier ennemi. Il se trompait. Je l'ajustai avec soin et mon buffle tomba lourdement pour ne plus se relever.

Ifouta était couvert de meurtrissures ; mais, en somme, il avait eu plus de peur que de mal. Il fut heureux pour lui que cette espèce de taureau, au lieu d'avoir les cornes droites, en ait la pointe recourbée en arrière.

# CHAPITRE XXII



C'est un jour mémorable que celui où je me suis vu maître pour la première fois d'un gorille vivant ! oui, d'un gorille déjà en âge de rugir ! d'un jeune gorille vivant ! On l'avait pris non loin du cap Sainte-Catherine, et on me l'apporta à Washington.

Mes chasseurs, au nombre de cinq, traversaient sans bruit la forêt, lorsque tout à coup le silence fut troublé par le cri d'un petit gorille qui appelait sa mère. Tout était calme aux environs ; il était près de midi. Ils se décidèrent à se porter du côté de ce cri, qui se fit entendre une seconde fois.

Le fusil en main, les hardis compagnons se glissèrent silencieusement dans un massif où devait être le petit gorille. Quelques indices leur firent reconnaître que la mère n'était pas loin ; tout portait même à croire que le mâle, bien autrement redoutable encore que la femelle, se tenait aussi dans les environs. Mais ils étaient résolus à tout braver pour s'emparer du petit gorille, sachant qu'ils ne pouvaient me faire une plus grande joie que de mettre en ma possession une créature si ardemment désirée.

Voyant remuer les buissons, ils se faufilèrent un peu plus

avant, silencieux comme la mort, en retenant leur respiration, et bientôt ils eurent sous les yeux un spectacle bien rare, même pour ces nègres des forêts. Un petit gorille était accroupi à terre, mangeant quelques graines qui croissent au niveau du sol. A quelques pas de là était sa mère, assise comme lui, et mangeant du même fruit.

Mes chasseurs se préparèrent à tirer. Il était temps ; la mère les avait vus ; ils n'avaient plus qu'à faire feu bien vite. Heureusement pour eux, ils la blessèrent mortellement.

Elle tomba la face contre terre, tout inondée de sang. Le petit gorille, au bruit de la détonation, se jeta sur sa mère et se cramponna après elle, en se cachant la figure sur son corps. Les chasseurs s'élancèrent sur ce groupe avec un hourra de triomphe. Que n'étais-je avec eux ! que ne pouvais-je prendre part à la capture d'un gorille vivant !

Mais leurs cris rappelèrent à lui le petit animal, tout couvert du sang de sa mère. Il lâcha le corps, s'élança sur un arbre voisin et grimpa jusqu'au sommet avec une extrême agilité. Là, il s'assit en poussant des rugissements sauvages.

L'embarras était de l'atteindre. Comment s'y prendre? Nos gens ne se souciaient pas de s'exposer aux morsures de la féroce petite bête. Ils ne voulaient pas non plus la tuer ; maladresse que je ne leur aurais jamais pardonnée. Lui, cependant, ne descendait pas de son arbre, et eux n'avaient garde d'y grimper. A la fin, ils s'avisèrent d'abattre l'arbre et de jeter en même temps une toile sur la tête du petit singe en profitant, pour le saisir, du moment où il était aveuglé et enveloppé, ce qui n'empêcha pas un de mes hommes d'être cruellement mordu à la main, et un autre d'avoir la cuisse entamée.

Ce petit animal, quoique chétif de taille et encore enfant par l'âge, était d'une vigueur étonnante et d'une violence sans égale. On ne savait comment l'emporter. Il ne cessait de se débattre, de s'élancer sur ceux qui le retenaient, de les menacer et de faire mine de leur arracher quelques lambeaux de chair, surtout aux jambes ; c'était là qu'il visait. On fut obligé d'aller chercher une fourche dans laquelle on lui passa le cou de manière à l'empê- cher de s'échapper et à le tenir en même temps à distance. Le

Capture d'un jeune gorille.

moyen était rude, mais c'était le seul qui pût mettre nos hommes à l'abri de ses griffes et de ses dents. C'est dans cet équipage qu'on l'amena à Washington.

Le village était tout en émoi lorsque l'animal fut débarqué du canot sur lequel on lui avait fait descendre la rivière. Il rugissait et beuglait avec fureur ; ses petits yeux, lançant autour de lui des regards sinistres, donnaient à entendre que, s'il pouvait attraper quelqu'un de nous, il lui ferait sentir cruellement sa vengeance ; mais naturellement personne ne vint se mettre à sa portée.

Je m'aperçus que la fourche lui blessait le cou, et je songeai aussitôt à me procurer une cage. En deux heures, on me construisit une petite cabane de bambou, très-forte, avec des barreaux solidement fixés et assez espacés pour que le gorille pût être vu et voir lui-même au dehors. On l'introduisit tout de suite là dedans et, pour la première fois, je pus jouir tranquillement du spectacle de ma conquête.

Dès que j'approchai de la cage, il s'élança sur moi; mais, Dieu merci, je me trouvais hors de ses atteintes. Ses regards témoignaient de sa rage impuissante.

Je le nommai Joë, Joë le batailleur. C'était un jeune mâle qui n'avait pas encore trois ans, mais qui était parfaitement en état d'aller seul et dont la force musculaire était déjà prodigieusement développée. Sa taille était d'environ trois pieds six pouces. Sa face et ses mains étaient toutes noires et ses yeux enfoncés. Les poils de sa tête étaient d'un brun rougeâtre; ils redescendaient, de la naissance des sourcils, sur les deux côtés de la face, en prenant là une teinte plus foncée, et encadraient la mâchoire inférieure à peu près comme notre barbe et nos favoris. Le museau était lisse et très-noir. La lèvre supérieure était bordée d'un poil rude et court; on eût dit des moustaches naissantes; mais j'ai vérifié plus tard l'absence de moustaches chez les gorilles adultes. La lèvre inférieure était garnie d'un poil plus long, qui semblait annoncer une barbiche. On lui voyait des cils minces et clair-semés, les sourcils étaient droits.

Tout son corps était velu, sauf la face et la paume des mains et des pieds. Le pelage du dos était gris de fer et tirait sur le noir en approchant des bras. Il s'allongeait sur les bras, plus qu'en toute autre partie du corps.

Quand j'eus bien observé le petit drôle, solidement enfermé dans sa prison, je me hasardai à venir, plus près, lui adresser quelques paroles de douceur. Il s'était blotti dans le coin le plus reculé de la cage. Dès que je m'approchai, il se mit à rugir et s'élança sur moi ; je me rejetai vite en arrière ; mais il eut le temps d'agripper mon pantalon, dont il remporta un morceau dans le fond de sa cage. Cette attaque me rendit plus circonspect ; il ne fallait pas se risquer à sa portée.

Me serait-il possible de l'apprivoiser? Je le croyais d'abord, mais je fus bien vite désappointé.

Accroupi dans son coin, il dardait sur moi le feu sombre de ses yeux gris. Je n'ai jamais vu de mine plus rechignée ni plus sournoise. Je ne crois pas, du reste, que jamais un gorille puisse prendre l'air gracieux.

Il fallait cependant pourvoir aux besoins de mon prisonnier. Mon premier soin, le matin, fut de m'occuper de lui. J'envoyai chercher dans la forêt les graines que ce petit animal préfère et je les plaçai, avec un vase d'eau, à sa portée. Mais, dans sa réserve farouche, il ne voulut ni manger ni boire avant que je me fusse reculé à une grande distance.

Le second jour, je trouvai Joë plus sauvage encore que le premier. Il se précipitait avec fureur sur tous ceux qui s'arrêtaient un moment devant sa cage, prêt à les mettre en pièces s'il l'avait pu. « Voilà, me disais-je, un bel échantillon de l'homme-singe ! Un tigre sous la peau d'un gorille ! » Je me demandais quelle espèce de cage il faudrait pour un gorille adulte. A coup sûr, je ne voudrais pas être son gardien, à celui-là !

Je jetai à Joë quelques feuilles d'ananas, dont je remarquai qu'il ne mangeait que les parties blanches.

Il ne faisait guère de difficultés pour satisfaire son appétit, tant qu'on lui présentait des aliments de sa forêt natale; mais il refusait toute autre espèce de nourriture. Il aimait surtout les bananes mûres.

Le troisième jour, Joë se montra encore plus farouche et plus sombre que de coutume, rugissant dès qu'on faisait mine de l'approcher, et se ramassant dans son coin pour sauter de là sur le visiteur.

Le quatrième jour, pendant que personne n'était près de lui, le petit démon parvint à arracher deux des barreaux de sa cage, et s'échappa. J'arrivai juste au moment où l'on venait de s'apercevoir de sa fuite, et j'envoyai aussitôt tous les nègres à sa poursuite. Où s'était-il sauvé? J'étais bien décidé à faire cerner le bois pour ressaisir le fugitif. Comme je rentrais chez moi pour prendre mes fusils, je tressaillis au bruit d'un grondement sourd qui partait de dessous mon lit. C'était maître Joë; il n'y avait pas à s'y tromper. Je connaissais trop bien l'aimable son de sa voix. Il se tenait caché là et guettait tous mes mouvements.

Je sortis plus vite que je n'étais entré. Je fermai sur-le-champ les fenêtres, et j'appelai tout mon monde pour garder la porte. Quand Joë vit ce groupe de visages noirs, il devint furieux, et, les yeux étincelants, la rage peinte sur sa face et dans tous ses mouvements, il s'élança hors de sa cachette. Il était prêt à se jeter sur nous tous; rien ne semblait l'effrayer. Il n'en était pas de même de mes hommes, qui auraient volontiers lâché pied. Je fermai vite la porte et je laissai Joë maître du logis, aimant mieux combiner à loisir les moyens de le reprendre sans peine que d'exposer mes hommes et moi-même à ses cruelles morsures, car je ne me souciais pas de lui laisser entre les dents un morceau de ma jambe avec mon pantalon.

Mais comment le reprendre? C'était là le difficile. Il avait déjà déployé tant de force et de fureur, que j'hésitais à l'attaquer corps à corps, trop sûr de ne pas sortir à bon marché de cette lutte. Cependant, à travers le trou de la serrure, je voyais maître Joë, accroupi, immobile, au milieu de la chambre. Tout en guettant ses ennemis du dehors, il regardait mon mobilier d'un air de surprise. On eût dit qu'il cherchait le sens de ces objets nouveaux pour lui. Je le surveillais avec inquiétude, craignant que le tic-tac de ma pendule n'attirât son attention et n'appelât sa fureur sur ce meuble précieux. Je voulais bien laisser Joë en possession de mon appartement; mais je craignais qu'il ne mît en pièces certains petits objets d'art ou de curiosité suspendus au mur, et qui avaient pour moi beaucoup de prix et d'intérêt, comme autant de souvenirs de mon pays.

A la fin, voyant que Joë se tenait tranquille, j'envoyai quelques-uns de mes compagnons chercher un filet; puis, ouvrant brusquement la porte, je le lui jetai sur la tête; heureusement, je réussis du premier coup à en entortiller le petit monstre, qui se mit à pousser des rugissements effroyables, à se débattre et à donner des coups de pied en tous sens dans le réseau sous lequel il était empêtré. Ses transports de rage étaient si violents, que j'eus peur un instant qu'il ne mourût d'un accès de suffocation. Je l'empoignai par la nuque, deux hommes lui saisirent les bras, un autre les jambes, et, à nous quatre, nous eûmes toutes les peines du monde à venir à bout de ce diablotin.

Nous le reportâmes au plus vite dans sa cage, que l'on avait réparée à la hâte, et nous l'y enfermâmes de nouveau. Jamais je ne vis bête plus furieuse; elle s'élançait sur tout ce qui l'approchait, elle mordait les barreaux; elle nous lançait des regards sinistres et venimeux, et chacun de ses mouvements révélait une férocité intraitable.

Depuis lors, Joë devint plus sombre que jamais; les bons traitements ne faisaient qu'accroître son humeur noire. J'essayai alors de ce que pourrait le jeûne pour dompter cette nature rebelle. Je commençais d'ailleurs à être embarrassé pour lui procurer chaque jour ses aliments de la forêt, et je voulais l'accoutumer à la nourriture moins sauvage que je plaçais devant lui; mais il refusait obstinément d'y toucher. « Comment diable, me disais-je, l'emporter dans mon pays, à moins d'emporter avec lui une forêt africaine? » Quant à son humeur, tout ce que je gagnai, après vingt-quatre heures de jeûne, ce fut de le voir venir lentement prendre dans ma main ses graines favorites et se retirer ensuite dans son coin noir pour les manger. Mes soins attentifs et suivis pendant plus d'une quinzaine ne me valurent pas un meilleur résultat. Il grondait toujours sourdement, et ce n'était que lorsqu'il avait bien faim qu'il consentait à venir prendre de ma main ses aliments de choix, et jamais d'autres.

Au bout de la quinzaine, allant un jour lui porter sa nourriture, je trouvai un morceau de bois de sa cage tout rongé et la cage vide. L'animal s'était enfui de nouveau. Heureusement, il venait à peine de s'échapper, car, en regardant autour de moi, je le vis qui courait à quatre pattes, avec une extrême vitesse, à travers une petite prairie, vers un massif d'arbres voisins.

Aussitôt je donnai l'alarme. Mes hommes accoururent et nous le poursuivîmes avec tous nos filets de pêche. Dès qu'il nous aperçut, et avant qu'on pût lui couper la retraite, il changea de direc-

tion et courut vers un autre fourré plus épais. Nous le cernâmes ;
mais, au lieu de monter sur un arbre, il se tint en observation sur
la lisière du bois. Cent cinquante hommes à peu près s'avancèrent
en cercle autour de lui. Alors, il se mit à hurler et s'élança sur
un pauvre diable qui marchait en avant des autres. Celui-ci tomba
par terre de frayeur, et sa chute le préserva des dents de l'animal. Cet accident nous donna le temps de jeter sur Joë les filets
que nous tenions tout prêts.

Quatre des nôtres le rapportèrent au village, toujours résistant
et se débattant. Cette fois, je ne me fiai plus à sa cage et je lui
passai une chaîne autour du cou. Il lutta de toutes ses forces contre cette opération, et il ne nous fallut pas moins d'une heure
pour enchaîner solidement ce petit énergumène, dont la vigueur
avait quelque chose de prodigieux.

Dix jours après, il mourut subitement. Il paraissait cependant
en bonne santé ; il mangeait avec appétit les aliments qu'on lui
apportait chaque jour de la forêt, lorsque tout à coup il tomba
malade, et, en deux jours, il succomba. Sa mort fut accompagnée
de quelque souffrance.

Jusqu'à la fin, il s'était montré intraitable, et, depuis qu'on l'a-
vait enchaîné, il ajoutait la sournoiserie aux autres vices de sa nature. Ainsi, il lui arrivait quelquefois de se montrer résigné à
prendre tranquillement sa nourriture dans ma main ; puis, pendant que je me tenais debout devant lui et qu'il me regardait bien
en face pour occuper mon attention, il jetait tout à coup son
pied en avant pour me saisir la jambe. Plusieurs fois, il me dé-
chira mon pantalon. Une prompte retraite pouvait seule me mettre à l'abri de ses attaques, et j'étais forcé de prendre des précautions infinies pour l'approcher. Les nègres ne pouvaient passer

près de lui sans le mettre en fureur. Il semblait toujours se rappeler que c'étaient eux qui l'avaient pris, et songer encore aux mauvais traitements qu'ils lui avaient infligés; mais évidemment il nourrissait aussi contre moi un ardent désir de vengeance.

Quand je l'eus mis à la chaîne, je remplis de foin un demi-tonneau que je plaçai près de lui, pour lui servir de couchette. Dès le premier moment, il en comprit l'usage. C'était plaisir de le voir remuer ce foin et s'y blottir comme dans un nid lorsqu'il se sentait fatigué. Le soir venu, il le remuait encore; puis, une fois pelotonné sur lui-même, il en prenait des poignées pour se couvrir. Il gémissait souvent, pendant la nuit, après sa mère peut-être.

Quand Joë fut mort, j'empaillai son corps avec soin et j'envoyai sa peau et son squelette à New-York, où beaucoup de personnes ont pu les voir. Son cou était un peu pelé par la chaîne qu'on lui avait mise.

Pauvre Joë! j'aurais bien voulu qu'il vécût! Si j'avais pu l'apprivoiser, je l'aurais emmené dans mon pays pour le montrer aux enfants.

Le pauvre Joë empaillé se voit maintenant au Muséum britannique.

# CHAPITRE XXIII



Quel spectacle curieux se présentait dans l'eau! c'était une troupe d'hippopotames, dont les corps faisaient l'effet de vieux troncs d'arbres ballottés par la tempête et échoués sur le sable ou les bas-fonds.

Partout régnait une tranquillité profonde. Sous les feux d'un soleil ardent, la nature entière semblait assoupie. Je me tenais sur la rive, à l'ombre d'un épais feuillage, pour observer ces étranges animaux. Tout à coup, à peu de distance de moi, deux énormes bêtes sortirent de l'eau et se précipitèrent l'une sur l'autre. Leurs larges et hideuses gueules étaient ouvertes dans toute leur grandeur, montrant de grosses dents crochues, de l'aspect le plus féroce. Leurs yeux flamboyaient de rage, et chacun de ces deux monstres s'acharnait de tous ses efforts à la destruction de son ennemi. Ils s'entre-déchiraient et s'entre-perçaient à coups de dents, avançant ou reculant tour à tour, tantôt s'élançant à la surface, tantôt plongeant au fond de l'eau. Leur sang rougissait l'onde, et leurs mugissements de fureur étaient affreux à entendre. Ils ne montraient guère d'aisance dans leurs mouvements ; mais ils mettaient une ténacité inouïe à maintenir leur position, et un emportement brutal à prolonger la lutte. Elle dura une heure. C'était vraiment un spectacle terrible. L'eau jaillissait en écume autour des combattants. A la fin, l'un des deux se retourna et fit retraite, laissant l'autre victorieux et maître du champ de bataille. A quelques jours de là, je tuai un hippopotame, dont le cuir épais était criblé de blessures. C'était probablement une des deux bêtes que j'avais vues aux prises.

L'hippopotame se trouve dans la plupart des fleuves de l'Afrique qui se jettent dans l'Atlantique ou dans l'océan Indien, mais jamais dans ceux qui se rendent à la Méditerranée, le Nil excepté ; et encore faut-il remonter le Nil très-haut pour le rencontrer. On en voyait quelques-uns dans le Fernand-Vaz et beaucoup plus dans l'Ogobai.

Quel plaisir je prenais à étudier ces amphibies ! Il faut que je vous fasse le récit de quelques-unes de mes rencontres avec eux.

A cinq milles environ de mon établissement de Washington, il y avait un endroit de la rivière dont le peu de profondeur permettait aux hippopotames de se rassembler là et d'y prendre leurs ébats. Ils folâtraient dans l'eau, tantôt plongeant, tantôt se tenant immobiles sur quelque bas-fond, leur difforme groin en l'air et seul visible au-dessus de l'onde.

Par une belle matinée, je me dirigeai de ce côté. Nous nous approchâmes lentement et avec précaution jusqu'à une trentaine de mètres de la bande, sans éveiller en aucune façon l'attention de ces paresseuses bêtes. On aurait pu se demander si c'étaient ou non des êtres vivants. Arrivé là, je tirai cinq coups de feu, et je tuai trois hippopotames. L'oreille est le point le plus vulnérable de leur corps, et c'était là que j'avais visé.

Le premier coup ne fit guère d'impression sur la troupe ; mais

quand ils virent l'animal que j'avais frappé se débattre dans l'a-
gonie, tourner plusieurs fois sur lui-même et finalement couler
à fond, ils se réveillèrent de leur torpeur et se mirent à battre
l'eau et à plonger. Le sang de mes victimes rougissait la rivière
autour de nous et m'empêchait de voir dans quelle direction nageaient les survivants de la bande. Je tâchais cependant de les
suivre des yeux pour éviter leur rencontre, quand tout à coup
notre bateau soulevé reçut une violente secousse; je regardai par-

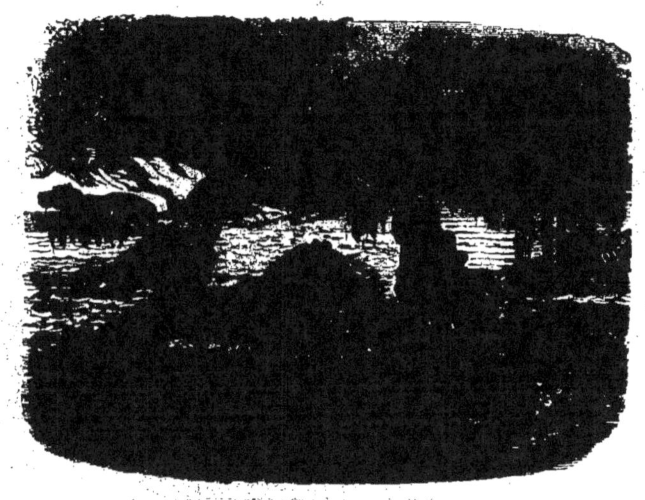

Les hippopotames.

dessus bord et je vis que nous étions au beau milieu du troupeau.

—Les hippopotames fondent sur nous! s'écrièrent mes hommes,
ils viennent nous attaquer!

Nous nous jetâmes à l'écart le plus vite possible, personne de
nous ne se souciant de chavirer. Il eût été trop curieux, ma foi,
de nous voir à la nage au milieu d'une troupe d'hippopotames,
quelques-uns peut-être à cheval sur le dos d'un de ces animaux
ou accrochés à ses terribles mâchoires.

Nous nous trouvâmes bientôt en sûreté. Je regardai en arrière pour savoir ce qu'étaient devenues les trois bêtes que j'avais tuées. Je ne vis rien. Elles avaient coulé au fond de l'eau. Deux jours après seulement, j'en trouvai une échouée sur un îlot, près de l'embouchure de la rivière. Dès lors, je me promis de ne jamais chasser les hippopotames dans l'eau, car je n'aime pas à tuer inutilement les animaux. Ce que je veux, ce sont leurs peaux et leurs squelettes pour enrichir nos musées.

Quelque temps après la mort de Joë, je me décidai à organiser à terre une chasse nocturne contre les hippopotames, car ces amphibies viennent paître la nuit sur le rivage.

Le Fernand-Vaz, qui coule parallèlement au littoral pendant plusieurs milles, n'est séparé de la mer que par une bande de terre sablonneuse. C'est dans cette prairie que l'hippopotame vient paître. On l'appelle *cheval de rivière* (*hippos potamou* en grec), parce qu'à une certaine distance sa tête, élevée hors de l'eau, a beaucoup de ressemblance avec celle du cheval. Le lieu de promenade du troupeau est bien reconnaissable. On dirait un sentier régulièrement battu ; seulement d'énormes empreintes de pieds révèlent le quadrupède qui l'a frayé. L'herbe ne croît pas sur le chemin de ces animaux, qui repassent toujours par celui qu'ils ont une fois pris ; c'est ce qui fait l'avantage du chasseur.

Je choisis un beau clair de lune, et notre canot nous conduisit dans le voisinage d'un de ces lieux de promenade et de pâture des hippopotames. Mon chasseur Igala et moi, nous descendîmes à terre. Je m'étais barbouillé le visage avec un mélange d'huile et de suie, précaution utile à l'homme blanc qui chasse dans ces pays sauvages. Il semble, en effet, que là, par exception, les bêtes aient la vue frappée de tout ce qui est blanc. Je m'étais donné la ressemblance exacte d'Igala. Nous avions tous les deux la figure et les mains noires. Mes vêtements étaient d'une couleur sombre, appropriée à une expédition nocturne. On ne va pas d'ailleurs à la chasse avec un costume qui tire l'œil. Nous passâmes sous le vent des hippopotames, car ces animaux ont le flair très-subtil; indolents le jour, ils s'effarouchent d'un rien quand il fait nuit. Ils sentent probablement qu'une fois à terre, la lenteur de leurs mouvements, la pesanteur de leur masse et leurs jambes courtes leur donnent un grand désavantage.

Nous nous mîmes en embuscade derrière un buisson, l'œil au guet. Aucun de nos amphibies n'était encore sorti de l'eau. On les entendait de loin patauger et clapoter; ce bruit et le sourd ronflement de leurs naseaux troublaient seuls le silence de la nuit. Il fallait pourtant y ajouter le bourdonnement des moustiques qui volaient autour de nous et qui profitaient de notre immobilité forcée pour se régaler tranquillement à nos dépens.

Cependant la lune déclinait vers l'horizon, et je commençais à m'impatienter lorsqu'un grognement soudain me fit tressaillir. Je regardai et, à travers la demi-obscurité, je vis confusément, à quelque distance, un monstrueux animal tranquillement occupé à brouter l'herbe.

Nous en étions séparés par un autre buisson, et nous nous mîmes à ramper dans un profond silence, jusqu'à ce que nous fussions à peu près à quinze pas de la bête. Combien elle me parut redoutable! On a vu quelquefois des nègres écrasés et tués par ces brutes furieuses, et je pensais que nous pourrions bien être victimes de celle-ci. Si l'animal n'est que blessé, il fond avec fureur sur l'assaillant; aussi l'expérience a-t-elle appris aux indigènes que la seule manière de l'attaquer sans danger est de s'en approcher par derrière ; car il ne peut pas se retourner vite, et cette lenteur laisse au chasseur le temps de se sauver. Cette fois, nous n'avions pas la liberté de prendre nos avantages ; néanmoins je me décidai à faire feu, étant à peu près sûr de mon coup à quinze pas, malgré le peu de clarté que nous avions.

Igala et moi, nous guettions l'hippopotame avec la plus grande attention ; puis, nous regardant l'un l'autre, comme pour nous dire : « Êtes-vous prêt ? » nous élevâmes lentement nos fusils, et nous ajustâmes la bête. Igala tira et, au même instant, sans regarder l'effet de son coup, il s'enfuit à toute vitesse. Je ne fis feu qu'après lui, et quand j'eus l'idée de jouer des jambes à mon tour, exercice qui m'était moins familier qu'à Igala, je m'aperçus que ce n'était plus nécessaire : la bête avait chancelé un moment et, poussant un sourd mugissement, elle était tombée morte.

Notre chasse était finie pour cette nuit-là, car aucune bête du troupeau ne se serait avisée de venir dans l'endroit où une des leurs était étendue morte. Igala prétendit que j'avais eu tort de ne pas m'être sauvé aussi vite que lui. Il paraît qu'une fuite précipitée est le complément obligé d'une chasse à l'hippopotame. Notre succès mit tout le village en belle humeur, car la viande y est très-rare. On alla au point du jour dépecer l'animal, et l'on en rapporta la chair. Chaque panier qui arrivait était salué par les acclamations de la foule, hormis par les gens qui ne mangeaient pas d'hippopotame, cette viande étant pour eux *roonda*, c'est-à-dire maudite. Voici en effet ce qu'ils croient et comment ils raisonnent. Quelqu'un de leurs ancêtres, disent-ils, engendra autrefois un hippopotame ; et, s'ils s'avisent d'en manger, ils s'exposent, à leur tour, à donner naissance à d'autres hippopotames ou à mourir. Ils s'écriaient en parlant de moi :

— Que n'a-t-il tué un buffle au lieu d'un hippopotame !

Cette viande a un peu le goût du bœuf ; elle est moins rouge et la fibre en est plus épaisse. C'est un mets que les nègres aiment beaucoup. Quant à moi, j'essayai d'en manger quelques tranches ; mais je dois dire que je les trouvai coriaces et que j'ai eu de la peine à en venir à bout. Le bouillon valait mieux et me fit grand plaisir. N'était-ce pas quelque chose d'assez nouveau que cette soupe à l'hippopotame ?

J'ai tué un grand nombre d'hippopotames. C'est une bête grossièrement construite, lourde, difforme, remarquable surtout par son énorme tête, dont la mâchoire supérieure m'a semblé mobile comme celle du crocodile, et par ses jambes courtes, tout à fait disproportionnées au corps qu'elles supportent. Le mâle est beaucoup plus gros que la femelle. Parvenu à toute sa croissance, il peut atteindre non pas la taille, mais le volume de l'éléphant. Les plus gros, en marchant, balayent le sol avec leur ventre.

Leurs pieds, dont la configuration est curieuse, sont disposés à la fois pour marcher sur la vase ou les joncs des rivières et pour nager avec facilité. Le sabot est divisé en quatre doigts courts, grossiers et écartés les uns des autres, structure qui permet à ces animaux de se mouvoir avec aisance, même à travers la fange grasse. J'en ai vu qui, pressés par la peur, couraient au fond de l'eau, pendant que leur dos en rasait la surface.

La couleur de leur peau est d'un jaune limoneux, qui prend une teinte rosée sous le ventre. Cette couleur devient plus foncée quand l'animal a pris toute sa croissance. La peau de l'hippopotame adulte a sur le milieu du dos un pouce et demi à deux pouces d'épaisseur. Elle est dépourvue de poils, sauf quelques soies courtes à la queue et quelques houppes, de quatre à cinq poils chacune, disséminées autour du museau.

Sur tout le parcours du Fernand-Vaz on rencontrait des troupes d'hippopotames. De ma maison même, comme je l'ai dit, j'étais à portée de les observer à toute heure du jour. Dès que ces animaux se sont choisi une place, ils y restent volontiers plusieurs semaines et plusieurs mois de suite jusqu'à ce qu'on vienne les y troubler ou que la pâture leur manque. Ils se rassemblent en couples ou en bandes, depuis deux jusqu'à trente. Ils s'établissent de préférence sur des bas-fonds qui leur permettent de prendre pied, tout en ayant le corps submergé. Ils demeurent là toute la journée, allant parfois nager dans une eau plus profonde, plongeant pour chercher leur nourriture parmi les herbes, ou se jouant à la surface de l'onde. De temps en temps ils lancent des jets d'eau à deux ou trois pieds avec un bruit pareil à celui d'un soufflet de forge, et qui n'est sans doute qu'un effort pour respirer. Rien de curieux comme le spectacle d'une troupe d'hippopotames folâtrant avec deux ou trois petits. Ceux-ci, drôles de petits êtres d'une gaucherie comique, courent les uns après les autres autour des bancs de sable ; j'en ai vu qui se campaient bravement sur le dos de leur mère. Quels soins vigilants montrait cette mère, soit en jouant avec eux, soit en les portant ! Ce qu'il y avait d'étrange, c'est que quelquefois toute la troupe des hippopotames disparaissait sous l'eau pendant fort longtemps.

Les parties de la rivière que ces animaux affectionnent sont celles où le courant n'est pas très-rapide, aussi en rencontre-t-on beaucoup dans tous les lacs de l'intérieur. Ils se tiennent de préférence dans le voisinage des prairies. Très-friands d'une certaine herbe épaisse qu'ils y trouvent, ils vont la chercher, quand il le faut, à des distances considérables ; mais ils ont soin de revenir toujours avant le lever du soleil. A terre, ils marchent constamment en ligne droite. Rochers, marais, buissons, aucun obstacle n'effraye ni ne détourne ces pesants amphibies. J'ai vu leurs traces marquées dans les fourrés les plus épais. Ils n'ont pas grand'peur de l'homme, à moins d'être forcés à la chasse. Si l'on vient les troubler dans leurs habitudes, ils changent de place et vont chercher un pâturage plus tranquille.

Dans un petit champ, derrière ma maison, croissaient certaines plantes que ces animaux aiment beaucoup, et bien souvent j'y ai trouvé des traces d'hippopotames à cinquante pas au plus de chez moi. Ils ne craignaient pas de s'aventurer jusque-là. Je crois cependant que, si le vent leur eût dénoncé mon voisinage, ils auraient évité d'en approcher.

Ils cherchent toujours un point d'abordage facile, où la rive ait une pente prolongée et douce ; c'est là qu'ils vont paître chaque soir jusqu'à ce qu'ils aient épuisé tout le pâturage que ce terrain peut leur fournir. Avant d'aller à terre, ils restent aux aguets, dans leur autre élément, une bonne heure et quelquefois deux, immobiles et sans faire le moindre bruit, écoutant s'il n'y a rien à craindre. Au plus léger indice de la présence du chasseur ou de tout autre objet suspect, ils s'éloignent pour ne plus reparaître de la nuit. Si, au contraire, ils ne pressentent aucun danger, ils abordent et se mettent à errer sur la rive par groupes de deux ou trois à la fois. Je n'ai jamais vu plus de trois de ces animaux paître ensemble au même endroit. Tant qu'ils sont à terre, ils se fient plus à leurs oreilles qu'à leurs yeux, car je les ai plusieurs fois observés de près à la chasse, et je suis convaincu qu'ils marchent les yeux presque fermés.

Quand ces bêtes se jouent dans l'eau, le bruit qu'elles font ressemble assez au grognement du porc. Ce même grognement se répète si elles sont alarmées par l'approche de l'homme. Lorsque l'hippopotame entre en fureur ou qu'on le surprend à l'improviste, il pousse un grondement sourd et rauque qui se fait entendre à de grandes distances. Ces animaux se battent souvent entre eux, comme vous avez pu le voir au commencement de ce chapitre.

# CHAPITRE XXIV



Par une belle journée, j'étais tranquillement assis dans ma maison de bambou, et je relisais, pour la cinquantième fois peut-être, les lettres des bons et chers amis qui ne m'avaient pas oublié et qui me suivaient en pensée dans ma vie errante à travers l'Afrique. Tout à coup mon attention fut attirée par les chants d'une troupe d'hommes qui descendaient la rivière. Quelques instants après, j'avais devant moi, à côté de Rampano, un grand nègre, à la figure vénérable, à la taille élancée et au maintien noble quoique sauvage. On devinait tout de suite un chef. Il n'avait pas la peau très-noire. Les gens qui l'entouraient lui témoignaient beaucoup de déférence. Ce grand nègre était Quenguéza, le roi le plus puissant du Rembo, le souverain de tout le pays supérieur du Rembo et de l'Ovenga, deux grandes rivières qui alimentent le Fernand-Vaz.

Il était venu en grande pompe, sur trois canots, avec trois de ses femmes favorites et une suite de cent trente hommes.

Mon petit nègre, Macondai, lui apporta une chaise. Quand il se fut assis, je le saluai suivant l'usage, en disant : « Mbolo. » — A quoi il répondit : « Aï. » Puis il garda un moment le silence

et répliqua : « Mbolo. » — A quoi je repartis à mon tour : « Aï. »
Telle est la formule de salutation dans le pays des Commis. C'est
le maître de la maison qui commence.

Il me regarda avec une certaine expression de surprise. On lui
avait parlé de moi comme d'un grand chasseur, et il s'attendait à
voir un homme de haute taille et de complexion robuste. Quand
il se fut assuré du contraire, il n'en resta que plus convaincu,
me dit-il, que je devais avoir un grand cœur pour avoir eu, avec
un si petit corps, tant de succès à la chasse.

Par bonheur Quenguéza et moi nous pouvions causer ensemble
sans interprète ; car la langue des Commis était la sienne.

Il me dit que son pays était rempli de gorilles et de *nshiégos*
(autre espèce de singe anthropoïde), et que si je voulais y venir,
j'aurais, grâce à sa protection, toute liberté de chasser et d'agir à
ma guise. « Ni mes sujets, ni ceux de Rampano, ni personne,
ajouta-t-il avec une certaine emphase, ne sauraient trouver à re-
dire aux actions d'un homme que j'aurai invité à venir chez
moi. »

Ce vieux roi me plut à première vue. J'aurais dû craindre dès
lors ce qui est arrivé, c'est qu'en se prenant de la même affection
pour moi, il ne m'inspirât un attachement trop vif. Oui, tant que
je vivrai, je me rappellerai mon brave ami Quenguéza. Ce n'était
qu'un pauvre idolâtre ; mais que de nobles et belles qualités,
quels sentiments généreux sous cette enveloppe de sauvage !

J'étais si content de la visite du roi Quenguéza que, lorsqu'il re-
partit, je chargeai ses canots de présents de toute sorte : barres
de fer, baguettes de cuivre, coffres, etc. Je lui confiai aussi des
marchandises pour m'acheter de l'ébène en échange. Il promit,
quand je lui rendrais sa visite, de me procurer de grandes parties

de plaisir et de m'introduire chez certaines tribus, tout à fait in-
connues aux Commis du littoral.

Pour faire honneur à ce digne monarque, mes gens saluèrent
son départ d'une salve de mousqueterie; ce qui lui causa un sen-
sible plaisir. Le bruit plaît toujours aux oreilles africaines. Il ne
voulut pas s'éloigner sans emporter ma promesse d'aller le voir,
dès que la saison pluvieuse serait arrivée.

On était alors en pleine saison sèche. C'était la première fois

Oiseaux pêcheurs.

que cette époque me trouvait dans le pays des Commis. Je con-
sacrai tout le mois de juillet à l'exploration de la côte, entre le
Fernand-Vaz et la mer.

Le changement était complet. Les oiseaux, si nombreux pendant la saison pluvieuse, avaient disparu pour faire place à d'autres espèces dont les bandes, non moins innombrables, venaient se
nourrir de pêche au moment où le poisson, abandonnant le littoral et les bancs de sable de l'embouchure du fleuve, remontait le

courant pour frayer. Toutes les espèces de poissons, le mulet surtout, foisonnaient tellement dans ces eaux, que deux ou trois fois, le soir, me promenant en bateau plat, je vis un mulet étourdi sauter à bord pour me fournir le déjeuner du lendemain. Les basses eaux sont poissonneuses à un degré dont on ne peut se faire une idée.

Les brisants de la côte, redoutables en tout temps, étaient alors effrayants à voir. Le rivage était inabordable, même pour les indigènes, et le ressac bouillonnait avec tant de force, même à l'embouchre, qu'il était fort difficile, pour ne pas dire impossible, de faire entrer un canot dans le fleuve. Un violent vent du sud régnait dans ces parages, et quoique le ciel fût constamment couvert, il ne tombait pas une goutte de pluie. Le thermomètre descendait quelquefois dans la matinée à 64 degrés Fahrenheit (18 degrés centigrades), et je souffrais du froid, au moins autant que les pauvres indigènes. L'herbe des prairies était desséchée ou brûlée; les étangs étaient taris; mais les bois gardaient leur brillante parure de feuillage.

Je me suis souvent trouvé seul dans ce pays avec mon cuisinier et le petit Macondai, un enfant que j'aimais beaucoup, et toujours je me suis senti parfaitement en sûreté au milieu de ces Commis. Je m'étudiais, il est vrai, à être juste avec eux, et j'ai recueilli le prix de cette conduite; ils avaient tant d'affection pour moi, que celui qui aurait voulu me faire du tort aurait sans aucun doute été condamné à l'exil, sinon à la mort. Je me rappellerai toujours mon petit village de Washington et cette excellente population. Quand par hasard j'étais indisposé, tout le village était sens dessus dessous : il n'était pas permis de parler haut, on marchait sur la pointe du pied, c'était tout le long du

Marabouts, cigognes et pélicans.

jour une procession de visites; ils s'asseyaient en face de moi, la figure triste, pendant des heures, sans dire un mot; et, quand ils sortaient, ils exprimaient le chagrin de me voir malade. Les femmes, dans leur sollicitude affectueuse, m'apportaient des fruits sauvages ou de l'eau fraîche, puisée à la source voisine, pour bassiner ma tête brûlante, et quelquefois des larmes s'échappant de leurs yeux coulaient sur leurs bonnes figures noires.

C'est la saison où les nègres quittent leurs villages pour aller travailler aux plantations. Les femmes récoltent la pistache plantée à la saison pluvieuse, pendant que les hommes abattent les arbres, préparent le terrain pour l'année suivante, construisent des canots, vont à la pêche, ou se promènent paresseusement. Les fermes sont en général à une assez grande distance des villages; car les prairies sablonneuses ne se prêtent guère à la culture, n'étant, en réalité, qu'un dépôt des graviers de la mer, terrain d'alluvion qui a mis un temps incalculable à se former.

Les oiseaux, comme je l'ai déjà dit, se rassemblaient en nombre prodigieux dans ces prairies, où ils venaient faire leurs nids. C'est surtout à la fin de la saison qu'on voit affluer les marabouts, vilains oiseaux dont la queue fournit de superbes plumes pour la coiffure de nos dames; on les compte par milliers, et pourtant il n'est pas facile de les approcher. Le marabout est, je crois, l'oiseau le plus laid que j'aie jamais vu; comment s'imaginer que sa queue recèle de si jolies plumes, presque invisibles d'ailleurs sur l'individu vivant?

Des pélicans, en quantité innombrable, se tenaient les pattes dans l'eau toute la journée, avalant au passage les poissons petits et grands; d'autres nageaient gravement en silence, happant de çà, de là, avec leur long et formidable bec, de pauvres poissons

ahuris. S'ils n'ont pas faim, ils déposent le produit de leur pêche dans les énormes sacs dont la nature les a pourvus. C'est là
que trois ou quatre livres de poissons attendent le réveil de leur
appétit. Ces sacs, vous le savez, font l'office de ces poches profondes où les enfants, quand ils sont rassasiés, mettent en réserve
les pommes de leur dessert.

Sur les îles sablonneuses on voyait s'abattre de temps en temps,
par bandes, l'*ibis religiosa* (l'ibis sacré des Égyptiens). Cet oiseau
ressemble parfaitement à celui qui nous a été conservé à l'état de
momie depuis des milliers d'années. Son aspect est très-curieux;
sa tête et son cou sont dégarnis de plumes. J'ai cherché les nids
de ces oiseaux sans pouvoir jamais les découvrir.

Des canards de toute espèce faisaient leurs nids dans les criques
et sur les nouveaux îlots qui apparaissaient au fur et à mesure
de la décroissance des eaux; quelques-uns avaient un plumage
magnifique.

Des grues et bien d'autres oiseaux aquatiques s'attroupaient
là; chaque jour amenait de nouvelles espèces qui, poussées par
un merveilleux instinct, venaient des contrées les plus éloignées,
se repaître des vastes bancs de poissons qui encombraient littéralement le fleuve. Je m'étonnais de voir à ce même rendez-vous tant
d'oiseaux envolés des bords du Nil, du Niger, du Sembéri, de
l'intérieur de l'Afrique, où personne n'a jamais pénétré, et des
vastes plaines de l'Afrique méridionale. Quels voyageurs que ces
habitants de l'air! Ah! comme je leur portais envie! que de fois
j'aurais voulu, comme eux, fendre l'espace à coups d'ailes! que
de pays à voir! que de peuples curieux à découvrir! que de récits
nouveaux à vous faire!

En jetant les yeux sur les arbres qui bordent la rive, je pouvais voir, tantôt perché sur leurs plus hautes branches, tantôt à demi caché dans le creux de leurs troncs, cet aigle magnifique, le *Gypohierax angolensis*, que les indigènes appellent *Coungou*. Cet aigle est moitié blanc, moitié noir ; il se tient aux aguets au-dessus des eaux dont ses yeux perçants pénètrent la profondeur. Avec quelle rapidité il fond sur sa proie ! il plonge, la saisit entre ses serres, l'enlève et va la dévorer sur les hauteurs où l'on ne peut l'atteindre. Quand ces aigles attaquent le gros poisson, ils commencent ordinairement par l'aveugler, et le font échouer ensuite, manœuvre qui ne leur est pas toujours très-facile. Ils font bonne chère sur le Fernand-Vaz, où ils se rassemblent en grand nombre ; ils bâtissent leurs nids sur le faîte des plus grands arbres, et ils y reviennent tous les ans. Ces nids sont absolument pareils à ceux que vous avez pu voir ; seulement ils sont plus grands. Le père et la mère sont fort occupés quand leurs aiglons commencent à manger ; ils vont à la pêche toute la journée. Ces oiseaux sont très-friands de la noix du palmier huileux, et dans la saison où cette noix est mûre, ils se tiennent habituellement sur les palmiers.

Rien d'étonnant que ces aigles soient de si bons pêcheurs ; leurs serres sont si puissantes ! Un jour qu'un de ces oiseaux passait au-dessus de ma tête, je le tirai ; il tomba : le croyant mort, j'allai le ramasser ; mais tout à coup, dans un effort suprême, ses serres m'entrèrent dans la main. Je crus que j'allais m'évanouir de douleur. Rien ne pouvait dégager ma main, qui avait été percée de part en part. J'en garderai probablement la marque toute ma vie.

Je pris quelquefois sur le rivage un oiseau qu'on appelle *Sula capensis* et qui est apporté là par le flot perfide auquel il se confie, sans qu'il puisse jamais s'en retourner; pour quelle raison? Je l'ignore.

Enfin chaque banc de sable était couvert de mouettes, qui faisaient entendre leurs cris aigus du matin au soir, tout en volant avec une ardeur gloutonne à la poursuite de leur proie écaillée.

Quelle magnifique aubaine pour les amateurs! Je pensais à plusieurs de mes amis qui se seraient trouvés si heureux! Quant à moi je prenais plus de plaisir à étudier les mœurs de ces oiseaux qu'à les tuer, et j'ai passé là, je vous l'assure, plus d'un moment délicieux. J'aime beaucoup la saison sèche en Afrique. Je suis sûr que vous vous seriez divertis autant que moi, si je vous avais eus pour compagnons.

# CHAPITRE XXV



Un beau matin, il régnait une grande animation sur les bords du fleuve, près de Washington, où deux canots chargés étaient prêts à partir. J'allais m'embarquer pour une nouvelle expédition. Je convoquai une assemblée que présida le roi Rampano, et je remis mes propriétés à la garde des habitants du pays, en leur déclarant que si l'on s'avisait de me voler la moindre chose pendant mon absence, je saurais bien punir le voleur.

Mille protestations s'élevèrent. On m'assura de tous côtés que je n'avais pas besoin de fermer mes portes. Je n'eus pas de peine à les en croire. Les habitants de Biagano m'étaient fort attachés et n'auraient pas souffert qu'on me dérobât rien.

Je comptai donc mes dix chèvres en leur présence.

— J'espérais bien, leur dis-je, qu'on ne viendrait pas, à mon retour, me conter quelque aventure de léopard.

Ils se mirent à rire.

— Non, répondirent-ils, les léopards ne toucheront pas, plus que nous, à vos chèvres.

Je comptai mes poules.

Espérant bien aussi, leur dis-je, que l'on ne viendrait pas me conter quelque histoire de serpent.

— Soyez tranquille, s'écrièrent-ils; non, pas plus de serpents que de léopards; on ne mangera pas vos poules.

Ce point une fois réglé à ma satisfaction, je partis avec un équipage bien armé, car je craignais d'être arrêté en route par des gens des pays voisins. C'était justement le temps où ils se rendaient à leurs plantations; peut-être auraient-ils essayé de nous empêcher de passer, et j'étais résolu à ne pas me laisser barrer le chemin.

Nous nous dirigeâmes vers le lac Anengué, que j'avais déjà vu quelques mois auparavant. Mais cette fois-ci, nous étions au plus fort de la saison sèche, et je trouvai la rivière Npoulonnay bien plus basse que précédemment. De la saison pluvieuse à la saison sèche, la hauteur des eaux de l'Ogobai varie d'une quinzaine de pieds. Actuellement la rivière, au lieu de couler à pleins bords, était parsemée de petites îles noires, fangeuses ou sablonneuses, en partie abandonnées par l'eau et couvertes de roseaux, parmi lesquels se jouait le flamant, oiseau qu'on ne voyait pas là pendant la saison pluvieuse.

Après avoir navigué à grand'peine toute la journée, nous passâmes notre première nuit sur une île sablonneuse de l'Ogobai, abrités par nos moustiquaires, que j'avais eu soin d'emporter. Ces réseaux, dont les indigènes font grand usage, sont fabriqués avec une certaine plante tissée dans l'intérieur du pays. Fort utiles en plein air, où ils préservent le dormeur de la rosée aussi bien que des moustiques, ils le protégent aussi contre les vents froids qui régnent si souvent dans ces parages.

Le lendemain matin, quand je m'éveillai, il faisait du brouillard; c'était la première fois que j'en voyais dans cette partie de l'Afrique. Celui-là était très-épais, mais le soleil l'eut bientôt dissipé. Je jetai mes filets, et en quelques instants nos hommes eurent assez de poisson pour tous leurs repas de la journée.

Après le déjeuner, nous reprîmes les rames. Nous apercevions bien quelques villages sur la rive; mais pas un bateau, pas un être humain ne vint à notre rencontre. Tout ce que nous vîmes, ce fut un corps mort qui descendait le courant et qui se heurta contre notre canot; probablement quelque pauvre diable qu'on avait noyé pour crime de sorcellerie. Il avait les pieds et les mains liés, afin qu'il ne pût nager après avoir été jeté à l'eau.

Enfin nous entrâmes dans la rivière Anengué; mais combien elle était changée depuis le mois de mai! A cette époque, son lit était profond et son courant rapide; à présent sa surface était tachetée d'innombrables points noirs, autant d'îlots de vase, sur lesquels grouillait une innombrable multitude de crocodiles. Il y avait là plusieurs centaines de ces monstres hideux qui se chauffaient au soleil, en pétrissant la fange, ou qui se glissaient au fond de l'eau pour y chercher leur proie. Je n'ai jamais rien vu de plus horrible. Quelques-unes de ces abominables bêtes avaient au moins vingt pieds de long, et quand elles ouvraient leurs formidables mâchoires, on eût dit qu'elles allaient nous avaler tous, nos canots compris. Je pensais alors à ce que nous deviendrions, si le malheur voulait que notre bateau chavirât.

Je me décidai à faire feu sur ces crocodiles, que notre approche n'avait pas l'air d'effrayer. Amenant mon canot le plus près possible de leur troupe, je visai le plus gros, et je lui logeai une balle dans le corps, à l'endroit où les pattes de devant s'y articulent, au défaut de la cuirasse. L'animal fit un soubresaut, battit l'eau pendant quelques instants, et coula dans la vase. Dans le premier moment ses compagnons hébétés tournèrent vers lui leurs affreux yeux de serpent, mais ne comprenant rien à ce qui se passait, ils retombèrent ensuite dans leur inertie. J'en tuai un second, qui s'enfonça comme l'autre; et comme mes hommes ne se souciaient pas de s'aventurer dans la boue noire pour les retirer, nous les laissâmes là tous les deux.

A mesure que nous remontions le courant, nous le trouvions divisé en différentes branches de plus en plus étroites, et partout on voyait des crocodiles. A la fin, pour entrer dans le lac Anengué, nous voulûmes tenter la passe d'un profond et tortueux canal, large au plus de deux mètres, et ombragé de longs roseaux sur lesquels se balançaient un grand nombre d'oiseaux qui semblaient se divertir de nos laborieux efforts. De ce canal s'échappait, à ma grande surprise, un courant aussi fort que rapide, dont je n'avais pas soupçonné l'existence lors de ma première visite. L'explication cependant était bien simple. Au mois de mai précédent, le lac refluait sur ses bords et n'obéissait pas par conséquent à l'appel de ses canaux de décharge; mais à présent l'eau se précipitait dans ce défilé avec tant de violence, qu'en voulant forcer l'entrée nous fûmes balayés en arrière plusieurs fois de suite. A un certain endroit surtout, où aboutissait un double courant, il fallut attendre que mes hommes eussent fumé leur *condoquai* (longue pipe de roseau), puis il fallut y joindre quelques gorgées de ma bonne eau-de-vie, après quoi, sentant leur énergie renouvelée, ils poussèrent un grand cri et se mirent à jouer des rames, tant et si bien qu'une heure après nous débouchions dans le lac, non sans une rude fatigue, je vous assure.

Nous nous reposâmes alors et nous regardâmes autour de nous. D'un côté le lac est borné par des montagnes qui descendent jusqu'à la rive, de l'autre les montagnes reculent et laissent entre elles et les eaux un terrain bas et marécageux tout couvert de roseaux. Plusieurs villages étaient en vue, tous juchés sur le sommet des montagnes.

Le lac avait aussi changé d'aspect avec la saison. C'était toujours une belle nappe d'eau; mais sur cette surface naguère si limpide, la saison sèche avait fait monter, comme une sorte d'éruption, de gros amas de boue noire pareils à ceux dont j'ai parlé plus haut, sur lesquels s'étalait je n'ose dire quelle énorme quantité de crocodiles. Partout où le regard se tournait, ces dégoûtantes créatures, avec leurs yeux obliques et stupides, avec leurs monstrueuses mâchoires, apparaissaient en nombre prodigieux. Comme ces eaux foisonnaient de poissons, les crocodiles y faisaient grasse chère. Du reste, les pélicans, les hérons, les canards et mille autres oiseaux aquatiques affluaient aussi à ce grand festin du lac, attirés par l'appât d'une proie encore plus abondante que les consommateurs.

Je ramai avec précaution en passant devant ces bataillons de crocodiles; car je ne me souciais pas de tomber dans leurs gueules béantes. Je côtoyai plusieurs villages, dont les habitants nous regardaient passer dans un muet étonnement, et j'allai aborder à celui de mon vieil ami Damagondai. Une grande foule était assemblée sur le rivage pour nous recevoir, le roi en tête. Sa Majesté m'avait fait préparer un logement, et quelques instants après mon arrivée, elle me fit cadeau d'une chèvre. Damagondai portait le pagne ou la ceinture des indigènes, et par là-dessus un vieil uniforme écarlate tout passé; quant au pantalon, il n'en était pas question. Mais si sa tenuè laissait à désirer, son accueil fut aussi cordial que possible.

Son village, qui se compose d'une cinquantaine de cabanes,

est situé sur une éminence, à peu de distance du lac. Je distribuai des présents aux vieillards et des perles aux femmes ; ce qui les mit tous en bonne humeur.

Damagondai voulait me donner au moins deux ou trois femmes en mariage.

Il fut on ne peut plus surpris de m'entendre refuser cette flatteuse proposition.

— Pourtant, disait-il, ma vie de garçon devait être bien isolée et bien maussade.

Ce roi était un grand nègre de plus de six pieds, svelte et bien fait. A la guerre, comme à la chasse, il avait fait ses preuves de courage ; mais chez lui c'était l'homme le plus craintif et le plus superstitieux du monde. Dès que la nuit venait, il se sentait gagné par la peur de la mort. Il se mettait alors à gémir, disant qu'on voulait l'ensorceler pour le dépouiller de ses biens et de son pouvoir. Peu à peu il se montait la tête ; il éclatait en imprécations contre les magiciens et les sorciers ; il protestait qu'on n'aurait ni ses femmes ni ses esclaves, et que ceux qui voulaient le tuer n'avaient qu'à prendre garde à eux. Le poison (*mboundou*) était tout prêt pour les punir.

A coup sûr le pauvre Damagondai avait, comme on dit, un coup de marteau dans la tête. Il lui arrivait quelquefois, je l'ai su plus tard, de faire venir ses femmes au milieu de la nuit, pour leur adresser une mercuriale. Il les exhortait à l'aimer, à le choyer et à le bien nourrir, car il les avait achetées très-cher à leurs parents ; elles lui avaient coûté des prix fous, tant en argent qu'en esclaves, et maintenant encore elles étaient pour lui un sujet continuel de dépense et d'embarras. A cela les pauvres créatures baissaient la tête, écoutant ce sermon avec un profond respect.

Damagondai et moi nous étions d'ailleurs très-bons amis. Je ne sais pourquoi, partout où je vais, ces nègres me témoignent tant d'intérêt.

Il y avait dans le village une idole (*mbuiti*), représentant une figure de femme avec des yeux de cuivre et une langue de fer affilée en pointe, comme une épée. C'était le symbole de sa cruauté. En effet, ce méchant esprit femelle taille en pièces tous ceux qui lui déplaisent. Elle est vêtue à la mode des Shekianis, d'une

Réception par un roi nègre.

étoffe qui lui descend depuis le cou jusqu'aux pieds. Elle parle, elle marche, elle prédit l'avenir et tire vengeance de ses ennemis. Sa maison domine tout le village. Elle se glisse la nuit chez les habitants, et leur annonce dans leur sommeil ce qui doit leur arriver. Par exemple, assurait-on, mon arrivée dans le pays avait été prédite par elle. On célèbre son culte en dansant autour d'elle, en chantant ses louanges et en lui adressant des prières. On lui offre aussi des cannes à sucre et d'autres aliments, et ce bon peuple est persuadé qu'elle les mange.

Je voulus acheter cette aimable déesse; mais, toute laide qu'elle était, Damagondai n'eût consenti pour rien au monde à la céder. Toutefois, par manière d'accommodement, il m'insinua que je pourrais, en y mettant le prix convenable, acquérir une idole d'esclaves (car les esclaves ont leur mbuiti spéciale, dont la valeur est proportionnée à leur condition). Les vieillards du village tinrent conseil à ce sujet. Les esclaves étaient alors aux plantations. On convint de leur faire croire, quand ils reviendraient au village, que leur mbuiti s'était sauvée dans les bois et qu'elle n'avait plus reparu. Pendant qu'on tramait ce complot, j'entendis les rusés diplomates rire et se féliciter entre eux de ce qu'ils regardaient comme un chef-d'œuvre d'intrigue.

Je payai assez cher l'idole démocratique en question. Puis je l'enveloppai soigneusement et je l'emportai avec moi. Son portrait, d'une extrême ressemblance, pris à New-York sur l'idole originale, se trouve dans mon livre intitulé: *l'Afrique équatoriale.*

J'aurais bien voulu, j'y ai souvent pensé depuis, assister au retour des esclaves dans le village! Je voudrais bien savoir s'ils ont cru naïvement que leur mbuiti les avait plantés là. Dans ce cas, combien les pauvres gens ont dû se lamenter et gémir! Comme ils ont dû trembler à l'idée d'avoir attiré sur eux, par quelque faute inconnue, le courroux de la terrible idole!

Je résolus de m'embarquer de nouveau sur le lac Anengué pour faire un petit voyage d'exploration. Damagondai vint avec moi sur mon canot pour me présenter lui-même à un autre roi, son ami.

Nous nous dirigeâmes donc vers la résidence du roi Shimbouvénégani, dont le nom est aussi long que son village est petit. Il fallut ramer longtemps dans de basses eaux avant d'arriver à notre destination.

Lorsque nous débarquâmes, le roi... dont le nom est si long, n'était pas dans son village. On nous dit qu'il était à son *olako*, résidence temporaire des bois, quand les gens du village vont à la chasse, à la pêche, ou à leurs travaux d'agriculture. C'est là que nous allâmes le joindre.

Il avait choisi dans la forêt un bel emplacement, tout près du lac dont les rives escarpées s'élevaient comme l'encadrement d'un bassin. Les moustiquaires étaient tendus sous les arbres ; chaque famille avait son foyer allumé, et de leurs cuisines s'exhalait une odeur appétissante de bananes et de poissons.

Shimbouvénégani arriva aussitôt. Il parut charmé de me voir, et remercia cérémonieusement son ami Damagondai de lui avoir amené l'homme blanc.

L'extérieur de ce personnage était des plus grotesques. Figurez-vous un noir de soixante à soixante-dix ans, grêle et maigre, vêtu d'un vieil habit à queue d'hirondelle, qui devait dater du temps de ma grand'mère, et dont tous les boutons étaient partis. Il était coiffé, suivant la mode de la même époque, d'un grand chapeau de castor à trois cornes, tout usé et tout râpé. Le roi cependant semblait fier de son costume ; il se redressait, se pavanait et regardait autour de lui comme pour dire : « N'est-ce pas que j'ai bonne mine ? » Ce qu'il y a de sûr, c'est que cet accoutrement, qui valait si peu de chose à nos yeux, avait dû lui coûter bien de l'argent, c'est-à-dire bien des esclaves.

Il me demanda si cette toilette de gala me plaisait ; et tout en parlant il déployait et agitait les pans de son habit comme s'il allait se mettre en danse.

On apporta de grandes cruches de vin de palmier, et tout le monde se mit à boire à ma bienvenue.

# CHAPITRE XXVI



Damagondai et son collègue Shimbouvénégani ne tardèrent pas à s'enivrer en se jurant une amitié éternelle, et le roi, notre hôte, promit de donner une de ses filles en mariage à Damagondai.

Celui-ci cependant m'avait présenté à son fils aîné Okabi, qui demeurait dans ce village. Okabi choisit pour moi un bon emplacement, le déblaya, me bâtit un abri de branches d'arbre, et me dressa un lit ; puis il me dit que ses deux femmes auraient soin de moi et feraient ma cuisine.

Je me livrai à des parties de chasse fort agréables pendant mon séjour dans le village de Shimbouvénégani. C'est alors que je découvris le *nshiego-mbouvé* dont j'aurai occasion de vous parler plus tard.

Je pris part aussi à une grande chasse aux crocodiles, dont les habitants étaient enchantés ; car ils ont un goût prononcé pour la chair de cet animal. Quant à moi, plusieurs fois pendant mes voyages, par manque absolu de nourriture, ou faute de mieux, j'ai bien été obligé de manger du crocodile. J'en ai goûté accommodé de toutes les façons : rôti, bouilli, à l'étuvée, en soupe, etc., et je dois dire que jamais je n'ai pu m'y faire.

On tue chaque jour dans ce village plus ou moins de crocodiles ; mais les nègres sont si paresseux qu'ils étaient bien aises de me voir aller sans eux et de me laisser toute la peine de cette chasse. Le crocodile n'a pas beaucoup de chair ; on a beau en tuer beaucoup, les habitants n'en ont jamais assez.

Nous partîmes sur des canots d'une forme particulière, tout à fait plats, et d'un tirant d'eau presque nul. Quelques-uns ont cinquante pieds de long sur deux pieds de large tout au plus ; ils

Chasse au crocodile.

sont creusés dans un seul arbre ; la manœuvre en est assez difficile : le rameur se tient debout, et c'est avec des rames de sept pieds de long qu'il dirige l'embarcation ; elle menace souvent de chavirer, le plat bord n'étant que de quelques pouces au-dessus de l'eau ; pourtant cet accident est rare. Ce qui me surprenait le plus, c'était de voir ces nègres ramer quelquefois toute une journée sans être fatigués.

Ils chassent le crocodile, tantôt avec des fusils, tantôt avec une espèce de harpon. Le point vulnérable de ces animaux, c'est l'endroit où les pattes de devant sont attachées au corps. C'est là qu'on tâche de les atteindre. On a beau en détruire beaucoup, leur nombre ne semble pas diminuer, et ce qu'il y a de singulier, c'est qu'ils n'en sont pas plus effarouchés. On en trouve partout pendant la saison sèche; mais à la saison pluvieuse ils disparaissent.

A notre départ nous les voyions nager dans tous les sens, ou se chauffer au soleil sur les bancs de vase, sans faire la moindre attention à nous. Au moment de tirer, il fallut avoir soin de prendre notre point de mire sur la rive; car les animaux que l'on frappe sur l'eau coulent à fond et sont perdus pour le chasseur. Précisément j'aperçus un de ces énormes amphibies étendu sur le bord, parmi des roseaux. Nous nous approchâmes avec précaution, je l'ajustai et je l'atteignis; il se débattit vigoureusement pour regagner le lac; mais ses forces s'épuisèrent avant qu'il pût l'atteindre, et quelques minutes après il était mort. Nous ne pouvions guère penser à l'emporter dans notre canot, car l'animal avait près de vingt pieds de long.

Nous en tuâmes un second qui mesurait dix-huit pieds. Je n'ai jamais vu de mâchoires plus formidables; armées de leurs profondes rangées de dents. il semblait qu'elles fussent prêtes à ne faire d'un homme qu'une bouchée.

On amena près du bord de l'eau un autre canot que l'on renversa sur le côté, et l'on y fit rouler les corps des deux monstres, que l'on apporta ainsi jusqu'au village. Nous retournâmes ensuite à l'olako.

Pendant la chaleur du jour le crocodile se retire sous les roseaux et s'y repose paresseusement. Le matin seulement et vers le soir, il se met en quête de sa proie. Il nage en silence et ride

à peine l'eau, dans laquelle il se meut avec une extrême rapidité.
Le mouvement de ses pattes, lorsqu'il nage, est analogue à celui
du chien. Il peut aussi se tenir à la surface de l'eau sans bouger.
C'est ainsi qu'on le voit souvent, guettant sa proie d'un œil hé-
bété et louche. Quand il nage, la tête est la seule partie du corps
qui soit visible; et quand il se tient tranquille, il ressemble à une
vieille souche de bois qui serait restée longtemps dans l'eau, et
que le flot ballotterait çà et là. Il dort sous les roseaux; il dépose
ses œufs sur le sable des îles, et les recouvre ensuite d'une couche
de sable. L'abondance extrême du poisson dans les eaux du lac
explique l'accroissement prodigieux du nombre de ces amphibies. Les nègres paraissaient assez indifférents à leur présence; et
certes ils n'éprouvent pas pour ces hideux animaux la répugnance
que je ressentais.

Pendant le voyage que je fis pour retourner chez Damagondai,
je vis un exemple de la manière dont le crocodile s'empare de sa
proie. Nous ramions le long de la côte lorsque j'aperçus, à quelque distance devant nous, une jolie gazelle qui se mirait dans les
eaux du lac dont elle puisait de temps en temps une gorgée. Je
fis arrêter le canot pour l'ajuster; mais au moment où je levais
mon arme, un crocodile s'élança hors de l'eau et, plus prompt
que l'éclair, saisit la gazelle et replongea en arrière avec la pauvre
bête, qui se débattait entre ses mâchoires. Cet élan fut si brus-
que que lorsque je fis feu il était trop tard. Je ne pense pas que
ma balle ait pu l'atteindre.

Après avoir chassé dans l'eau, je voulus faire aussi quelques
courses dans la forêt, aux environs de l'olako. Je tuai un beau
monkey, de l'espèce que les indigènes appellent *nkago*. Sa tête est
couronnée d'un bandeau de poils d'un rouge vif, tirant quelque-

fois sur le brun. Les nkagos sont très-nombreux dans ces bois.

Pendant que je rôdais dans la forêt, je découvris, près de l'eau, le trou ou le terrier d'un ogata. C'est une espèce de caïman qui se tient dans le voisinage des étangs et qui pratique dans la terre un long boyau pourvu de deux entrées. C'est là qu'il dort et qu'il guette sa proie. L'ogata diffère complétement du crocodile dans ses habitudes. C'est un rôdeur de nuit, un solitaire; il creuse sa galerie avec ses pattes et se donne pour cela beaucoup de mal. Un double motif l'invite à se loger près des étangs : d'abord il aime à s'y baigner, et puis il guette les gazelles et les autres animaux qui viennent s'y désaltérer. Les nègres assurent que l'ogata s'élance avec la rapidité du tigre sur les animaux qui passent à sa portée et qu'il les traîne dans son terrier pour les dévorer. Quand ils découvrent un de ces terriers, ils viennent, avec leurs fusils chargés de lingots de fer, garder une des deux ouvertures et ils allument du feu à l'autre. La chaleur devient bientôt si forte, que l'ogata s'élance hors de la galerie par l'issue gardée, et alors on tire sur lui. J'en ai tué un qui n'avait pas moins de sept pieds de long; ses mâchoires, armées de dents formidables, étaient d'une force prodigieuse. Comme chez le crocodile, la mâchoire supérieure de cet animal est articulée et se relève quand la gueule s'ouvre.

Quelquefois on met le feu aux deux bouts du terrier, et l'animal meurt suffoqué par la fumée; souvent aussi on dispose un piége devant l'issue où il n'y a pas de feu, et quand l'ogata sort, il y tombe.

# CHAPITRE XXVII



Un jour que je marchais, ou plutôt que je me traînais dans les bois, épuisé de fatigue et prêt à rebrousser chemin pour revenir au camp, je levai par hasard les yeux sur un grand arbre, et je vis sur ses branches une espèce de hutte de feuillage. Je m'arrêtai et je demandai à Okabi, mon guide, comment des chasseurs avaient eu la singulière idée d'aller se coucher dans les arbres, en pleine forêt. Okabi se mit à rire et me répondit que ce n'était pas un homme qui avait construit cette sorte de cabane, mais bien un singe d'une espèce particulière, appelé *nshiégo-mbouvé*, qui avait le sommet de la tête complétement dégarni de poils. Je crus que le drôle se moquait de moi. Un animal architecte? un homme singe? une tête chauve? Allons donc! Ce fut à mon tour de lui rire au nez.

Mais je m'aperçus bien vite que j'étais sur la trace d'un être singulier qui avait jusqu'alors échappé aux yeux de l'homme civilisé. Je ne sentis plus ma fatigue et je m'enfonçai dans le bois avec une ardeur toute nouvelle, en redoublant de précautions pour ne pas donner l'éveil à l'animal que je cherchais. La hutte de feuillage que nous avions vue était ancienne et abandonnée ;

16

mais nous espérions bien en rencontrer quelque autre, qui cette fois serait occupée.

Nous ne nous trompions pas. Nous aperçûmes bientôt deux nouvelles constructions de ce genre. Elles étaient placées à une vingtaine de pieds du sol, sur les branches les plus basses de deux arbres un peu isolés des autres. Il faut croire que l'animal, en se logeant ainsi, cherche à se garantir pendant la nuit de l'attaque des bêtes féroces, des serpents et de la chute des branches des autres arbres. Il ne bâtit d'ailleurs ces abris que dans les endroits les plus solitaires de la forêt; car le nshiégo-mbouvé est très-farouche, et ne se laisse presque jamais voir, même par les nègres.

Okabi, ancien chasseur fort intelligent, me dit que le mâle et la femelle s'occupaient ensemble de recueillir les matériaux de ces demeures, qui leur servent de nids. Ces matériaux se composent des branches mêmes de l'arbre sur lequel ils s'établissent ; ils les attachent ensemble au moyen d'autres branchages et de lianes qu'ils vont détacher des arbres voisins. Les abris de feuillage que j'ai vus avaient tous la forme d'une grande ombrelle.

Nous nous couchâmes à terre, au milieu des buissons, à peu de distance du domicile de ces hommes des bois, et nous gardâmes une complète immobilité. Ma patience fut mise là à une rude épreuve. Les moustiques et les mouches ne cessaient de nous harceler. Des fourmis grimpaient de temps en temps après moi et cherchaient à s'introduire sous mes vêtements. Celles dont je redoutais le plus la visite, c'étaient les bashikouais, ou les fourmis blanches. Je craignais aussi l'approche furtive de quelque reptile venimeux. Je vous assure que dans ces moments-là ma situation n'était pas agréable, ni mes pensées couleur de rose.

A la fin, juste à l'heure du crépuscule, j'entendis un cri particulier : « Heu! heu! heu! » celui du mâle qui appelait sa compagne. Dieu merci, ma peine n'était pas perdue! En levant les yeux, je vis le nshiégo-mbouvé installé sous son toit de feuilles. Ses pieds reposaient sur la branche la plus basse; sa tête touchait presque au dôme de sa demeure arrondie, et l'un de ses bras embrassait fortement le tronc de l'arbre. C'est sans doute la position

Le nshiego-mbouvé.

que ces animaux prennent pour dormir. Bientôt après, la femelle vint à son tour et grimpa sur l'arbre.

Je les considérai longtemps avec attention, et tout à coup je m'aperçus que l'un des deux singes donnait quelques signes d'inquiétude. Avait-il flairé notre présence? Avions-nous fait quelque bruit qui l'eût mis sur ses gardes? A tout hasard nous levâmes rapidement nos fusils et nous tirâmes dans l'obscurité sur celui des deux qui était endormi. Mais, l'instant d'après, je ne pus me défendre d'un sentiment de pitié pour le pauvre animal, qui tomba à grand bruit sur le sol et resta là sans mouvement. L'autre poussa un cri terrible et descendit de l'arbre avec une extrême agilité. Je tirai, mais je le manquai, et en moins de temps que je n'en mets à écrire ceci, il avait disparu dans l'épaisseur du bois.

J'avais grand faim, car je n'avais encore rien mangé depuis le matin. Nous allumâmes bien vite du feu, et nous dressâmes sur place notre campement nocturne. Nous eûmes soin d'établir une ligne de feux pour prévenir l'invasion des fourmis bashikouais, dans le cas où leurs bataillons seraient en marche de notre côté. Quant au pauvre singe, on le suspendit à une branche hors de leur portée. Pendant toute la nuit j'entendis çà et là, dans la forêt, le cri aigu du survivant, qui sans doute appelait son compagnon absent. A la fin je tombai endormi sur mon lit de feuilles et de mousse, aussi heureux que n'importe quel homme sous le ciel.

Le lendemain matin j'examinai à loisir mon nshiégo-mbouvé. Okabi s'écria d'un accent de triomphe en me montrant la tête :

— Voyez, Chaillu, voyez, n'est-ce pas là un animal chauve? Ne vous avais-je pas dit la vérité ?

En effet, le nshiégo-mbouvé était complétement chauve. Pas un poil ne se voyait sur le sommet de la tête. C'était un mâle parvenu à toute sa croissance. Il mesurait trois pieds onze pouces de hauteur. La peau était d'un noir foncé; un poil court et peu fourni lui couvrait le corps; celui des jambes était d'un gris sale, mêlé de noir. Sur les épaules et le dos, le poil avait une longueur de deux à trois pouces. Les bras jusqu'aux poignets étaient aussi recouverts de longs poils noirs. L'animal cependant paraissait assez vieux et grisonnait déjà par places. Le poil est beaucoup moins épais chez le nshiégo-mbouvé que chez le gorille, mais il est plus long, plus noir et plus lustré. Le nez est moins proéminent. Quoiqu'il n'eût que trois pieds onze pouces de haut, le sujet que j'avais tué avait la poitrine très-large, moins puissante cependant que celle du gorille. Les doigts étaient beaucoup plus longs sans être gros, et la main était plus longue que le pied, tandis que le gorille a, comme l'homme, le pied plus grand que la main.

Plusieurs de ses dents étaient gâtées. La pauvre bête devait avoir de cruelles rages de dents; or, je ne suppose pas qu'il y ait des dentistes chez les singes. J'ai tué depuis cette époque plusieurs de ces animaux. L'un d'eux était très-vieux; son poil avait blanchi; presque toutes ses dents étaient gâtées. Il lui en manquait même quelques-unes, qui étaient tombées. Il était devenu si infirme avec l'âge, qu'il n'avait plus la force d'éplucher des graines ni de casser des noix; je n'ai trouvé dans son estomac que des feuilles.

Après les parties de plaisir que m'avait procurées mon séjour à l'olako, je me préparai à retourner au village de Damagondai. Le roi Shimbouvénégani endossa de nouveau son costume d'apparat, c'est-à-dire son habit à queue d'hirondelle et son chapeau de castor. C'est dans cet équipage royal qu'il nous accompagna solennellement jusqu'à nos canots et qu'il nous fit ses adieux.

# CHAPITRE XXVIII



J'appris que le roi Oshoria, chef de Guabirri, village situé au confluent des deux rivières de l'Ogobai et d'Anengué, avait l'intention de m'arrêter au passage, lors de mon retour à Washington. Il avait, disait-on, rassemblé tous ses hommes et se préparait à la guerre.

Le pauvre Damagondai en était tout troublé. En monarque pacifique, il envoya son frère avec des présents pour fléchir le roi son collègue. Ces présents consistaient en une assiette, un gobelet et un bassin de cuivre, objets de grande valeur dans les pays riverains de l'Anengué.

Pour ma part, j'étais furieux ; je n'avais rien fait aux habitants de Guabirri ; j'avais passé fort paisiblement devant leur village. Oshoria voulait m'imposer un droit de passage ; c'était d'une iniquité révoltante, car il n'était pas le roi du pays, et je ne lui devais rien. Aussi étais-je bien décidé à mettre M. Oshoria à la raison.

Nous fîmes l'inspection de nos fusils, j'apprêtai mon revolver, et le lendemain matin nous partîmes, sans attendre le retour du frère du roi, au grand désespoir de Damagondai et de ses sujets, aussi pacifiques que lui. Mais rien ne pouvait nous arrêter ; il fallait, à tout prix, retourner à Washington. Mes hommes firent serment de vaincre ou de mourir.

Mais à peine en vue de Guabirri, je crus voir quelques-uns de ces gaillards, tout à l'heure si déterminés, donner des signes de couardise. Sur quoi je leur montrai mon révolver, en déclarant que je brûlerais la cervelle à celui qui refuserait de se battre. Placés ainsi entre deux dangers, et pleins de respect pour mon merveilleux révolver, ils se hâtèrent de répondre en relevant fièrement la tête :

— Nous sommes des hommes.

Nous continuâmes donc à descendre la rivière, et nous arrivâmes bientôt dans les eaux de Guabirri. Je donnai l'ordre de gouverner sur le village. Cent cinquante hommes à peu près se tenaient sur la rive, armés de lances et de haches ; à leur tête on en voyait dix autres qui portaient des fusils. Ils se livraient à des mouvements désordonnés et faisaient un tapage infernal.

Tous mes hommes étaient armés, et si mes souvenirs sont exacts, ils étaient au nombre de seize. Je tenais d'une main mon révolver et de l'autre un fusil à deux coups. Mes compagnons avaient bien soin de faire voir leurs fusils aux gens qui les attendaient sur la rive. Devant cette attitude inquiétante, les hommes d'Oshoria commencèrent à se radoucir. Ils reculaient à mesure que nous approchions du rivage, et au lieu de continuer à nous défier par des cris de guerre et des coups de fusil, ils nous accueillirent de la meilleure grâce du monde, en nous criant de ne pas tirer.

Le frère de Damagondai s'empressa de venir me rejoindre, et m'assura qu'il n'y aurait pas de conflit.

— Il ne fallait tuer personne, me dit-il.

Je me fis conduire près du belliqueux Oshoria, et, le regardant d'un œil courroucé, je lui reprochai vivement sa conduite.

— S'il y avait eu du sang versé, lui dis-je, ce sang aurait retombé sur votre tête. Il allégua le mécontentement qu'il avait éprouvé en me voyant passer sans m'arrêtez chez lui. Puis, après quelques autres excuses, il ajouta :

— *Aoué olomé.*

Ce qui veut dire : « Tu es un homme. » Expression qui s'applique indifféremment à un gaillard adroit, à un coquin, ou à un brave. Je la pris, bien entendu, dans ce dernier sens.

Il m'offrit ensuite des poules et des fruits, et nous devînmes tout de suite les meilleurs amis du monde. Mais je voulus montrer à ces gens-là ce dont j'étais capable, en fait de tir. J'ajustai un tout petit oiseau perché sur le haut d'un grand arbre, et je le fis tomber à mes pieds. Là-dessus ils proclamèrent tous la puissance supérieure de mon fétiche de chasse, et me témoignèrent le plus profond respect.

Le lendemain matin, je me séparai d'Oshoria, et, redescendant le cours limpide de l'Ogobai, je regagnai Washington sain et sauf.

Nous étions alors au mois d'août, et la malaria des marais de l'Anengué me fit sentir ses atteintes. Je fus pris d'une attaque de dyssenterie, compliquée des symptômes d'une fièvre maligne. J'avalai, en trois jours, cent quatre-vingts grains de quinine et je réussis par là à couper la fièvre, la plus dangereuse de mes deux maladies. Je restai alité depuis le 18 jusqu'au 31 août, et je ne repris toutes mes forces que le 9 septembre. Les Commis attendaient avec impatience mon rétablissement pour donner le signal de quelques-unes de leurs fêtes.

On devait en effet célébrer prochainement à Biagano, avec

beaucoup de solennité et de bruit, une *mbola ivoga*, c'est-à-dire la cérémonie d'une fin de deuil.

Quand un personnage important vient à mourir, la tribu, le village ou la famille à qui il appartenait, se dépouille de ses vêtements et se fait un point d'honneur de se montrer aussi malpropre que possible. Plus de parures d'aucune espèce ; ni boucles d'oreilles, ni bracelets, ni perles. C'est ce qu'on appelle le deuil. Cet état de choses dure, en général, de un an à deux ans. La fin ou la rupture de ce deuil a lieu de la façon que je vais vous décrire.

Le défunt avait laissé sept femmes, une maison, une plantation, des esclaves, et encore quelques autres biens. Son frère aîné héritait de toute cette fortune; à ce titre il était chargé de l'ordonnance de la fête. A chaque instant arrivaient des canots encombrés de cruches de nembo, ou vin de palmier. Jambuai, l'héritier, qui était allé à la tête de tout son monde pêcher au loin pendant plus de quinze jours, ramenait des bateaux pleins de poissons séchés. Sa plantation avait fourni une abondante récolte de vin de palmier. Les femmes et les esclaves préparaient de grandes quantités de vivre, et de tous côtés on recueillait en abondance toutes sortes de provisions.

Chacun dans le village préparait ses plus beaux vêtements. Les femmes essayaient leurs plus riches atours. Tous les tambours, tous les chaudrons étaient mis en réquisition ; on amassait de la poudre pour les salves de mousqueterie, enfin tout s'apprêtait pour la *mbola ivoga*.

Les femmes du défunt, au nombre de sept, étaient radieuses ; car le lendemain elles allaient enfin quitter leurs guenilles de veuves et paraître à la fête en nouvelles mariées. L'héritier avait le droit de les épouser toutes ; mais il en avait généreusement cédé deux à un frère cadet et une autre à un cousin. Comme il avait déjà seize femmes, il pouvait se contenter d'en épouser quatre de plus. Vingt femmes, c'est un joli compte.

Rien d'étonnant à ce que ces dames fussent enchantées de voir arriver la fin de leur deuil ; car pendant deux ans elles étaient restées prisonnières dans la maison de feu leur époux, sans presque pouvoir sortir.

A sept heures, on tira trois coups de fusil pour annoncer que les veuves avaient mangé d'un certain mets, composé de divers ingrédients d'une vertu mystique, grâce auquel elles étaient enfin relevées de leur long veuvage. C'était la première partie de la cérémonie. Ces dames reprirent bien vite leurs bracelets, leurs anneaux de jambes, et leurs plus belles colonnades. Les femmes Commis portent en effet à chaque jambe des anneaux de cuivre presque à la hauteur du genou, comme on peut le voir dans la gravure ci-dessous. Le poids de ces anneaux est de vingt à trente livres pour chaque jambe. Outre ces anneaux, elles portent des bracelets du même métal. Enfin elles ont des colliers de perles.

Depuis le matin, les invités étaient arrivés, chargés de vivres et de cruches de vin, et revêtus de leurs habits de fête. On les comptait par centaines. Ceux qui demeuraient très-loin avaient devancé le jour. Vers neuf heures, tous les convives prirent place sur des nattes, aux environs de la maison mortuaire, dans la grande rue du village. Ils étaient partagés en groupes, devant chacun desquels était servie une énorme cruche de nembo, avec une certaine quantité de vivres. On s'entretint de propos joyeux jusqu'à ce qu'une centaine de coups de fusil, partis à la fois, eût donné le signal du banquet. De ce moment, hommes, femmes, enfants, tout le monde se mit à manger et à boire, et l'orgie, une fois commencée, se prolongea sans trêve ni relâche jusqu'au lendemain matin. Ils buvaient, ils chantaient, ils criaient, ils tiraient des coups de feu, et pour cela ils chargeaient si bien leurs fusils que je m'étonne que ces vieux canons de pacotille n'aient pas éclaté mille fois entre leurs mains. On battait du tambour sur tout ce qu'on pouvait trouver, avec le plus de tapage possible. Les femmes dansaient : et quelles danses ! On n'en voit nulle part

Après le deuil.

de pareilles. Vous pouvez vous en faire une idée si je vous dis que toutes les femmes étaient ivres.

Cette *mbola ivoga* aurait duré Dieu sait combien de jours, si enfin la victuaille et le vin n'étaient venus à manquer.

Le lendemain, au lever du soleil, Jambuai vint me prier d'assister au dénoûment de cette solennité ; car je lui avais témoigné le désir de voir toutes les scènes de la *mbola ivoga*. La maison de son frère, d'après la coutume, devait être détruite et brûlée. Oui, brûlée jusqu'au sol, de manière qu'il ne restât, aux yeux de la population survivante, aucun vestige d'une demeure dont le propriétaire était mort.

On entoura la maison; puis à un nouveau signal de coups de fusil, la foule, comme possédée d'une rage subite, se jeta sur l'édifice, le démolit pièce à pièce, à coups de hache et de coutelas, et mit le feu à la masse des débris. Quand tout fut réduit en cendres, la fête fut terminée.

C'est ainsi qu'on célèbre une fin de deuil chez les Commis. Les veuves se remarièrent, et les choses reprirent leur cours accoutumé jusqu'à ce qu'une nouvelle mort amenât encore un deuil et une fête.

Ces réjouissances sauvages étaient à peine achevées, lorsque Isunghi, l'homme à qui j'avais confié ma maison pendant mon absence et qui en avait pris le plus grand soin, tomba dangereusement malade. Ayant accompagné Jambuai dans une partie de pêche, il avait pris froid et gagné une pleurésie. On me fit appeler. Je vis, au premier coup d'œil, que son état était désespéré, et j'essayai de préparer le pauvre diable à sa fin prochaine; mais ses amis et ses parents ne l'entendaient pas ainsi. Ils envoyèrent chercher un célèbre docteur fétiche, et d'après son avis ils organisèrent un infernal tintamarre qui devait, suivant eux, rappeler le moribond à la santé. Le traitement à coup sûr était pire que le mal.

Les Commis partent de ce principe, c'est que Obambou (le méchant esprit) s'est introduit dans le corps du malade, et que, tant qu'il y reste, il n'y a aucun espoir de guérison. Il s'agit donc de le déloger; mais on n'y parvient qu'à force de bruit. En conséquence, ils se rassemblent en grand nombre autour du patient, et ils battent du tambour et ils frappent sur des chaudrons le plus près possible de sa tête, et ils tirent des coups de fusil à ses oreilles, et par toute la chambre ils dansent, ils chantent, ils crient le plus fort qu'ils peuvent. Tout ce vacarme dure jusqu'à ce que le malade meure ou qu'il aille mieux. Mais en général il meurt autant du remède que de la maladie, à moins que les exorciseurs ne se lassent les premiers.

Isunghi mourut. Il ne laissait rien ; son frère l'enterra dans le sable, sans bière, et si peu profondément (comme c'est l'usage) que deux jours après, rendant visite à sa sépulture, je vis que des bêtes féroces étaient venues déterrer le corps et le dévorer.

En pareil cas, le deuil ne se prolonge guère. Celui-ci ne dura que six jours. Comme il n'y avait ni veuves ni biens, il n'y eut pas de fête. Les parents du défunt passèrent une nuit sous son toit en signe de respect pour sa mémoire, et ce fut tout.

Il y a aussi une autre coutume observée par les Commis, quand un homme vient à mourir. C'est une fête appelée *nchougòu*, qui a lieu généralement, sinon toujours, le sixième jour après le décès. On boit, on mange et on danse, mais avec bien moins de bruit et de désordre que dans la cérémonie de la *mbola ivoga*. C'est l'inauguration du deuil. Vous trouverez sans doute comme moi que ce *nchougou* est une coutume bien extraordinaire.

Lorsque Isunghi fut mort, il restait à découvrir quelles étaient les personnes qui l'avaient ensorcelé. Car les Commis se demandaient entre eux :

« Comment se fait-il qu'un homme jeune, plein de santé, vigoureux, ait pu mourir si subitement ? »

Ils ne croient jamais, comme je l'ai déjà dit, que la mort, en pareil cas surtout, puisse être naturelle. Ils l'attribuent donc à la sorcellerie et s'effrayent de voir les sorciers décimer leur population.

On dépêcha un canot sur le lac Anengué pour aller quérir un grand docteur, et l'on en ramena un des fils de Damagongai, un grand coquin. C'était lui qui m'avait proposé le marché dont je vous ai parlé à propos de l'idole ou de la *mbuiti* des esclaves; acte de friponnerie insigne.

Quand tout fut prêt pour ses opérations, je vins voir le personnage; il ressemblait littéralement à un diable. Je n'ai jamais rien vu de plus hideux.

Il portait sur la tête un panache de plumes noires. Ses paupières étaient peintes en rouge; une raie rouge, qui partait du sommet du nez, lui partageait le front par la moitié. Une autre ligne rouge faisait le tour de sa tête. Il avait la figure peinte en blanc, avec deux cercles rouges de chaque côté de la bouche. A son cou pendaient un collier d'herbes et une corde à laquelle était attachée une petite boîte mystérieuse qui contenait des fétiches. Des bandes de peau de léopard et d'autres peaux d'animaux sauvages lui couvraient la poitrine et pendaient autour de lui. A chaque pièce de cet attirail sauvage était attaché un charme particulier. Une grande raie blanche lui descendait de chaque épaule jusqu'à la main, et l'une de ses mains était aussi toute peinte en blanc. Pour compléter cette horrible mascarade, il portait autour des reins une ceinture de petites sonnettes.

Il s'assit sur une scabeau, et posa, devant, une nouvelle boîte remplie de talismans, et surmontée d'un miroir, à côté d'une corne de buffle dans laquelle était une certaine poudre noire qui devait, disait-il, recéler plusieurs esprits. Le digne docteur avait de plus un petit panier plein d'os de serpent qu'il remuait souven t pendant ses conjurations, ainsi que diverses peaux auxquelles étaie nt attachées de petites sonnettes. Devant lui se tenait un aide qui tapait sur une planche avec deux baguettes.

Tout le village se rassembla autour de ces deux personnages. Le docteur inspirait au peuple une confiance absolue dans son pouvoir surnaturel. Après avoir prolongé ses conjurations au delà de toute mesure, il en vint enfin à une dernière cérémonie. Il commanda à Jambuai d'appeler successivement par leurs noms tous les habitants du village, afin de le mettre à même de désigner le sorcier. A chaque appel de nom, le vieux coquin consultait son miroir, comme pour voir si les signes de la sorcellerie y apparaîtraient.

Pendant toute cette cérémonie, je me tenais à côté de lui, ce qui paraissait le gêner beaucoup. A la fin, quand tous les noms eurent été appelés, mon drôle déclara qu'il ne pouvait découvrir le sorcier, mais qu'un malin esprit s'était établi dans le village et ferait mourir encore beaucoup de monde, s'il continuait d'y demeurer. Je crus voir dans cette conclusion une odieuse insinuation contre moi. Je n'avais cependant aucune idée, jusqu'à l'expérience que j'en fis le lendemain, de l'extrême importance que les nègres attachent à la moindre parole de ces *Ougangas*, ou docteurs.

Le lendemain matin, tout était en rumeur dans le village. Les habitants paraissaient terrifiés. Ils disaient que leur *mbuiti* ne voulait plus qu'ils demeurassent là plus longtemps, qu'elle était irritée, qu'elle les tuerait, etc. Ils se mirent dès lors à déménager leurs effets et à démolir leurs maisons ; la nuit venue, on me laissa seul avec un jeune mpongué et mon petit garçon de l'Ogobai, Macondai, qui tous deux, je crois, auraient voulu être bien loin, comme les autres.

— Il n'osait pas, me dit-il, rester avec moi ; car la *mbuiti* s'était prononcée. Il m'engageait, en ami, à déménager aussi. Personne ne me voulait de mal ; seulement on était bien obligé de partir. Il n'irait pas d'ailleurs s'établir bien loin, etc.

Je ne me souciais pas du tout de quitter ma maison et un établissement qui m'avaient coûté tant de peine à fonder. Je convoquai donc les déserteurs en assemblée générale, mais je ne réussis qu'après des difficultés infinies à retenir autour de moi quelques-uns de mes rameurs et de mes compagnons de chasse. Une fois résignés, ils se mirent à se construire des cabanes et à fonder un petit village ; puis, à ma grande surprise, ils m'en offrirent la souveraineté. Mais je me rappelais la manière dont on élit un nouveau roi au Gabon, et je ne savais trop si la même coutume n'existait pas chez les Commis. L'idée de la cérémonie qui précède le couronnement me détourna d'accepter cet honneur. En définitive, mes hommes me prirent pour second chef, comme vice-roi de Rampano, et mon ambition s'en trouva satisfaite.

# CHAPITRE XXIX



Tout se passait bien chez mes braves Commis. Quand je venais à m'absenter, ils prenaient le plus grand soin de ce qui m'appartenait. On eût dit qu'ils se piquaient d'honneur à qui me montrerait le plus de bonne foi. Tout sauvages qu'étaient ce pays et ses habitants, je me sentais là aussi en sûreté que chez le peuple le plus civilisé de la terre.

De temps en temps, je quittais Washington pour m'enfoncer dans les bois. Je chassais tantôt le gorille, tantôt le buffle et le cochon sauvage, ou toute autre bête fauve.

J'étais aussi fort curieux de chasser le *mboyo*, animal très-farouche, de l'espèce du loup, ayant de longs poils jaunâtres et les oreilles droites. Ces animaux sont très-rusés, et de temps à autre on peut les voir, dans les prairies, occupés à chasser pour leur propre compte. J'ai souvent observé la manière dont ils viennent à bout du menu gibier en l'entourant. Leur troupe s'élance toute à la fois; leur tactique est de courir toujours en rond; ils étourdissent la pauvre bête, la harcèlent, la fatiguent, et, comme ils rétrécissent toujours le cercle de plus en plus, au dernier tour ils se saisissent de leur proie.

Je les ai vus aussi bien souvent rôder isolément et battre la campagne à la recherche du gibier. Toujours sur le qui-vive, ils ne se laissent pas approcher aisément. Je ne pouvais les tirer qu'à de très-grandes distances.

J'allais parfois dans un pays où le gorille abonde. C'était alors que je ressentais des émotions vives, une alternative continuelle d'espérances et de craintes. Ce pays était voisin d'un village dont le chef se nommait Makaga–Oune–Jiou. Ce chef était affligé

Chasse aux loups.

d'une horrible maladie, la lèpre. Il avait déjà perdu tous les doigts de la main gauche, deux doigts de la main droite et le gros orteil du pied gauche. Mais le malheureux se montrait fort obligeant pour moi, et ses sujets l'aimaient beaucoup. Son village était petit, mais charmant. Les alentours étaient plantés de cannes à sucre et de bananiers ; on y voyait aussi de petits champs de pistaches. De temps en temps les gorilles venaient piller les plantations et consommer les richesses agricoles que les habitants du village avaient eu tant de peine à produire. C'était pour ceux-ci un dommage considérable. Aussi furent-ils enchantés quand je vins, avec mon équipage de chasseur, passer quelques jours au milieu d'eux.

Le matin de bonne heure, j'entendais quelquefois les gorilles qui s'aventuraient très-près du village. Je n'avais donc pas besoin de faire de longues courses pour aller chercher un terrain de chasse. Mais le difficile, c'était d'approcher ces animaux. Le plus léger bruit leur donne l'éveil et les fait fuir. Il faut les surprendre à l'improviste, et alors, si on se trouve face à face avec un mâle, il ne se retire pas sans combattre.

Pendant que j'étais chez Makaga Oune-Jiou, je m'emparai d'un second petit gorille, et cette capture n'eut pas lieu, je vous jure, sans des émotions pénibles.

Nous marchions en silence, quand nous entendîmes un cri, et tout à coup je vis à peu de distance, au milieu d'un fourré, une femelle de gorille avec son petit suspendu à son sein. La mère caressait le petit et le couvait tendrement des yeux. Ce spectacle était à la fois si gracieux et si touchant, que je tins mon arme en suspens, me demandant avec un certain frémissement si je ne ferais pas mieux de laisser ces pauvres êtres en paix. Mais avant que j'eusse pris un parti, le chasseur qui était avec moi tira et tua la mère, qui tomba sans mouvement.

La mère était par terre, et cependant le petit restait attaché après elle et tâchait, par ses cris pitoyables, d'attirer son attention. Je m'avançai et, quand il me vit, le pauvre petit cacha sa tête dans le sein maternel; il ne pouvait ni marcher ni mordre; c'était un enfant à la mamelle. Je n'eus pas de peine à m'en

rendre maître. Je l'emportai tandis que mes hommes se chargeaient de la mère qu'ils suspendirent après un long bâton. Arrivés
au village, nous fûmes témoins d'une autre scène vraiment tou-
chante. On déposa le corps à terre et je plaçai le petit gorille tout
à côté. Dès qu'il aperçut sa mère, il se traîna vers elle et se jeta
sur son sein. Mais il n'y trouvait pas sa nourriture accoutumée,
et je vis qu'il commençait à se rendre compte de la vérité. Il se
roulait sur le corps et le flairait, en laissant échapper de temps
en temps un petit cri plaintif : « Hoo ! hoo ! hoo ! » J'en étais
ému jusqu'aux larmes.

Je cherchai inutilement du lait pour le pauvre petit ; il ne
pouvait pas encore manger. Aussi mourut-il au bout de trois
jours.

# CHAPITRE XXX



Le temps se passait. Il y avait déjà plusieurs années que j'avais quitté les États-Unis. J'étais cependant bien décidé à aller encore explorer les sources du Fernand-Vaz, et à visiter des pays où aucun homme blanc n'avait jamais pénétré.

Quengueza m'avait envoyé son fils aîné, appelé Kombé (le soleil), chargé pour moi d'un présent de bois d'ébène, et son plus jeune fils, un enfant de douze ans, nommé Akounga. Il m'engageait à venir le trouver en laissant Akounga entre les mains de Rampano comme un otage pour ma sûreté. « Vous voyez, me faisait-il dire, que je n'ai pas peur de vous, vous pouvez donc vous fier à moi. »

Il fallut prendre un grand bateau ; car un canot ordinaire n'aurait pu contenir les bagages, la poudre, les balles, les fusils, les provisions et les médicaments que j'emportais avec moi ; ce devait être un long, un très-long voyage. J'étais le premier homme blanc qui s'aventurât dans cette direction, et je désirais pousser mes recherches le plus loin possible.

Nous étions en tout quinze personnes sur mon bateau. Un autre canot, qui portait aussi quinze hommes, nous suivait. Le plus jeune fils de Quengueza était des nôtres ; car je n'ai jamais eu la mauvaise pensée de séparer un pauvre enfant de son père et de sa mère. Je pris aussi avec moi le vaillant petit Macondai, que je voulais d'abord laisser en arrière comme trop faible pour supporter les fatigues du voyage ; mais il me pria si instamment de l'emmener que je finis par y consentir. Je n'eus pas lieu de le regretter : il se conduisit comme un homme. Ses forces se développèrent avec les années, et je voudrais que vous l'eussiez vu se battre à mes côtés dans le pays d'Ashango.

A la fin, après beaucoup de peines et de fatigues, nous parvîmes au village de Goumbi, résidence du roi Quengueza. On nous y fit une réception triomphale. C'étaient des acclamations et des détonations à ne pouvoir s'entendre. Toute la population de Goumbi se précipita sur la rive pour me voir. Je fus mené en grande pompe sous un immense hangar capable de contenir au moins mille personnes et garni de bancs tout autour. Aux habitants étaient mêlés beaucoup d'étrangers, attirés de toutes les parties de l'intérieur, par la nouvelle de ma visite à Goumbi. Ils m'examinaient avec curiosité ; mes cheveux surtout excitaient leur étonnement.

Un siége fort élevé m'était destiné ; il y en avait un autre à côté pour Quengueza, qui parut bientôt, la figure rayonnante de joie. Il me secoua les mains et nous nous assîmes.

Un profond silence régnait dans l'assemblée. Quengueza était un grand vieillard maigre, à chevelure (ou à laine) blanche, à la contenance sérieuse, laissant deviner beaucoup d'énergie et de courage, qualités qui lui avaient valu dans son pays une juste célébrité. Quand il était plus jeune, tout le monde le redoutait ; mais, à présent qu'il était devenu chef de sa tribu et qu'il avançait en âge, il se montrait plus doux et plus pacifique, à la grande joie des peuplades d'alentour. C'était un homme d'une intelligence et d'un tact des plus remarquables. Il m'apprit qu'il était en deuil de son frère aîné qui était mort depuis deux ans et qui lui avait transmis la souveraineté du clan des Abouyas.

Quengueza portait un chapeau noir et un pagne noir, tous deux de fabrique Ashira ; point de chemise, bien entendu ; cet article d'ailleurs est interdit par le deuil. Il avait par là-dessus un paletot américain qui était trop petit pour lui.

Quand le roi m'eut souhaité la bienvenue, j'appelai son petit garçon, Akounga. Celui-ci s'avança, et je dis alors à Quengueza, assez haut pour être entendu de tout le monde : « Vous m'aviez envoyé cet enfant en otage, pour qu'il répondît de ma sûreté, pendant que je venais vous rendre visite ; mais je n'ai aucune crainte : je vous aime et je me fie à vous ; je n'ai donc pas besoin d'otage. Ainsi laissez cet enfant retourner près de sa mère. »

A ces mots éclatèrent des acclamations à tout rompre et le peuple parut transporté de joie.

Le roi se leva pour me répondre et aussitôt le silence se rétablit ; car Quengueza inspirait un profond respect à ses sujets. Il leur parla ainsi en me montrant :

— Voici mon *ntangani* (homme blanc). Il arrive d'un pays lointain pour me connaître, et j'ai été le trouver pour le prier de venir ici. Vous le voyez, il est venu. Ne faites aucun mal à ceux qui l'accompagnent ; quant à lui, je n'ai pas besoin d'en parler ; qu'on leur fournisse des vivres à discrétion ; traitez-les bien ; ne dérobez rien. Si vous n'agissez pas comme je vous le dis, ce sera entre vous et moi une terrible affaire !

Il prononça ces derniers mots d'une voix tonnante.

Puis, s'adressant aux Ashiras et aux Bakalais qui se trouvaient dans l'assemblée, il ajouta du même ton : « Prenez garde ! ne volez rien à mon homme blanc. Si vous vous en avisez, je vous ferai tous vendre ! »

Après quoi, le roi m'offrit des provisions de bananes et de cannes à sucre, avec une centaine de poules et quelques chèvres, et la séance fut levée.

Plus je restais près de Quengueza, plus je me sentais d'affection pour lui. Son seul défaut, celui de sa race, hélas ! et de son pays, c'était une extrême superstition. Depuis un an il n'avait point passé dans une certaine rue qui conduit directement au fleuve, et il aimait mieux s'astreindre à faire un long détour que d'y mettre le pied... Savez-vous pourquoi ? C'est qu'on lui avait dit, quand il avait été nommé roi, que cette rue avait été ensorcelée par un de ses ennemis. Aussi croyait-il fermement que, s'il passait par là, il mourrait. Cette idée superstitieuse avait pris naissance dans je ne sais quel rêve qu'il avait fait, et que l'on avait interprété de cette façon.

Plusieurs tentatives avaient été faites par des docteurs renommés pour chasser le sorcier (*aniemba*) qui barrait traîtreusement le passage au malheureux roi ; mais Quengueza, si crédule en fait de sorcellerie, ne l'était guère quant à la science des prétendus exorciseurs. Il craignait toujours que l'aniemba ne fût pas parti, et le plus sûr pour ne pas le rencontrer, c'était, selon lui, de continuer à prendre un autre chemin ; mais ses sujets se montraient fort contrariés du malencontreux obstacle qui empêchait le roi de passer dans leur plus belle rue.

On tenta un dernier effort pour expulser ce terrible aniemba.

Un célèbre docteur fut mandé du fin fond du pays des Bakalais pour accomplir cette cérémonie. Il se nommait Aquailai.

Un soir, le peuple se rassembla en foule sous l'immense hangar où ma réception avait eu lieu. On y alluma des feux, autour desquels on s'assit. Cette enceinte, qui avait cent cinquante pieds de long sur quarante de large, était recouverte de branches et de feuilles de palmier.

Vers dix heures, à la nuit noire, le docteur préluda à ses opé-

Une scène d'incantation.

rations en entonnant un chant pompeux et plein de jactance, qui proclamait son empire sur les sorciers. A ce signal tous les habitants allèrent se réfugier dans leurs maisons, avec une telle précipitation que deux femmes qui n'avaient pu regagner leur demeure et qui craignaient de s'attarder dans la rue vinrent me demander asile. Tous les feux furent éteints avec soin dans les maisons ; ceux du hangar l'étaient déjà ; et au bout d'une heure il ne restait plus dans tout le village une seule lumière excepté la mienne. Tout ce qu'on exigea de moi, ce fut de fermer ma porte. Partout régnaient l'obscurité la plus profonde et le silence le plus complet. Pas une voix, pas un soupir, pas un souffle ne s'échappaient de cette foule agglomérée dans les ténèbres.

A la fin ce silence fut rompu par la voix glapissante du docteur qui, du milieu de la ville où il se tenait, se mit à articuler des paroles dont je ne pouvais saisir le sens. De temps en temps la foule lui répondait en chœur. Cela dura bien une heure ; c'est une des plus étranges scènes auxquelles j'aie jamais assisté. Je ne voyais rien, si ce n'est les figures épouvantées des deux femmes qui s'étaient réfugiées chez moi : pauvres créatures ! Tout le peuple d'ailleurs était aussi effrayé qu'elles. La voix stridente du docteur résonnait étrangement au milieu du silence général ; et quand la réponse de ces masses d'assistants perdues dans les ténèbres arrivait confuse et mystérieuse à mes oreilles, la cérémonie prenait je ne sais quel caractère d'évocation fantastique.

A la fin, juste au moment où minuit sonnait à ma pendule, j'entendis le docteur s'approcher. Il avait des clochettes pendues à sa ceinture, et les faisait sonner en marchant ; il allait de maison en maison demander successivement à toutes les familles si le sorcier qui barrait le passage au roi n'était point des leurs. Naturellement chacun répondait non. Alors il se rendit dans la rue ensorcelée et se mit à courir çà et là, en conjurant le sorcier de déguerpir ; puis il revint sur ses pas, et déclara qu'il ne voyait plus l'Aniemba : — « Très-certainement, ajouta-t-il, ce sorcier intimidé s'était enfui pour ne plus revenir. » A ces paroles tout le peuple se précipita hors des maisons en criant : « Va-t'en ! va-t'en ! et ne reviens jamais faire de mal à notre roi ! »

On ralluma les feux et l'on se mit à table. Après quoi les feux furent éteints de nouveau, et les habitants entonnèrent des chants sauvages jusqu'à quatre heures du matin. Alors on ralluma encore les feux.

Au point du jour, toute la population se rassembla autour du roi pour descendre avec lui la redoutable rue jusqu'au fleuve. Quengueza, je le savais, était un brave chasseur et un brave guerrier ; il se montrait aussi fort intelligent sur beaucoup de points où éclatait la stupidité de ses sujets ; et, malgré cela, le pauvre roi éprouvait une peur horrible. On lui assurait bien que le sorcier était parti ; mais au fond il n'en croyait pas moins marcher à une mort certaine. Il hésita quelques instants ; enfin il se décida à braver sa destinée. Il se mit vaillamment en marche, descendit la rue et la remonta aux applaudissements de tout son peuple.

Ainsi se termina la cérémonie de l'exorcisme. Mais le pauvre Quengueza ne recommença jamais sa promenade. C'était bon pour une fois : il n'était pas guéri de ses frayeurs.

# CHAPITRE XXXI



Quengueza avait un esclave nommé Mombon, qu'il aimait beaucoup. Mombon était son intendant, son chambellan, son majordome, son homme d'affaires, enfin, son factotum. L'emploi de Mombon consistait à soigner les affaires particulières du roi, à faire travailler ses esclaves, à surveiller ses plantations et à garder les clefs des maisons royales. En outre, il était chargé de veiller spécialement à mon bien-être.

Quengueza avait un autre esclave, nommé Etia. Celui-ci était son chasseur favori ; il me l'avait donné pour me servir de guide dans les bois. Cet Etia était un vieillard de bonne mine, appartenant à une tribu de l'intérieur, où jamais on n'avait ouï dire qu'il y eût des hommes blancs dans le monde. Il demeurait sur une petite plantation en dehors du village. Il avait là une jolie petite maison et une bonne vieille femme qui me faisait toujours un accueil maternel. Elle avait toujours quelques friandises à me donner. Les fonctions d'Etia consistaient à pourvoir de gibier le garde-manger royal, et, pour s'en acquitter, il allait presque toutes les semaines à la chasse.

Etia et moi, nous étions très-bons amis. Je lui avais fait,

ainsi qu'à sa femme, plusieurs cadeaux dont ils avaient été enchantés. Autour de la maison d'Etia étaient disposés en trophées
des crânes d'éléphants, d'hippopotames, de léopards et de
gorilles.

Parmi les nombreux hôtes de Quengueza était un chef Ashira,
qui était venu lui rendre visite. Celui-ci avait un fils, nommé
Gambo, déjà renommé comme chasseur. Gambo était un gaillard
d'assez mauvaise mine; mais sous ces dehors ingrats il cachait

Intérieur d'une tribu africaine.

un courage ardent et un bon cœur. Je l'avais pris en grande
amitié, et, de son côté, il me le rendait bien. Quelquefois il
échappait à Quengueza de dire à son peuple :

« Voyez ces chasseurs, comme ils s'aiment les uns les autres!
Les différences d'origine et de pays n'y font rien. Voyez l'affection de mon homme blanc pour les chasseurs noirs ! »

En effet nous étions toujours ensemble. Gambo appartenait à
la tribu des Ashiras que je ne connaissais pas encore.

Un jour que nous marchions depuis trois heures à travers bois, nous aperçûmes des traces toutes fraîches de gorilles. Etia s'avança d'un côté, pendant que Gambo et moi, nous marchions de l'autre, en silence. Les gorilles se laissent si difficilement approcher, que nous étions obligés, à la lettre, de ramper à travers les broussailles, quand nous nous trouvions dans leur voisinage. Le chasseur ne saurait s'attendre à bien voir son ennemi avant d'être arrivé tout près de lui ; les forêts sont si épaisses et si sombres que, même lorsqu'on touche presque l'animal, on a encore peine à le distinguer. C'est ce qui fait de la chasse au gorille un exercice irritant pour les nerfs ; car l'idée fixe du chasseur, c'est que, s'il manque son coup, si sa balle ne frappe pas le point juste, l'animal blessé et furieux aura bon marché de lui.

Pendant que nous nous traînions à terre avec la plus grande précaution, un coup de feu retentit tout à coup dans le bois. Nous courûmes vers l'endroit d'où partait le bruit, et nous trouvâmes le vieil Étia tranquillement assis sur le corps d'une femelle de gorille, la plus grande que j'eusse encore vue. Elle mesurait quatre pieds cinq pouces ; taille énorme pour une femelle, car elles sont généralement beaucoup plus petites que les mâles.

Une autre fois, nous organisâmes une grande expédition. Nous devions nous rendre dans un endroit assez éloigné où Etia nous avait fait espérer que nous pourrions prendre un jeune gorille vivant. J'aurais bravé bien des fatigues et des périls pour me procurer un sujet que je pusse envoyer en Europe.

Notre troupe se composait d'Etia, de Gambo, de moi et de dix hommes, bien armés et munis de provisions pour une couple de jours. Mes compagnons étaient couverts de fétiches et de talismans. Leurs figures étaient peintes en rouge et ils s'étaient tailladé les mains à plus de cinquante endroits différents. Le sang qui coulait de leurs mains devait, suivant eux, leur porter bonheur. Du reste, ils étaient à peu près nus, ce qui est leur tenue habituelle.

Quant à moi, pour me faire une toilette de circonstance, je m'étais noirci la figure et les mains avec du charbon en poudre et de l'huile. Ma chemise et mon pantalon d'un bleu foncé et mes chaussures noires me donnaient un aspect aussi sombre qu'à n'importe quel nègre de la troupe. Mes révolvers étaient passés à ma ceinture avec mon sac de munitions et ma gourde d'eau-de-vie, et je portais mon fusil en bandoulière. Cet attirail excita l'admiration de la foule qui s'était rassemblée pour nous voir partir.

Quengueza était ravi.

«Quel homme, s'écriait-il, que ce ntangani! il ne craint rien. Il ne s'inquiète ni du soleil ni de la pluie; il n'aime que la chasse. »

Le vieux roi recommanda à ses sujets d'avoir bien soin de l'homme blanc et de le défendre, s'il le fallait, au péril de leurs jours.

Après avoir marché toute la journée, nous arrivâmes vers le soir sur les bords d'une petite rivière. Notre premier soin fut d'allumer du feu et de nous construire des huttes de feuillage pour la nuit. A peine avions-nous recueilli du bois et élevé nos abris, qu'il survint un violent orage. Une demi-heure après, le temps redevint clair, on fit cuire des bananes et griller du poisson fumé.

Dans la soirée, mes hommes s'amusèrent à raconter des histoires de gorilles.

« Mon père, disait l'un, m'a raconté autrefois qu'étant allé un beau jour dans la forêt, il s'était trouvé face à face avec un grand gorille. Mon père avait une lance à la main. A la vue de cette arme, le gorille se mit à rugir. Mon père, frappé de terreur, laissa tomber sa lance. Quand le gorille vit que mon père n'avait plus de lance, il parut satisfait et rentra dans l'épaisseur du bois. Mon père aussi fut bien content et continua son chemin. »

Là-dessus, tous s'écrièrent :

« Oui, oui, c'est ce qu'il faut faire quand on rencontre un gorille ; jetez votre lance, et il ne vous fera pas de mal. »

Gambo prit ensuite la parole :

« Il y a quelques saisons sèches, dit-il, un homme disparut de mon village, après une violente querelle avec son voisin. Peu de temps après, un Ashira de ce même village rencontra dans la forêt un très-grand gorille. C'était l'homme qui avait disparu ; il était changé en gorille. Le monstre s'élança sur le pauvre Ashira, le mordit et lui emporta un morceau du bras, puis il le laissa aller. Le malheureux revint le bras tout ensanglanté et me raconta cette aventure. Puissions-nous ne jamais rencontrer de ces hommes métamorphosés en gorilles ! »

Tous les nègres en chœur :

« Non, ne rencontrons jamais de ces hommes gorilles ! »

Plus tard j'eus occasion de voir, dans le pays des Ashiras, l'individu en question. Il me montra son bras mutilé et me répéta la même histoire.

Ensuite un des assistants reprit :

« Si nous tuons demain un gorille, je veux avoir une partie de sa cervelle pour me servir de fétiche ; rien ne rend un homme plus intrépide que la cervelle de gorille. Cela vous donne un courage à toute épreuve ! »

Les nègres en chœur (ceux du moins qui restaient éveillés) :

« Oui, un courage à toute épreuve ! »

Puis, tout en discourant de la sorte, ils s'endormirent les uns après les autres.

Le lendemain matin, on nettoya les armes, on les rechargea et l'on partit pour le terrain de chasse. Il y a dans les bois une certaine graine d'une espèce particulière dont le gorille est très-friand. Partout où cette graine se trouve en abondance, soyez sûrs d'y rencontrer l'animal.

Nous nous partageâmes en deux troupes. Etia, Gambo, deux autres hommes et moi, nous marchions ensemble. A peine avions-nous cheminé une heure, que nous entendîmes le cri d'un petit gorille qui appelait sa mère. Etia le distingua le premier et nous indiqua le point d'où le son partait.

Nous commençâmes alors à marcher avec plus de précaution. Etia et Gambo, qui se trouvaient en avant, se mirent à ramper tout doucement, en habiles chasseurs qu'ils étaient. C'était bien malgré moi que je restais en arrière ; mais j'avais peur, si je me mettais en ligne avec eux, que la maladresse de mes mouvements ne dénonçât notre présence.

Peu de temps après, j'entendis deux coups de fusil ; j'accourus et je trouvai une bête abattue. C'était encore une femelle de go-rille, une mère ; mais le petit s'était sauvé, et l'on n'avait pas pu mettre la main dessus.

Pendant que la pauvre mère gisait dans son sang, le petit

animal était caché dans le bois. Nous résolûmes de nous cacher nous-mêmes et de guetter son retour. Ce ne fut pas long. Il reparut, sauta sur sa mère et se mit à la teter et à la caresser. Alors Etia, Gambo et moi, nous nous élançâmes vers lui ; mais quoique le petit drôle n'eût pas plus de deux ans, il se débattit et nous échappa. Nous lui donnâmes une rude chasse, et, quelques minutes après, nous parvînmes à l'attacher, non sans qu'un de mes hommes fût rudement mordu au bras par l'enragée petite bête.

C'était une femelle. Malheureusement elle ne survécut que dix jours à sa capture. Elle refusait obstinément tout aliment cuit, et même toute espèce d'aliment autre que les noix et les graines dont ces animaux se nourrissent dans leurs forêts. Elle n'était pas aussi féroce que Joë le batailleur, mais elle était tout aussi sournoise et tout aussi intraitable. Elle ne se laissait approcher par aucun visiteur sans essayer de le mordre. Ses yeux semblaient parfois plus doux que ceux de Joë, mais ils n'étaient pas moins traîtres. Ainsi je remarquais chez elle la même manœuvre que chez mon premier prisonnier. Quand elle voulait, par exemple, me saisir la jambe, privée qu'elle était du libre usage de son bras par la chaîne qui la retenait, elle me regardait bien en face et, prompte comme l'éclair, s'appuyant d'un côté sur un bras et sur une jambe, elle me détachait de l'autre côté un violent coup de pied pour me déchirer. Plus d'une fois j'ai failli être agrippé par son gros orteil, arme puissante chez ces animaux. J'ai cru m'apercevoir quelquefois qu'elle louchait, mais je ne saurais l'affirmer. Tous ses mouvements étaient d'une extrême vivacité et sa vigueur était étonnante pour son âge et pour sa taille.

Chasse aux gazelles.

# CHAPITRE XXXII

Navigation sur le haut du fleuve. — Construction d'un village près d'Obindji. — Manière curieuse d'observer les jours du sabbat. — Douceur des naturels. — L'épreuve de l'huile bouillante.

Le roi Quenguéza voulut m'accompagner dans mon excursion sur le haut du Rembo et de l'Ovenga. Nous étions escortés par un grand nombre de canots qui portaient plusieurs chefs Ashiras et Bakalais, et nous nous dirigions vers le pays de ces derniers. La température était étouffante ; les nègres eux-mêmes en souffraient, et quoique j'eusse une épaisse ombrelle déployée au-dessus de moi, en ayant bien soin de ne pas bouger, j'étais obligé de me bassiner souvent la tête et de garnir souvent de linge mon chapeau de banane, car je craignais les coups de soleil.

La rivière était étroite et profonde, presque toujours encaissée entre des hauteurs. Çà et là seulement les rives s'aplatissaient pour laisser la vue s'étendre à droite et à gauche.

Tout le monde se plaignait, excepté mon petit Macondai. C'était le négrillon le plus courageux que j'eusse jamais vu, un vrai héros en diminutif. Plusieurs de ces Africains, beaucoup même, je vous l'assure, ont en eux-mêmes des ressources d'énergie étonnantes.

Deux jours après notre départ, nous arrivâmes un peu avant le coucher du soleil au village d'Obindji, un chef Bakalai, grand ami de Quenguéza. Les habitants se pressaient sur la rive droite pour me voir. Mes hommes, en abordant, s'annoncèrent par des coups de fusil et des chants bruyants. Obindji vint à notre rencontre; il était en grande tenue : chapeau de soie, chemise et pagne de toile neuve. Il faisait sonner son *kendo*, clochette qui est l'insigne de la royauté et qui représente le sceptre, comme le chapeau de soie représente la couronne.

Je dis à Obindji :

« Pourquoi faites-vous sonner votre kendo? »

Il répondit :

« Le cœur d'Obindji est content, et il remercie son *mboundji* (son bon génie) de l'avoir rendu aujourd'hui plus grand que jamais, en lui envoyant un *ntanga* (un homme blanc). »

Les deux rois et moi, nous allâmes prendre place sur les escabeaux en usage dans le pays; alors commença la réception officielle. Quenguéza fit à Obindji et à tous les Bakalais qui l'entouraient un récit détaillé de ses relations avec moi, depuis le jour où il était venu me rendre visite sur le rivage jusqu'au moment actuel.

Obindji répliqua en exposant de la même façon, c'est-à-dire en phrases courtes, les sentiments qu'il avait éprouvés à la nouvelle que Quenguéza allait lui amener son ntanga. Puis la séance fut terminée.

Le village d'Obindji n'était pas grand, mais quelle situation charmante! il s'élevait sur les bords mêmes de l'Ovenga, au pied d'une haute montagne. Quenguéza était maître du cours de l'Ovenga, dont les rives n'étaient occupées par les Bakalais que depuis le règne du frère aîné et prédécesseur de Quenguéza. Ce peuple Bakalai, qui est fort belliqueux, s'est rendu très-redoutable à ses voisins.

La région de l'Ovenga est un pays de montagnes très-étendu et sauvage, couvert de forêts impénétrables et peuplé d'innombrables insectes. On y trouve aussi des animaux de toutes sortes, des oiseaux curieux, des serpents en grande quantité et les formidables fourmis bashikouais, ainsi que des chimpanzés et des gorilles.

Comme j'avais l'intention de rester là quelque temps, j'entrepris de construire un autre village. Mes hommes se mirent en campagne et allèrent chercher dans la forêt des écorces d'arbres, des feuilles et des pieux.

Lorsque le dimanche arriva, je pria Quenguéza de faire reposer tout son monde, en lui expliquant que les hommes blancs ne travaillaient jamais le jour du sabbat.

Le vieillard réfléchit un moment comme un homme embarrassé ; puis il me dit :

« C'est que nous sommes bien pressés. Voyons, est-ce qu'on ne pourrait pas réunir tous les dimanches du mois pour les mettre ensuite au bout les uns des autres ? Comme cela, on n'interromprait pas les travaux et nous nous reposerions quatre à cinq dimanches de suite. Cela reviendrait absolument au même. »

Il avait l'air tout fier de sa découverte. Aussi fut-il bien désappointé quand je lui répondis que ce qu'il demandait était tout bonnement impossible.

Je travaillais avec ardeur à la construction de ma maison, mais l'intensité de la chaleur rendait ce travail très-pénible. Il n'y avait pas un souffle d'air dans tout le pays. En outre, la fièvre me reprit de plus belle ; mais je coupai court à ses développements.

Obindji m'avait pris en amitié. Tous ces nègres, je le répète, semblaient m'aimer beaucoup. J'avais un grand nombre d'amis parmi les Bakalais. Deux d'entre eux surtout me témoignaient une vive affection ; ils s'appelaient Malaouen et Querlaouen. Je ne sais en vérité lequel des deux m'aimait le mieux. Ils étaient toujours à ma disposition. Si je proposais une partie de chasse, ils se déclaraient prêts à m'accompagner. S'ils tuaient du gibier, ils m'offraient les plus belles pièces. Leurs femmes m'apportaient tous les jours des cannes à sucre, des bananes ou d'autres mets.

L'épreuve de l'huile bouillante.

Quant à Obindji, point d'efforts qu'il ne fît pour m'être agréable ; et, de son côté, Quenguéza ne me quittait pas. Partout où j'allais, disait-il, il devait me suivre, et il se faisait bâtir une maison tout proche de la mienne. J'étais à la fois l'homme blanc de Quenguéza et celui d'Obindji, sujet d'orgueil pour l'un comme pour l'autre. Je prenais d'ailleurs à tâche de me bien conduire avec eux, et, par-dessus toutes choses, je voulais qu'ils crussent sans réserve à ma parole. Aussi avais-je bien soin de tenir toujours ce que j'avais promis. Ils en prirent note et ne doutèrent jamais de moi. Ces pauvres gens n'ont pas de mot dans leur langue pour caractériser ce que nous appelons un honnête homme, mais ils savent fort bien discerner un menteur d'avec un homme sincère, et font grand cas de la sincérité.

Un jour je vis mettre en pratique une épreuve solennelle consacrée par les croyances du pays. Un jeune garçon, fils d'Aquilai, de ce docteur qui avait expulsé l'Aniemba (ou le sorcier) de la grande rue de Goumbi, accusait un des hommes de Quenguéza d'avoir endommagé le canot d'un Bakalai. Le propriétaire demandait une indemnité ; mais les hommes de Goumbi niaient que l'inculpé fût l'auteur de cette avarie. Ils réclamèrent l'épreuve judiciaire. On fit venir un docteur Ashira qui se trouvait dans le village. Celui-ci jugea que le seul moyen de faire éclater la vérité était l'épreuve de l'anneau chauffé à l'huile. Là-dessus, en présence des Bakalais et des gens de Goumbi réunis, on procéda sans retard à l'expérience.

Le docteur Ashira posa par terre, à peu de distance les unes des autres, trois bûches qui se touchaient par leurs extrémités ; puis il entassa du menu bois entre elles jusqu'à leur niveau. Un vase à moitié plein d'huile fut placé ensuite sur ce bûcher, auquel on mit le feu. L'huile aussi s'enflamma. Pendant qu'elle brûlait, le docteur jeta dans le vase un anneau de cuivre. Il resta ensuite debout, à côté, tenant à la main une tasse remplie d'herbes mouillées dont il prenait de temps en temps quelques brins pour les jeter dans l'huile. La flamme alors se ravivait. En peu de temps tout fut brûlé ; c'était le moment de l'épreuve. On commanda à l'accusateur, au jeune garçon, de prendre l'anneau dans le vase. Il hésita quelques instants, mais son père le pressa d'obéir.

« Voyons, criait le peuple, voyons s'il a menti ou s'il a dit la vérité ! »

A la fin, le pauvre diable plongea sa main dans le vase et retira l'anneau chauffé à blanc ; mais il le laissa retomber bien vite, après s'être cruellement brûlé les doigts. A cette vue, ce ne fut qu'un cri : « Il a menti ! il a menti ! » et l'homme de Goumbi fut déclaré innocent. Je me permis de faire entendre que celui-ci se serait également brûlé les doigts s'il eût touché à l'anneau, mais personne n'eut l'air de considérer l'affaire sous ce point de vue.

# CHAPITRE XXXIII



Nous nous établîmes dans un village bakalai abandonné, à quelques milles des bords de l'Ovenga, et à dix milles au-dessus d'Obindji. J'étais heureux de n'avoir pas d'olako à construire.

J'avais avec moi quelques Bakalais, parmi lesquels naturellement étaient mes bons amis Querlaoueu et Malaouen. Gambo faisait aussi partie de notre troupe.

Dès que nous fûmes bien installés, nous allâmes reconnaître les traces des gorilles. Il était trop tard pour entrer en chasse ; d'ailleurs nous nous sentions trop fatigués. Le soir, Malaouen vint me dire qu'il avait entendu le cri du kooloo-kamba, et qu'il savait bien où trouver cet animal quand il ferait jour.

Je lui demandai ce que c'était que le kooloo-kamba, car je n'en avais aucune idée ; je n'avais même jamais entendu prononcer ce nom-là. Il me répondit en me faisant la description de cet animal ; ce qui me jeta dans un profond étonnement, car je vis qu'il s'agissait d'une nouvelle espèce de singe pareil à l'homme, d'un nouvel homme des bois enfin, dont je n'avais jamais ouï parler. Les gens de Goumbi l'avaient nommé kooloo-kamba, à cause de son cri d'appel « *kooloo* », et les Commis y avaient ajouté le mot « *kamba* », qui signifie parole. Les Bakalais l'appelaient tout simplement koola.

Je dormis à peine de la nuit, dans l'agitation où mettait la perspective du lendemain. Les Bakalais m'avaient dit que le koo-loo-kamba était une espèce très-rare chez eux, et qu'il n'y avait guère chance d'en trouver d'autres que celui dont Malaouen avait entendu le cri.

Cette longue nuit s'acheva enfin. Dès le point du jour je mis mes hommes sur pied ; nos armes étaient préparées de la veille, et nous partîmes. Nous étions partagés en deux troupes : la mienne avait cheminé dans la forêt depuis une heure, à travers un sentier qui nous menait nous ne savions où, lorsque je mis étourdiment le pied sur une colonne de fourmis bashikouais, qui me mordirent cruellement, jusqu'à me faire crier ; ces enragées petites bêtes, furieuses d'être dérangées dans leur marche, montaient après moi, s'accrochaient à mes jambes et à mon pantalon que je fus obligé d'ôter : je m'élançai lestement hors du chemin suivi par la grande armée, dont celle-ci n'était que l'avant-garde, mais je n'en fus pas quitte sans de nouvelles morsures.

A peine étions-nous débarrassés des bashikouais, que nos oreilles furent frappées d'un cri singulier. C'était celui du singe que nous cherchions : « koola-kooloo, koola-kooloo », entendîmes-nous à plusieurs reprises. Je n'avais avec moi que Gambo et Malaouen. Gambo et moi nous levâmes les yeux, et nous aperçûmes, perché sur une haute branche d'arbre, un grand singe. Il ressemblait à un homme chevelu. Nous tirâmes tous les deux à la fois, et tout aussitôt le pauvre animal tomba pesamment sur le sol. Je me précipitai, empressé de voir si en effet j'avais bien devant moi une espèce nouvelle. Je reconnus tout de suite que ce n'était ni un nshiego-mbouvé, ni un chimpanzé ordinaire, ni un gorille. Encore un jour heureux dans mon calendrier! Ce kooloo-kamba était, sans aucun doute, une nouvelle variété de chimpanzé.

Nous eûmes bientôt retiré les entrailles de l'animal; nous ne trouvâmes dans son estomac que des graines, des noix et des fruits, qui n'étaient pas encore digérés.

C'était un mâle, parvenu à toute sa croissance. Il mesurait quatre pieds trois pouces de hauteur; il était vigoureusement charpenté; ses épaules étaient fortes et carrées. Il avait la tête toute ronde, avec des espèces de favoris qui lui encadraient la face et le menton. La face était arrondie, les pommettes saillantes et les joues creuses; la rondeur de la tête et la saillie des pommettes me rappelaient la forme du crâne des Indiens ou des Chinois. Le poil était noir et long sur les bras, qui cependant en étaient dépourvus par places. Ses oreilles étaient grandes et d'une forme pareille à celles de l'homme. On n'a rien pu me dire des habitudes de cet animal, si ce n'est qu'on le trouve en plus grand nombre quand on s'avance dans l'intérieur du pays.

J'ai emporté la peau de ce kooloo-kamba à New-York, où on a pu la voir depuis plusieurs années.

Lorsque nous revînmes à Obindji, ou chez Obindji, nous y fûmes rejoints par mon brave ami Querlaouen. Il avait tué un cochon sauvage et il m'en donna la moitié. Les nègres se régalèrent du kooloo-kamba, auquel je n'avais garde de toucher; aussi le cochon sauvage fut-il le bienvenu pour moi, comme pour Quenguéza. Nous le retrouvâmes poussant presque des cris de douleur qui lui étaient arrachés par une affection maladive, très-commune dans cette partie de l'Afrique, que l'on appelle la *gouamba*, et pour laquelle, Dieu merci, nous n'avons pas de nom. La gouamba est un appétit de viande, impérieux, désordonné, qui provient d'une nature épuisée. L'alimentation végétale ne suffit pas aux besoins de notre organisation. Ces Africains passaient des jours, des semaines, quelquefois même des mois, sans pouvoir se procurer aucune espèce de viande ; alors, quelque aliment qu'on leur offrît, ils le regardaient avec dégoût, en s'écriant : « gouamba ! » ce qui veut dire : « j'ai horreur de cette nourriture ; il me faut de la viande ; j'en ai besoin ; je ne me soucie pas d'autre chose. »

Je pris part à plusieurs campagnes contre les gorilles, pendant que je demeurais chez les Bakalais, dans les régions supérieures de l'Ovenga. Malaòuen, Querlaouen, Gambo et moi, nous partions ensemble et nous restions quelquefois des journées entières dans les parties les plus épaisses de la forêt. De temps en temps nous retournions à Obindji pour renouveler nos provisions de bananes, et nous repartions de nouveau pour la chasse, rôdant au hasard dans toutes les directions. Il nous arriva souvent d'explorer des régions nouvelles, souvent aussi de nous perdre dans des solitudes montagneuses et sauvages, où l'on errait des journées entières sans rien tuer.

Nous eûmes beaucoup à souffrir dans plusieurs de ces excursions, il fallait s'armer de courage et de patience : nous faisions plus que maigre chère, et quelquefois j'étais abattu par la fièvre.

Un jour, jour remarquable ! nous étions à la recherche des gorilles, dont nous avions deviné le voisinage, à la vue de certain fruit pulpeux en forme de poire dont ces animaux sont très-friands. J'aime beaucoup aussi le goût légèrement acide de ce fruit, qui est recherché par les nègres aussi bien que par les gorilles.

Nous trouvions partout des traces de gorilles, et toutes si franches, que ces animaux, selon toute apparence, nous devançaient de très-près. Cherchaient-ils à nous éviter ? Je le croyais sans en être sûr. Pour en avoir le cœur net, nous battîmes les buissons pendant plus de deux heures, à la découverte du gibier. A la fin, un énorme gorille sortit tout à coup du fourré, et s'avança droit sur nous en poussant un terrible cri de rage, comme pour nous dire : « Je suis las de me laisser poursuivre ; me voici ; je viens à vous. »

C'était un mâle solitaire ; ces animaux sont les plus féroces de tous. Il faisait résonner la forêt de son rugissement, semblable au roulement du tonnerre qui gronde dans le lointain.

Il était à peu près à trente pas de nous quand il se montra. Nous nous rassemblâmes vite en un seul groupe. J'allais l'ajuster pour l'abattre à l'endroit où il se tenait debout, lorsque Malaouen me retint, en me disant tout bas :

« Pas encore. »

Nous demeurâmes donc immobiles et muets, le fusil à la main. Le gorille nous considéra une minute ou deux de son œil fauve et gris ; puis il se mit à se battre la poitrine de ses deux bras gigantesques ; — quels bras, bon Dieu ! — puis il poussa un nouveau rugissement de défi et marcha sur nous. L'horrible regard ! je ne l'oublierai jamais.

Il fit une seconde halte à vingt pas de nous. Je levai mon arme ; mais Malaouen me répéta : « Pas encore ». Qu'allons-nous devenir, juste ciel ! si nos fusils rataient, ou si nous ne faisions que blesser l'énorme bête ?

Nouveau rugissement ; nouvelle marche sur nous : le gorille n'était plus qu'à quinze pas. Je pouvais alors voir distinctement sa hideuse face ; elle était contractée par la rage : ses dents puis-

santes s'entrechoquaient et faisaient entendre leur grincement;
la peau de son front, rejetée en avant et en arrière, faisait mouvoir
en tous sens le poil qui la recouvrait, et donnait à ses traits une
expression diabolique. Il poussa encore un rugissement à faire
trembler la forêt; il me sembla qu'un coup de tonnerre ébranlait
le sol sous mes pieds; puis le monstre nous regarda en face, et se
battant la poitrine, avança encore.

Attaque d'un gorille.

« Ne tirez pas trop tôt, dit Malaouen; si vous ne le tuez pas,
il vous tuera. »

Cette fois, lorsqu'il fit halte, il n'était plus qu'à dix pas de nous.
Ma respiration haletait : je ne perdais pas de vue l'horrible bête.

« Attention ! » avait dit seulement Malaouen quand elle s'était
remise en marche, et, dès qu'il la vit arrêtée : « Feu ! » cria-t-il.
Le gorille ouvrait la gueule pour rugir, mais déjà il avait trois

balles dans le corps; il tomba la face contre terre, mort sur le coup, sans se débattre.

C'était un monstrueux animal, quoiqu'il ne fût pas encore des plus grands. Sa taille était de cinq pieds six pouces; ses bras mesuraient une largeur de sept pieds deux pouces. Sa vaste poitrine musculeuse avait cinquante pouces de tour, son orteil en avait cinq trois quarts. Ses bras n'étaient que d'énormes faisceaux de muscles, et ses jambes, ainsi que ses pieds (assez pareils à des griffes) étaient si fortement articulés pour agripper et saisir, que je me rendis parfaitement compte de la croyance où sont les nègres que cet animal se tient caché dans les arbres pour guetter sa proie, prêt à accrocher au passage avec ses pieds et à tirer à lui toute espèce de créature vivante, léopard, buffle ou homme.

La face du gorille était d'un noir très-foncé. Sa large poitrine, où se développait toute sa vigueur, n'avait pas de poils; la peau qui la recouvrait était semblable à du parchemin. Le reste du corps était couvert d'un poil gris.

Pendant que l'animal s'avançait vers nous, debout sur ses jambes de derrière, en nous regardant en face d'un air de défi, comme peu d'animaux osent le faire, je frémissais d'horreur, croyant voir se dresser devant moi une hideuse image de l'espèce humaine.

# CHAPITRE XXXIV



Je me remis avec Quenguéza à remonter le cours de l'Ovengo. Nous résolûmes de nous rendre chez un chef nommé Anguilai, dont le village s'appelait N'calai-Boumba.

Partis d'Obindji le matin de bonne heure, nous passâmes devant plusieurs villages Bakalais, dont le plus grand, Npopo, reçut plus tard ma visite. Les bords de la rivière étaient partout couverts de bois, mais fort peu peuplés d'animaux. Je ne vis de toute la journée qu'un monkey et quelques oiseaux.

Anguilai, un des vassaux de Quenguéza, chef bakalai fort puissant, que j'avais déjà vu chez Obindji, me fit une réception cordiale.

Son village était le pays le plus chaud que j'eusse encore trouvé en Afrique. N'calai-Boumba est situé dans le fond d'une vallée; ses maisons, toutes basses et toutes serrées, rendaient pour moi ce séjour intolérable. Ce village ne datait guère que d'une année, et sa population avait émigré de l'intérieur; les plantations de bananiers y étaient très-considérables.

Vers la fin d'avril je me mis au lit avec la fièvre. C'était le plus fort accès que j'eusse encore ressenti; aussi tombai-je dans un abattement complet. Je ressemblais presque à un homme mort : pas une goutte de sang ne colorait mon visage. Je n'avais pas la moindre force; je ne pouvais ni manger ni marcher.

Pendant trois jours j'eus de violents redoublements de fièvre; le sang me montait au cerveau et je battais la campagne. C'est du moins ce que me dirent les indigènes qui me soignaient, car je ne pus me rappeler ce que j'avais dit. Je sais seulement que j'avais la tête en feu et que je souffrais à en être fou. Au milieu de mes accès de fièvre, je pensais quelquefois que j'allais mourir et je recommandais mon âme à Dieu.

Quand on me vit malade, les habitants vinrent me supplier de ne plus chasser à l'avenir avec tant d'ardeur et d'opiniâtreté. « Regardez-nous, disaient-ils, nous chassons un jour et nous nous reposons deux. Quand par hasard nous chassons trois jours de suite, nous nous reposons indéfiniment, tandis que vous, vous allez tous les jours à la chasse. »

Je me disais en moi-même : ils ont raison, et je suivrai leur avis; mais c'était bien difficile, car je sentais bien que je n'avais pas là autre chose à faire, et que j'accomplissais une sorte de mission. Sous un climat si malsain on ne saurait vivre bien long-temps; aussi avais-je hâte de faire en peu de temps le plus de besogne possible. Je brûlais du désir de mettre en lumière toutes les curiosités de cette partie du monde; je sentais l'âge me gagner et il me restait encore une bien grande tâche à remplir. Je priai donc le ciel de m'accorder assez de force pour mener à bien mon entreprise.

Je n'oublierai jamais la bonté des femmes du pays, ni le soin qu'elles ont pris de moi pendant que j'étais malade. Pauvres créatures ! comme leurs maîtres les maltraitent ! comme ils abusent d'elles ! Vraies esclaves, condamnées aux plus basses fonctions, elles ne reçoivent que des coups et des injures; et cependant, à la vue des souffrances d'autrui, leurs cœurs s'attendrissent comme le cœur des femmes civilisées. Je n'eus pas plutôt ressenti les atteintes de mon mal, que ces bonnes âmes vinrent me prodiguer leurs soins et leurs attentions de toute espèce; elles s'asseyaient près de moi pour m'éventer, elles m'apportaient des nattes pour mon lit, elles bassinaient ma tête brûlante avec de l'eau froide, elles apaisaient ma soif avec des fruits rafraîchissants de leurs bois. La nuit, quand je m'éveillais en proie à quelque cauchemar fiévreux, je les entendais, dans l'obscurité, me plaindre et chercher entre elles les moyens de me soulager.

Plus je réfléchis à toutes mes épreuves, plus je sens le besoin de rendre grâce à Dieu. C'est lui qui, partout où je suis allé, a rendu les cœurs humains, tendres et bienveillants pour moi, et qui, jusque sous la peau noire du sauvage enfant de l'Afrique, a glissé un rayon de sa charité divine !

Anguilai et Quenguéza s'émurent vivement de ma maladie. Anguilai accusait ses sujets de m'avoir méchamment ensorcelé. Une nuit il se mit à parcourir tout le village, en menaçant à haute voix de tuer les sorciers qu'il pourrait découvrir. Je fus obligé de me lever pour aller dire à Anguilai que son peuple et tous les Bakalais me portaient trop d'affection, j'en étais sûr, pour désirer que je fusse malade. A ces mots, ils s'écrièrent tous d'une voix : « Oui, oui, c'est vrai. »

Quelques jours après, je me trouvai en état de marcher un peu, et j'allai m'établir dans la forêt, où je souffrais moins de la chaleur que dans ces petites et étroites habitations.

Quel chagrin j'éprouvais parfois en voyant ces nègres, si bons naturellement, livrés à des superstitions qui les poussaient à commettre les plus horribles cruautés ! Un enfant de dix ans à peu près avait été accusé de sorcellerie ; quand on l'interrogea, il répondit naïvement qu'il avait composé un sortilége. Là-dessus tous les habitants, comme possédés d'une fureur démoniaque, saisirent leurs lances et leurs couteaux et mirent en pièces le pauvre petit. J'étais allé me promener hors du village, et j'y rentrai justement pour être témoin de cette abominable scène. Je ne

L'idole du village de Npopo.

pus même faire comprendre à ces hommes l'horreur de leur action sanguinaire. Ils étaient encore transportés de rage à l'idée que ce malheureux enfant avait composé un sortilége pour les tuer, et plusieurs heures après cette fureur n'était pas encore apaisée.

J'étais si indigné que je retournai dans les bois. Je pris un sentier qui me mena au village de Npopo, qui n'était pas loin de N'calai-Boumba. Je voulais rendre visite à son chef, Aquailai. C'était le même docteur qui était venu à Goumbi chasser l'Aniemba de la grande rue. Le village était désert ; les habitants étaient allés dans les bois. Toutes les demeures étaient ouvertes, et ce qu'elles contenaient à la merci des voleurs. Les poules et les chèvres erraient en liberté, et je m'étonnais de voir toutes choses laissées ainsi à l'abandon. Mais, au milieu du village, veillant sur tout ce qui l'entourait, se dressait une idole (Mbuiti), la déesse de Npopo, divinité aux yeux de cuivre, dont la fonction spéciale était de faire bonne garde et d'assurer le respect des propriétés. Ceci me semblait absurde ; mais on m'assura que jamais personne n'eût osé commettre un vol sous les yeux de cette Mbuiti ; et, en effet, il ne s'en était jamais commis.

Cette idole qui rendait tant de services, contrairement à ce qui se passe habituellement, était grossièrement façonnée dans un bloc d'ébène. Elle avait à peu près deux pieds de haut. Sa figure était celle d'un homme, avec un nez et des yeux de cuivre, et son corps était recouvert d'herbe.

Nous partîmes un jour dans les bois d'ébéniers. L'emplacement où nous nous fixâmes, était situé à neuf milles environ de la rivière, sur le bord d'une longue montagne, près d'un ruisseau frais et limpide, qui descendait de cascade en cascade dans la plaine, avec un doux murmure qui me charmait l'oreille, pendant que j'étais couché, faible et malade encore, sous les cimes croisées de cinq gros ébéniers. Tous les bois d'alentour étaient pleins d'ombre et de fraîcheur. C'était un endroit délicieux ! mais, hélas ! on y mourait de faim. J'envoyai les chasseurs à la découverte. Ils restèrent deux jours absents et ne rapportèrent rien. Le gibier était très-rare dans cette forêt, et sans un *ashinga*, espèce de filet en usage dans plusieurs villages bakalais, nous n'aurions pas pris grand'chose.

# CHAPITRE XXXV



Je commençais à me rétablir. Comme je ne pouvais supporter plus longtemps le jeûne et la gouamba, je me décidai à organiser une chasse régulière et à rester dans les bois jusqu'à ce que nous fussions approvisionnés de vivres. Malaouen me dit qu'à trente milles de là nous trouverions un pays plus giboyeux. Nous partîmes donc dans la direction qu'il nous indiquait, avec l'espoir d'y trouver le gorille ou peut-être le nshiego-mbouvé.

Mes hommes étaient couverts de *grigris* (ou fétiches) et s'étaient tailladé les mains pour se porter bonheur. Anguilai m'avertit que, la veille, son *ogana* (son idole) lui avait dit que le cœur de l'*otanga* (l'homme blanc) devait se réjouir, parce que le lendemain la chasse serait bonne.

Pendant plusieurs heures, nous ne vîmes que des traces déjà anciennes de diverses bêtes sauvages, et je commençai à croire que l'ogana d'Anguilai avait été trop expansive. A la fin, vers midi, comme nous traversions une espèce de plateau, nous entendîmes le cri d'un petit animal que je reconnus aussitôt pour le cri du nshiego-mbouvé. A l'instant, tous mes ennuis disparurent. Je ne sentais plus ni faim, ni maladie, ni fatigue.

Nous nous glissâmes dans les buissons avec toutes les précautions possibles, toujours guidés par ce petit cri pareil à celui d'un enfant. Arrivés à un endroit où les broussailles s'abaissaient, nous aperçûmes quelque chose qui courait le long du sol vers l'endroit où nous nous tenions cachés. Nous osions à peine respirer, de peur de donner l'éveil à l'animal. Quand il fut plus près, nous vîmes que c'était une femelle de nshiego-mbouvé, courant à quatre pattes, avec son petit suspendu à son sein. Elle mangeait avidement quelques graines et supportait le petit avec un de ses bras.

Querlaouen, le mieux placé, tira sur elle et l'abattit. Elle tomba roide. Le petit poussait des cris : « Heu! heu ! heu ! » s'attachait au corps de sa mère, continuait à lui presser les seins et y abritait sa tête, tout effrayé de la détonation.

Nous nous élançâmes pleins de joie pour le prendre. Mais je ne saurais dire quelle fut ma surprise quand je vis que la face du petit nshiégo était aussi blanche que la figure d'un de nos enfants.

Je regardai la mère ; sa face était noire comme la suie. Que voulait dire cela ? la mère noire et l'enfant blanc ! Le petit n'avait guère qu'un pied de haut. Un de nos hommes lui jeta un morceau d'étoffe sur la tête et le maintint jusqu'à ce que nous l'eussions attaché avec une corde, car, malgré son jeune âge, il pouvait marcher. La mère, qui était déjà vieille, à en juger par l'usure de ses dents, appartenait à l'espèce chauve dont je m'étais déjà procuré un spécimen quelques mois auparavant.

Je donnai l'ordre de retourner au camp ; nous le regagnâmes vers le soir. Pendant la route, le petit nshiego avait été séparé du corps de sa mère. Une scène des plus émouvantes nous attendait

Un jeune nshiego-mbouvé, à face blanche.

lorsque, en arrivant, nous le replaçâmes à côté d'elle. Il se précipita aussitôt sur ce corps inanimé ; il lui touchait tantôt la face, tantôt le sein ; il s'apercevait bien qu'un grand changement était survenu. Il la caressa pendant quelques minutes, comme pour la rappeler à la vie, puis il parut perdre tout espoir, ses petits yeux prirent une expression douloureuse, et il éclata en gémissements prolongés : « Ooéé ! ooéé ! » à fendre le cœur des assistants. Il avait l'air vraiment désespéré, comme s'il eût compris son abandon. Tout le monde au camp fut touché de son chagrin ; les femmes surtout s'en montraient fort émues.

Nous avions déjà assisté à des scènes semblables, quand nous avions pris de petits gorilles sur le cadavre de leur mère. Tant il est vrai que des êtres du naturel le plus opposé témoignent le même amour pour le sein qui les nourrit, et que même les plus féroces sont susceptibles de sentiments tendres !

Je ne revenais pas de mon étonnement en considérant la blancheur des traits de cette petite créature. C'était pour moi une chose merveilleuse et tout à fait incompréhensible. Je n'avais jamais vu d'animal plus étrange.

Pendant que j'étais là à l'examiner, deux de mes chasseurs survinrent et me plaisantèrent.

— Eh bien, Chaillie, dirent-ils, regardez votre jeune ami. Toutes les fois que nous tuons un gorille, vous nous dites : Regardez votre ami noir, votre arrière-cousin. Maintenant nous vous disons à notre tour : Regardez votre petit cousin blanc.

Là-dessus ils poussèrent un formidable éclat de rire, tant la plaisanterie leur parut excellente.

— Voyez, voyez, il a les cheveux droits, absolument comme vous. Voyez la figure blanche de votre cousin des forêts ! Il est bien plus de votre famille que le gorille n'est de la nôtre !

Nouveau tonnerre de rires.

— Le gorille n'a pas des cheveux de laine comme nous, reprirent-ils, et celui-ci a des cheveux droits comme vous.

— Oui, répondis-je, mais quand il sera vieux, il deviendra noir comme vous ; et si ses cheveux sont comme les miens, ne voyez-vous pas que son nez est plat comme les vôtres ?

Et les éclats de rire de redoubler.

Je vais maintenant vous conter l'histoire du petit animal qui excitait tant de surprise et de gaieté. Il vécut cinq mois parfaitement docile et apprivoisé. Je l'appelai Tommy, nom auquel il commençait à répondre.

Trois jours après que je l'eus pris, il était déjà apprivoisé. Il venait prendre du biscuit dans ma main, il mangeait avec avidité du riz bouilli et des bananes rôties et il buvait du lait de chèvre. Deux semaines plus tard, son éducation était complète ; et je n'avais plus besoin de l'attacher. Il courait à droite et à gauche dans le camp ; et lorsque nous retournâmes à Obindji, il sut bientôt trouver son chemin dans le village et dans les cabanes, comme s'il eût été élevé là.

Il montrait beaucoup d'affection pour moi et il avait pris l'habitude de me suivre partout. Quand j'étais assis, il n'était pas content qu'il n'eût grimpé sur mes genoux et caché sa petite tête dans ma poitrine. Il aimait beaucoup à être caressé et dorloté. Il aurait passé une heure entière à se faire gratter la tête et le dos.

Il ne tarda pas malheureusement à devenir très-voleur. Quand les habitants quittaient leurs cabanes, il s'y introduisait pour dérober leurs bananes ou leur poisson (car il mangeait de tout). Il guettait avec soin le moment où l'on sortait ; aussi était-il malaisé de le prendre sur le fait. Je le fouettai plusieurs fois, et je suis certain d'être parvenu à lui faire comprendre que c'était *mal* de voler ; mais il ne pouvait résister à la tentation.

C'était moi surtout qu'il volait à chaque instant. Il s'était bien vite aperçu que ma cabane était la mieux approvisionnée de bananes mûres et de fruits de toute sorte. Il avait aussi remarqué que le moment le plus favorable pour ses larcins était celui de mon sommeil du matin. Il se glissait alors tout doucement, sur la pointe du pied, jusqu'à mon lit, et regardait si j'avais les yeux fermés ; puis, quand il ne me voyait faire aucun mouvement, il se redressait d'un air rassuré et allait me voler quelques bananes. Si, au contraire, je venais à bouger, il disparaissait comme un éclair, sauf à rentrer bientôt pour recommencer son manége.

Lorsque je rouvrais les yeux pendant qu'il était en train de commettre un de ses méfaits, le petit drôle prenait tout de suite un air honnête et venait droit à moi, comme pour me caresser. Mais je voyais bien en même temps les regards furtifs qu'il jetait du côté de mes bananes.

Ma cabane n'avait pas de porte ; elle n'était fermée que par une natte. Rien de plus comique que de voir Tommy soulever tout doucement un coin de cette natte pour regarder si j'étais endormi. Quelquefois je faisais semblant de dormir, puis je remuais juste au moment où il s'emparait des objets de sa convoitise. Alors il laissait tout tomber, et se sauvait dans le plus grand trouble.

Il observait les heures des repas et tâchait d'assister à autant de repas que possible. Ainsi il allait de ma table à une demi-douzaine d'autres, demandant quelque chose à chacune. Mais il ne manquait jamais à mon déjeuner ni à mon dîner, sachant par expérience que c'était là qu'il trouverait la meilleure chère.

On me servait sur une sorte de table grossière, sous ma véran-
dah ; mais cette table était trop haute pour que Tommy pût voir
les plats qu'on y plaçait. Que faisait-il ? Il arrivait quand le repas
était servi et grimpait à l'un des poteaux qui supportaient le toit.
De ce poste, il inspectait tous les mets qui étaient sur ma table,
et quand il avait fait son choix, il redescendait s'asseoir à côté
de moi.

Si je ne faisais pas tout de suite attention à lui, il commençait
par un léger cri : « Heu ! heu ! heu ! » qui devenait de plus en
plus fort jusqu'à ce que, de guerre lasse, je lui eusse donné ce
qu'il demandait. Comme je ne pouvais pas savoir quel plat il
avait choisi pour son dîner, je lui en offrais d'abord un, puis un
autre, et le tour du sien arrivait. Si je lui donnais un mets dont il
ne voulait pas, il le jetait par terre avec un petit cri d'impatience,
en frappant violemment du pied ; puis il se mettait à grogner tant
qu'il n'était pas servi à sa fantaisie. En un mot, il se conduisait
comme un véritable enfant gâté.

Si je lui donnais tout de suite ce qu'il voulait, il me remerciait
par une espèce de gentil murmure et me tendait sa petite main
pour secouer la mienne. Il aimait beaucoup les mets bouillis, le
poisson surtout. On le voyait sans cesse occupé à ronger les os
qu'il ramassait dans le village. Il voulait toujours goûter à mon
café, et quand Macondai me l'apportait, il m'importunait pour en
avoir.

Je lui avais arrangé un petit coussin en guise de lit ; ce qui
parut l'enchanter. Une fois qu'il y fut habitué, il ne voulut plus
s'en séparer ; il le traînait toujours avec lui. Si par hasard il l'avait
perdu, tout le camp retentissait de ses hurlements lamentables.
Quelquefois, pendant nos excursions dans les bois, ce malheureux

coussin restait en arrière, ou bien on le cachait pour faire pièce à maître Tommy, et il me fallait alors faire chercher partout l'objet égaré pour apaiser le vacarme du propriétaire aux abois.

Il dormait sur son coussin et s'y pelotonnait en petit tapon. Il ne le quittait que pour m'accompagner dans les bois.

A mesure qu'il se familiarisait avec nous, il devenait impatient de toute contradiction et avide de caresses. Dès qu'on s'avisait de le contrarier, monsieur se mettait à hurler de la façon la plus désagréable. De temps en temps je lui donnais le fouet pour le corriger.

La température s'étant refroidie à l'approche de la saison sèche, Tommy se mit en tête d'avoir de la compagnie pendant son sommeil, afin de se tenir plus chaudement. Les nègres ne voulaient pas de lui, parce qu'il leur ressemblait trop. Je ne me souciais pas non plus de lui donner place près de moi ; de sorte que le pauvre petit diable, repoussé de tous les côtés, se trouvait fort malheureux. De quoi s'avisa le rusé ? Il guettait le moment où les nègres étaient endormis pour se glisser furtivement dans le lit de quelqu'un d'entre eux, et dormait là sans bouger jusqu'au point du jour. Alors il s'esquivait d'ordinaire sans être découvert. Mais d'autres fois il se sentait trop bien à son aise pour déguerpir si vite ; on le prenait sur le fait et on le battait ; mais il y revenait toujours.

Il aimait passionnément les boissons fortes. Partout où un nègre avait mis du vin de palmier, Tommy éventait la cachette. Il avait un goût prononcé pour l'ale écossaise dont j'avais quelques bouteilles. Il me demandait même de l'eau-de-vie. Ce fut précisément une bouteille d'eau-de-vie qui donna lieu à son dernier exploit. Un jour, au moment de sortir, j'avais laissé par négligence cette bouteille dans ma caisse. Le petit drôle vint pour voler et s'en empara. Comme il ne pouvait la déboucher, il cassa le goulot; si bien que lorsque je rentrai, quelques heures après, je trouvai ma précieuse bouteille en morceaux. C'était ma dernière, et, pour le voyageur qui visite cette partie de l'Afrique, l'eau-de-vie est aussi indispensable que le quinine. Maître Tommy était accroupi à terre au milieu des débris du verre, dans un état d'ivresse complète. Quand il me vit, il se leva en trébuchant et il essaya de venir à moi; mais ses jambes vacillaient et il retomba plusieurs fois. Ses yeux brillants, ses bras étendus pour me saisir et n'embrassant que le vide, et sa langue épaissie, tout me représentait l'image à la fois comique et dégoûtante d'un homme ivre. J'aurais voulu que certains ivrognes fussent là pour se voir dans ce miroir de dégradation offert par une créature inférieure au niveau de laquelle ils descendent! Peut-être ce spectacle les aurait-il guéris de leur horrible vice. Je lui administrai une rude correction qui parut le dégriser un peu; mais rien ne put le guérir de son amour pour cette liqueur.

Il était aussi très-amateur de thé et de café; mais il les voulait bien sucrés. Il buvait à même la tasse. Quelquefois, pour le taquiner, je n'y mettais pas de sucre; alors il jetait sa tasse par terre avec dépit, et tout le camp retentissait de ses hurlements.

Il avait une grande dose d'intelligence. Je suis sûr que si j'en avais eu le loisir, j'aurais pu l'amener à se bien conduire, quoique son penchant pour le vol fût de nature à me désespérer. Plus il grandissait, plus il devenait voleur.

Il avait déjà vécu si longtemps avec nous et s'habituait si bien à la vie civilisée, que j'espérais bien l'amener vivant en Amérique.

Quelquefois il venait se mettre en cercle autour du feu comme

les nègres et il se chauffait avec eux. Qu'il était drôle alors avec
son air grave ! D'autres fois, lorsqu'ils étaient assis en rond pour
dîner, maître Tommy allait se joindre aux camarades, mettant la
main au plat en même temps qu'eux et retirant comme eux un
morceau de poisson bouilli. Et de fait, il passait tout son temps
avec les nègres.

Hélas ! pauvre Tommy ! un matin il refusa de manger ; il semblait tout abattu. Il voulait se faire câliner, se faire tenir dans les
bras. J'envoyai chercher pour lui toute sorte de fruits de la forêt ;
mais il ne voulut toucher à rien. Il n'avait pas l'air dé souffrir ;
seulement il ne mangeait pas, et le lendemain, tout doucement
et sans agonie, il mourut. Pauvre petit ! il avait l'air chagrin de se
séparer de nous. Je fus très-affligé de cette perte. Les nègres
même, qu'il avait si souvent importunés, le regrettèrent beaucoup. A peine était-il mort que la nouvelle s'en répandit dans le
village, et tous les habitants vinrent le voir. On eût dit qu'il n'é-
tait qu'endormi.

Il nous semblait que nous avions perdu un ami. Ses espiègle-
ries et son tapage accoutumé nous manquaient. Pendant plusieurs
jours nous le cherchâmes autour de nous, et son absence nous
rendait tristes.

Tommy brunissait en avançant en âge. A l'époque de sa mort,
il était déjà plutôt jaune que blanc. S'il avait vécu longtemps, il
serait devenu certainement tout noir comme sa mère.

C'est ici, mes jeunes amis, que je termine ce récit. Je vous ai
entretenus de l'Afrique, de ses habitants, de ses produits ; je
vous ai parlé de ses curieux animaux, de ses terribles gorilles, de
ses sauvages cannibales ; et tout ce que je vous ai dit est vrai, car
je l'ai vu de mes propres yeux.

Pourtant je ne vous ai pas dit encore tout ce que j'ai vu et appris dans ces régions lointaines. J'ai bien d'autres scènes à vous décrire, bien d'autres aventures à faire passer sous vos yeux.

Je ne vous dis donc pas adieu, mais au revoir. Nous nous retrouverons.

# TABLE DES MATIÈRES

### CHAPITRE VII



### CHAPITRE VIII



### CHAPITRE IX



### CHAPITRE X



### CHAPITRE XI



### CHAPITRE XII



### CHAPITRE XIII



### CHAPITRE XIV



### CHAPITRE XV

## CHAPITRE XXX



## CHAPITRE XXXI



## CHAPITRE XXXII



## CHAPITRE XXXIII



## CHAPITRE XXXIV



## CHAPITRE XXXV